BASIC THEORY OF BILL AND BUSINESS INNOVATION

票据基础理论与业务创新

江西财经大学九银票据研究院 编著

中国金融出版社

责任编辑：王效端　张菊香
责任校对：张志文
责任印制：陈晓川

图书在版编目（CIP）数据

票据基础理论与业务创新/江西财经大学九银票据研究院编著．—北京：中国金融出版社，2018.9
ISBN 978-7-5049-9749-4

Ⅰ.①票…　Ⅱ.①江…　Ⅲ.①票据—基本知识—中国　Ⅳ.①F832.2

中国版本图书馆 CIP 数据核字（2018）第 210900 号

票据基础理论与业务创新
Piaoju Jichu Lilun yu Yewu Chuangxin

出版发行　中国金融出版社
社址　北京市丰台区益泽路 2 号
市场开发部　(010)63266347，63805472，63439533（传真）
网 上 书 店　http://www.chinafph.com　(010)63286832，63365686（传真）
读者服务部　(010)66070833，62568380
邮编　100071
经销　新华书店
印刷　保利达印务有限公司
尺寸　169 毫米×239 毫米
印张　20.25
字数　340 千
版次　2018 年 9 月第 1 版
印次　2020 年 4 月第 2 次印刷
定价　60.75 元
ISBN 978-7-5049-9749-4
如出现印装错误本社负责调换　联系电话（010）63263947
编辑部邮箱：jiaocaiyibu@126.com

编委会

顾　　问：潘　明　九江银行行长
汪　洋　江西财经大学九银票据研究院院长
江西财经大学金融学院院长

主　　编：肖小和　江西财经大学九银票据研究院执行院长
上海金融学会票据专业委员会首任会长
江西省金融学会票据专业委员会首席专家
中国工商银行票据营业部原副总经理
中国城市金融学会票据专业委员会原副会长

副 主 编：王　琨　九江银行副行长
刘兴华　江西财经大学九银票据研究院副院长
江西财经大学金融学院副院长
秦书卷　江西财经大学九银票据研究院秘书长
九江银行票据中心负责人
李　鹰　江西财经大学九银票据研究院高级研究员

编写人员：万　恺　王　亮　王　慧　刘兴华　陈　飞
肖小伟　何　松　陈春霞　李　鹰　范志欣
范嘉梅　胡　军　秦书卷　黄飞鸣　曾莉华
舒海棠

前　　言

今年是改革开放四十周年，改革开放以来我国票据市场经历了恢复、起步至快速发展的阶段。在此期间，票据市场体系不断完善，制度建设和基础设施逐步健全，市场参与者更趋多元，产品创新日新月异，利率市场化程度不断提高，风险管理持续改进，市场规模迅速扩大。2017 年，我国票据累计承兑量和累计贴现量分别为 17 万亿元和 40.3 万亿元，分别比 1995 年增长了 69 倍和 284 倍，年均增长率分别达到 21.3% 和 29.3%。票据具有信用保证、支付结算、投资融资、交易调控等多重功能，为我国经济、金融发展作出了巨大贡献，已成为中小企业融资的重要途径和银行优化资产负债结构、加强流动性管理的重要手段。2017 年全国票据累计承兑量和累计贴现量占 GDP 的比重分别为 21.6% 和 51.3%，比 1995 年分别提高了 2 倍和 11 倍；货币政策报告显示，企业签发的银行承兑汇票余额主要集中在制造业、批发和零售业，由中小型企业签发的银行承兑汇票约占三分之二，票据业务的持续稳定增长为实体经济特别是中小企业提供了便捷的支付功能、融资渠道和低成本资金，对解决我国中小企业应收应付款及融资难、融资贵问题发挥了不可替代的作用。

票据市场的可持续发展和创新转型需要加强应用理论研究和人才队伍的培养。2016 年 11 月 6 日，国内首家票据专业研究机构——江西财经大学九银票据研究院成立，旨在引导票据市场规范、有序发展，推进票据与实体经济的融合，打造高端票据领域智库和面向全国交流的合作平台。研究院成立一年多以来，已陆续聘请国内科研单位、知名金融界学者、知名高校专家教授、各大银行总行级票据管理和业务经营骨干参与到票据研究院的日常研究工作中，围绕

“票交所成立与中国票据市场发展”“新变化、新趋势、新思考”“新时代票据业务发展与创新”、票据市场“高质量发展与经营转型”等市场发展热点共举办了五次研讨会、两次中小银行票据协同发展论坛以及两期主题征文活动，并在《金融时报》《上海证券报》《中国证券报》《证券时报》、中国经济网等报刊媒体发表数十篇研究成果，引起了社会各界的热烈反响和共鸣，对推动中国票据市场的理论研究和应用发展发挥了积极作用。在研究院执行院长肖小和自2015年起为上海财经大学、江西财经大学、江西师范大学金融、会计学研究生连续三年开设“票据理论与实务”专业课的基础上，2017年11月，研究院又与江西财经大学深度合作，在国内招收了第一批金融学票据经营与管理方向硕士研究生，致力于票据领域专业化人才的培养，为票据市场发展和创新提供源源不断的新生力量。

为了满足票据市场人才培养和从业人员系统性、专业性学习的需要，江西财经大学九银票据研究院充分发挥业界与学界相结合的优势，组织诸多业内专家、从业人员以及知名高校教授、专业研究人员等，历时一年多编写完成《票据基础理论与业务创新》一书。本书着眼于提高读者的票据理论素养、知识水平、业务本领、经营管理和创新能力，系统介绍了票据基础理论、票据基本知识、票据法规、票据行为、票据业务、票据利率、票据经营、票据风险、票据创新、票据交易平台及票据发展前景等多方面内容，反映了票据市场发展的新实践、新规律和新趋势，具有较强的理论性、应用性和创新性。

《票据基础理论与业务创新》一书内容全面而丰富，全书共分为三篇。第一篇“票据概论”，系统介绍票据的起源与发展历程以及票据功能的演变，细致讲述票据的概念、要素、种类及特征等基础知识，全面分析票据出票、背书、承兑、保证等票据行为，概括了票据权利、抗辩、责任、代理、丧失与补救、纠纷的法律诉讼等票据基本法律规定，深入解析票据的付款与追索，分析归纳美国、英国、日本、中国台湾等票据市场的特点及启示。第二篇“票据业务”，系统介绍票据承兑、贴现、转贴现、再贴现等业务的含义、作用、业务要求、特点及流程，深入分析票据利率的形成机制、运行特点与发展规律，尝试构建票据价格指数和中国票据发展指数体系，剖析商业银行票据业务经营，探讨票据业务风险管理方法及措施。第三篇“票据创新与展望”，归纳总结了票据创新的概念，系统剖释票据创新种类、意义及原则，深入探讨票据创新发展新思路，全面阐述上海票据交易所以及央企、地方票据交易平台的总体情况与作用，在深入剖析新常态下票据市场新变化与新趋势的基础上提出了对市场发展前景的新思考。

本书适用对象主要是大学学生、教师、金融业务人士、企业财务人士等，也可供其他读者学习使用。

本书在编著过程中，参考了相关书籍和文章，同时，江西财经大学金融学院、九江银行及中国金融出版社也给予了大力支持，在此一并表示感谢！

本书编写组
二〇一八年八月

目　录

第一篇　票据概论

第二篇 票据业务

第一篇

票 据 概 论

第一章　票据概述

第一节　票据起源和发展

票据一词有狭义和广义两个维度。广义的票据是指商业上的权利单据，泛指一切有价证券和各种凭证，包括汇票、本票、支票、股票、债券、仓单、提单等；狭义的票据是指由出票人签名于票据上，无条件约定由自己或另一人支付一定金额，可以流通转让的证券，即以支付金钱为目的的证券。狭义的票据仅仅指汇票、本票和支票。本书研究的票据侧重于狭义票据。本书后两篇研究的票据专指商业汇票。在中国票据漫长的发展历史中，它的名称因时而异，接下来，我们具体来讲述中国票据的起源和发展过程。

一、周朝的“傅别”和“左券”

有关中国票据最早的记载是在周朝。当时我国的私人借贷双方用契据来表示借贷关系。据《周礼·天官·小宰》记载：“听称责以傅别。”其中“称责”指放贷，“傅别”指立契。契据是两联式，在两联的骑缝处写一行字，然后一分为二，债务人执右券，债权人执左券，收债时两联合并在一起，以验证骑缝处的文字是不是吻合。后来“可操左券”“左券在据”引申为成语，形容非常有把握。例如，《史记·田敬仲完世家》中记载：“公常执左券以责于秦韩。”陆游有诗云：“人生为农最可愿，得饱正如执左券。”由此，“傅别”和“左券”是代表金钱的证券，持有“左券”者有权利到期得到票面金额的金钱，因而是狭义上的票据，也是中国有史书记载的最早的票据。

二、唐朝的“飞钱”和“书帖”

唐朝两税法施行后，百姓必须用钱币或以钱计数折纳绫绢来缴纳户税，这和租庸调制下用稻米和布帛来缴税的情况迥然不同。从而，市场上对现钱的需求大幅增长；同时，因经费供应不足，官府任意提高货币的面值，流通中钱币本身的价值量和应购买的商品价值量不相等，致使物价腾涌。钱重物轻，出现钱荒，各地严禁银钱出境。但禁令并未解决钱荒问题，反而严重影响了商业的发展。在这种情况下，“飞钱”应运而生。“飞钱”的产生与当时最大的商业活动——茶叶贸易密切相关。茶叶产地在南方，而北方也逐渐流行饮茶，尤其在京师，饮茶成为一种时尚。南方的茶叶商人把茶叶销往北方市场，而贸易所得现钱却不允许流出至南方，于是南方茶叶商人用现钱向地方驻京机构换得商票，把商票带回地方，在当地换取现钱。而地方驻京机构也可用茶叶商人所交付的现钱向中央政府缴纳税款、支付办公等费用，从而解决了异地禁运现钱所带来的问题。正如《新唐书·食货志》所载：“（唐宪宗）时商贾至京师，委钱诸道进奏院及诸军、诸使富家，以轻装趋四方，合券乃取之，号‘飞钱’”，其中的“奏院”即指地方设在京城的办事机构，“飞钱”者，系汇兑的形象化比喻。对“飞钱”做了极其典型记载的还有《唐会要·转运盐钱总叙》，其中写道：“商人于户部、度支、盐铁三司飞钱，谓之‘便换’。”“便换”谓汇兑之便利也。唐元和七年时，尽管户部、度支、盐铁三司飞钱业务，却因商人惧怕朝廷占用难以兑取现钱而业务量很少。

可见，“飞钱”是典型的汇票。它的使用减少了现钱运费，规避了现钱运输途中的各种风险，并促进了异地商业交易的发展和钱币流通。所以，票据是随着商品生产和流通范围的扩大而产生的。中国票据的产生既早于纸币，也早于银行的出现。但是，“飞钱”业务一开始就为封建地主政权的财政部门所控制，其主要目的是解决封建国家的钱币不足与财政困难，这和资本主义时期的私营银行汇兑业务是不一样的，所以中国票据的发展比较缓慢。

除了“飞钱”外，唐代还出现了性能上类似于近代支票的信用票据，称为帖或书帖。帖上写明付款数额、出帖日期、支付日期、收款人姓名、出帖者姓名等，持此帖就可向指定商铺兑取现金。它和现代支票不同的是，“书帖”是临时书写，而不是印好的空白格式。“书帖”是世界上最早出现的支票。

三、宋朝的“交子”“关子”和“会子”

北宋的货币包括铜钱和铁钱，但四川境内只流通铁钱。铁钱价值低，不能适应大额异地贸易交换的需求。当时成都富商大贾云集，富商为免除携带铁钱的劳苦和风险，就把现金交付本地颇有声望信誉的殷实商铺，收款商铺把存放现金的数额临时填写入用楮纸制作的票券，交存存款方。这种票券就称为交子，经营该业务的商铺称为“交子铺户”，交子铺户签发交子，并收取保管手续费。交子铺户最初是私人开办，称为“私交子”，后来由于私交子不能按时偿付兑付现钱引发争讼问题，官方整顿了交子，并垄断了交子的发行兑换，称为“官交子”。交子持有者有权到期取得票面金额，因此它是一张票据。

关子是南宋根据军事需要而发行的兑钱凭券。南宋朝廷在婺州（今浙江金华一带）屯军，为解决巨额军饷，在绍兴元年（1131 年）设御前关子务，印发关子。规定商人纳钱于婺州，可用领取的关子券到杭州、越州等地兑换现钱。

1137 年，临安商民私造便钱，由商户主持发行，称为“会子”，它可以不用兑换成现金，直接在市场上流通。起初，政府担心会子和交子竞争，对其采取排斥态度，后来发现会子在融通民间资金、促进商业贸易、增加税收诸方面有益，于是在 1161 年设置“会子务”，将会子的发行权收归官营。官方会子被允许在临安城内外与铜钱一并流通，会子的地位由民间上升为政府法币。

四、明清的“庄票”“帖子”和会票（汇票）

（一）庄票

随着钱庄、银号、票号的出现，票据的种类增加了，出现了本票（庄票）。明朝中叶，钱庄、银号开始建成；到了清初期、晚期及北洋政府时期有所发展；“废两改元”后，钱庄时起时伏；直到 1952 年底，尚在营业的 28 家钱庄并入了公私合营银行。钱庄与银号的业务重心是发行“钱庄本票”，亦简称为“庄票”。道光年间上海县有关于庄票的告示牌，现存于上海内园（豫园）。1853 年，由于太平天国运动兴起，上海地区银元供应量大为减少，导致普遍采用钱庄庄票。

庄票当时在国内交易中作为普遍的支付手段，这可以从下述记载中体现。道光二十一年三月二十一日上海县关于处理遗失庄票拾酬银的告示中写道：

“或买卖豆、麦、花、布，皆任银票往来；或到期转换，或收划银钱。”庄票在对外贸易中更是发挥了重要作用。因为洋商对华商不甚了解而缺乏信任，当华商在向洋商购买货物时，必须支付庄票才能成交。庄票都是不记名的，不论何人持有，凭票即付（远期本票须到期才能支付），所以，庄票如同现金，也是早期外国银行唯一认可的中国票据。在外国银行贷款调控支持和洋行买办牵线下，庄票成为外商和华商之间经营进出口贸易的纽带。这种本票业务一直延续到解放后的钱庄、银号和私营银行及公私合营的1952年。

（二）帖子

明清时，帖子得到进一步的发展，明代的钱庄允许顾客签发“帖子”取款。清代的银铺和典当行，在接受顾客交来的银块和实物时，有时不直接付现钱，而是发给收据和银票，后来演变为存户可以直接签发支款凭证，并在市面流通，其在功能上与支票已无大异。

（三）会票（汇票）

会票产生于明代后期，清代沿用。鸦片战争以后，五口通商，外国银行进入中国后，一些政府公文中开始使用“汇票”，而民间经营汇兑业务的票号，直到清末仍然沿用“会票”的字样。到了20世纪以后，官方、民间及银行诸方面都统一称为“汇票”。

明初，法定通货是铜钱和宝钞，但民间交易多用白银。明中叶以后，随着商品货币经济的发展进入新阶段，社会经济活动及百姓日常生活中对白银的需求空前高涨。在江南，许多市镇大额现金转运已经越来越不能适应商业贸易的需求和异地资金结算。于是，以票据结算代替现金清算的会票应运而生，为长途大宗贸易提供了方便。目前，国内见到最早的会票实物是1982年发现的23张徽州休宁谢氏家藏清代康熙会票。这23张会票既有商人之间汇兑的“商业汇票”，又有类似于今天的“银行汇票”的会票。既有“见票即兑”的即期会票，又有“三月内准兑”“四月终兑”一类的远期会票。会票形制规格基本具备现代票据的要求。

五、清代的票号与票据

票号是19世纪中叶伴随社会经济发展、商品流通扩大、统一市场形成、国内外贸易增多的客观需要而产生的，是我国封建社会末期的主要信用机构，是中国早期的银行。票号之前，中国没有异地专营汇兑、存款、放款三大业务的私营金融机构。

晋商借助资本雄厚、商铺分号广布、商业信用卓著的优势，顺应远距离长途异地贸易对大额资金结算的需要，在道光三年（1823 年）创造性地将传统汇兑业从一般商业中分离出来。至清末光绪三十二年（1906 年），晋商在全国近百处通都大邑建起汇兑网络，分号达到 475 家，开创了商业资本向金融资本质的飞跃新时代。这成就了晋商称雄商界 500 年，一度执金融界之牛耳的强大地位。票号的诞生，标志着中国自成体系的信用票据日益完善。

晋商创办票号，大量流通使用各种商业票据和银行票据，晋商称票据为“帖子”。帖子可分为凭帖、兑帖、上帖、上票、瓶帖、期票等。凭帖属于本票性质；兑帖、上帖属于汇票性质；上票属于商业汇票范畴；瓶帖类似于银行系统自身划拨融通资金的票据；期票属于期约性质的票据，具体有即期期票和远期期票。票据的信用、印制、防伪、密押、水印等达到了中国封建社会信用票据的最高水平。

六、新中国成立之后的票据

新中国成立后，我国曾经在相当长时期内禁止票据的使用。这是因为，当时受苏联计划经济模式的影响，我国实行高度集中统一的经济管理方式，一切生产资料和消费资料完全由国家计划调拨，商品经济失去存在和发展的基础，商业信用难以存在，从而商业票据没有生存的土壤，银行票据也仅限于支票一种，而且与国际上通行的支票不大相同，仅限于单位结算时使用，以转账支票为主，个人不得使用。

1978 年党的十一届三中全会以后，随着我国经济和对外开放事业的不断深入发展，票据的作用被人们逐步认识和重视。1980 年，国务院提出恢复有利于现代化建设的银行传统信用业务，表明了我国信用票据化的发展方向。从 1989 年 4 月 1 日起，汇票、本票业务在全国范围内施行。1995 年 5 月 10 日，《中华人民共和国票据法》正式颁布，并于次年 1 月 1 日开始实施。

随着国内经济以及对外经济融合的发展，票据成为货币市场重要的交易产品，票据市场已发展成为金融市场的重要组成部分。尤其是 21 世纪以来，票据市场迅猛发展，规模急剧扩大，2015 年中国票据发展指数达到 13 607 点，比 2003 年增长了 12 倍，年均增长率超过 22%。但票据市场的发展也不是简单线性增长，从 2011 年之后，每年的票据发生笔数和票据总金额呈现持续下降趋势。2017 年，全国共发生票据业务 2. 56 亿笔，金额 172. 37 万亿元，同比分别下降 12.79% 和 8.21%。其中，支票业务 2.37 亿笔，金额 153.81 万亿元，同比分别下降 13.09% 和 7.23%；实际结算商业汇票业务 1 648.39 万笔，金额 16.77 万亿元，同比分别下降 0.49% 和 11.48%；银行汇票业务 52.73 万笔，金额 3 644.82 亿元，同比分别下降 65.54% 和 61.65%；银行本票业务 164.70 万笔，金额 1.42 万亿元，同比分别下降 29.77% 和 31.92%。

票据市场参与主体更趋多元化，企业、银行、信托公司、基金公司、证券公司、财务公司以及个人均已或多或少地参与到了票据市场，非银行金融机构对票据创新业务和产品的参与力度和深度不断加大，跨界、跨市场、跨区域的发展趋势愈发显著。

票据的交易模式正在发生深刻变革。随着金融信息化建设进展显著，票据也正逐步从传统的纸质票据走向现代的电子票据。2003 年 6 月 30 日，中国银行间市场建成“中国票据网”并正式启用，这标志着我国票据市场电子化的开始。2008 年 1 月，中国人民银行作出建立电子商业汇票系统（ECDS）、推广电子商业汇票业务的决策。2009 年 10 月 28 日，中国人民银行建成 ECDS 并组织了 20 家金融机构上线试运行。2016 年 12 月 8 日，全国统一的票据交易平台上线运行，上海票据交易所正式开业运营。全国统一的票据交易平台的上线运行，改变了票据市场纸质流转，线下交易信息不透明的状态，将实现所有纸质票据和电子票据的信息集中以及集中交易、登记托管、清算结算，标志着票据交易迈入电子化集中交易新阶段，有效提升了市场透明度和交易效率，降低了操作风险。截至 2016 年末，ECDS 参与者共计 426 家。2016 年，ECDS 出票 230.47 万笔，金额 8.34 万亿元，同比分别增长 71.89% 和 48.96%；承兑 237.75 万笔，金额 8.58 万亿元，同比分别增长 72.89% 和 48.29%；贴现 83.77 万笔，金额 5.77 万亿元，同比分别增长 69.09% 和 54.53%；转贴现 325.08 万笔，金额 49.2 万亿元，同比分别增长 108.77% 和 122.26%。这些数据充分说明了电子票据业务的笔数和金额正快速增长。

第二节　票据的作用和意义

如第一节所述，票据已经成为货币市场重要的交易产品，票据市场已发展成为金融市场的重要组成部分。票据在中国的经济建设中发挥了重要作用，对于中国经济发展有着积极的意义。

一、票据的作用

一般来说，票据的作用主要是作为汇兑工具、支付手段、信用工具。在实务中，一笔交易中的票据往往同时承担几种功能。

1. 汇兑工具。汇兑工具主要是指，人们可以利用票据把资金从一地汇往另一地，并可将票据兑换成现钱。

唐朝的“飞钱”实际上是一种汇兑工具，利用“飞钱”把资金从一地转向另一地，从而解决了现钱不能在异地流通这个规定对商业的不利影响的问题。北宋的“交子”也是一种汇兑工具，解决了携带铁钱异地交易而带来的运费、风险等诸多问题。南宋时期，婺州商人用现钱购买“关子”，用于到杭州等地兑换成现钱，从而在实现了婺州的屯军经费这个目标的同时，商人还可利用“关子”把资金从婺州汇兑至杭州等地。类似地，明清时期的“会票”（汇票）解决了长途大宗贸易携带白银交易的种种不便，实现了资金从一地汇至另一地。清代的票号更是通过发行票据把资金汇兑到异地。现代汇款中的“票汇”也是利用银行即期汇票把资金汇至异地。

2. 支付手段。支付手段是指，在国内外贸易结算中，我们使用票据来替代现金作为支付手段。

南宋的“会子”在收归官营后，被允许在临安（今杭州）城内外与铜钱一并流通，成为政府法币，可见当时“会子”和现金一样成为交易的支付手段。而明清时的“庄票”不仅是当时国内交易普遍的支付手段，还是对外贸易的支付手段，华商在向洋商购买货物时，必须支付庄票才能成交。明清的“帖子”可在市面流通，起到支付手段的作用。类似地，明清时的“会票”（汇票）除了作为汇兑工具之外，还作为支付手段进行贸易结算。当前，汇票、本票和支票在贸易结算中也作为支付手段。

3. 信用工具。人们利用票据，尤其是远期票据作为信用的媒介。提供信用的人利用票据作为载体，使用信用的人也利用票据作为载体。由于票据是一种金钱债券，票据持有人有权到期凭此获得票面金额，而票据本身并不是金钱，所以事实上票据承担了信用工具的功能。

中国记载最早的票据——周朝的“傅别”，就是民间借贷的一种书面凭证，从而事实上就是一种信用工具。类似地，历史上的各种票据都是信用工具。

远期票据尤能直接体现其作为信用工具的功能。例如，一张 12 个月期的面额为100 000元的远期票据，持有者有权在12个月之后获得100 000元的现金。但是，持票人也可以把未到期的远期票据交给贴现机构，扣除了12个月的贴现利息后贴现成现金。在这个贴现的过程中，贴现机构通过远期票据提供了12个月的信用给持票人，持票人也通过远期票据利用了信用，而信用的媒介就是票据。

二、票据的意义

如上所述，票据通过作为汇兑工具、结算手段和信用工具，对经济发展起着积极的作用。具体来说，主要体现为对于实体经济、银行业以及金融市场三方面的积极意义。

（一）票据业务发展对于实体经济的意义

1. 票据为实体经济发展提供支付便利。使用票据代替现金作为支付工具，既避免了使用大量现金，还可以通过背书方式进行票据转让，从而促进流通、提高效率，让企业的各类商品交易更加迅速、准确和安全。对于购货方而言，签发票据作为货款支付方式可以获得延期支付的益处；对于销货方而言，接受票据，在一定程度上获得购销金额一定比例的商业折扣等优惠条件，以及将持有的票据背书转让，获得融资或支付便利。

2. 票据为实体经济提供便捷和低成本的融资渠道。票据业务的快速发展为实体经济，尤其是中小企业提供了便捷融资渠道和低成本资金，降低了企业融资成本，有效扶持了企业发展壮大。对于商业承兑汇票来说，一方面，它使用方便，流程简单，企业可以根据生产经营的不同需要，在承兑能力内进行自主签发商业承兑汇票，避免银行贷款审批制约，拓宽了企业的融资渠道；另一方面，签发商业承兑汇票无须缴纳保证金和承兑手续费，并通过支付信用票据遏制货款拖欠、增强流动性，降低了企业的融资成本。而银行承兑汇票具有银行信用，往往比普通贷款融资成本低，且流程简便，获得资金周期短。特别是对于信用等级相对较低的中小企业，银行承兑汇票因其具有银行信用及放款速度快等特点，对解决我国中小企业融资难问题具有得天独厚的优势和信用。

（二）票据业务发展对于银行业的意义

1. 票据业务为银行主动增加存款提供抓手。银行承兑票据时需要企业缴纳承兑保证金，而保证金比率往往与企业的信用等级挂钩，且承兑保证金存款的利率一般以活期计算，因此，银行可以通过增加票据承兑来主动增加低成本的存款。尤其对于中小银行来说，这是增加存款的重要途径。此外，企业在票据贴现后，往往会有一定存款的沉淀，这部分也构成了企业的低成本负债。票据业务也成为银行调节资金头寸、解决流动性不足的渠道之一。

2. 票据业务可以提高银行的盈利水平。票据业务可以给银行带来承兑手续费收入、贴现利息收入、转贴现利差收入、回购利息收入以及再贴现低成本资金。票据回购交易呈现一定的短期化特征，市场上 7 天、14 天、1 个月的短期限回购交易日渐增多，并且随着电子票据的逐渐普及，票据的交易成本将有效降低，票据的交易期限也将缩短，票据回购业务将可能成为商业银行短期资金融通和运用的新渠道。

而且，随着票据市场活跃度的提高，票据二级市场上的流动性明显提高，票据周转次数也逐渐增多。许多银行更加重视票据价差交易，获得价差收益，这种投资目标使得票据资产更富有交易性金融资产的特性，进一步形成了票据价差收益与利息收入并重的盈利模式。

此外，由于票据市场参与者众多，交易活跃，从而催生了票据创新产品，为银行调整收入结构开辟了新路径。由此，在银行业面临竞争日趋激烈、经营压力倍增的情况下，票据业务是其维持自身稳健发展的重要手段。

（三）票据业务发展对于金融市场的意义

1. 票据业务有助于推动货币市场发展。各类票据产品是货币市场重要的交易产品，票据市场已经发展成为货币市场的重要组成部分。金融机构之间的转贴现业务，加快了短期资金的融通和调剂，是银行等金融机构的重要资产业务。以央行的再贴现、回购为代表的货币政策工具，使得票据在货币政策传导、促进信贷机构调整和引导扩大中小企业融资范围等方面发挥了重要作用。

2. 票据业务有助于丰富金融市场产品。由于票据具有支付、资金、信贷和资产等多重属性，加上持票机构的多元化和跨领域流通，使得以票据为载体的衍生产品成为连接货币市场和资本市场的重要创新，比如票据资产证券化、票据贴现和转贴现期权、票据贴现利率互换和期限互换等。一方面，票据作为核心载体可以发挥货币市场低风险、期限短、流动性高等特点；另一方面，金融工具的引入又可以在风险可控的前提下提高收益，使得票据成为金融投资产品创新的重要载体。除此之外，银行等金融机构已经陆续推出票据增值服务型创新业务，具体有：包括咨询顾问的中介服务产品，包括代理托收、代理保管、代理审验等的代理业务产品，包括经纪、鉴证等的智能型产品，包括票据资产管理、票据池等的增值型综合性服务产品。这些新型的票据产品的开展不仅丰富了金融市场产品、满足了企业融资需求、增加了金融机构收益，而且还有利于加快利率市场化进展。因为票据交易的价格受资金供求关系影响较大，对市场的敏感性较强，已经形成了较为完备的市场价格指数和形成机制。加上票据贴现与短期流动资金贷款本身存在竞争性的替代关系，使得金融机构有条件通过客户细分来扩大贷款浮动范围、分级定价，从而引导贷款利率市场化的进展。

第三节　经济新常态下票据的功能

2008 年国际金融危机爆发后，中国经济发展的内外部环境都有了极大的改变，中国经济增长速度从高速向中高速回落，中国经济步入新常态。在经济新常态下，票据正在发挥着它特有的功能。

一、经济发展新常态概述

在 2002—2007 年，除了日本等少数国家之外，欧美发达国家、新兴经济体和发展中国家大都实现了较高速的经济增长，其中，中国经济两位数的高速增长成为世界经济增长的强有力引擎。这一世界经济增长的“黄金时期”被 2007—2008 年爆发的国际金融危机打断，之后，尽管各国都采取了解决刺激政策，但是经济增长并未回到危机之前的状态，中国的经济增长也下行至 7% ~8% 的速度。到 2011 年前后，中国开始认识到，速度的回落并非是周期性因素所致，而是一种结构性减速，即中国经济的基本面发生了历史性的实质变化，已经进入一个经济发展的新阶段。在这个新阶段中，将发生一系列全局性和长期性的新现象。经济发展将走向新轨道、依赖新动力，政府、企业和居民都必须有新观念和新作为。这一切可以被概括为经济发展的“新常态”，“新常态”也将成为今后相当长一段时期内中国经济发展的基本性质和主要特征。

2014 年 5 月，习近平总书记在河南考察时首次使用新常态概念。2014 年 12 月的中央经济工作会议提出：“经济发展进入新常态，正从高速增长转向中高速增长，经济发展方式正从规模速度型粗放增长转向质量效率型集约增长，经济结构正从增量扩能为主转向调整存量、做优增量并存的深度调整，经济发展动力正从传统增长点转向新的增长点。”这非常明确地概括了经济新常态的内涵。

二、新常态下票据市场机遇和挑战并存

经济增长速度的回落使得依托于经济发展的票据结算业务量相应下降，但经济中高速增长仍将推动企业票据融资需求的增长。

经济结构的优化一方面会导致传统制造业收缩，一些企业产能过剩行业和部分中小企业陷入经营困境，事实上减产甚至停产，而这类企业以前是银行票据承兑业务的重点客户，从而银行票据承兑业务量会在一定程度上受到影响，银行所面临的票据承兑业务信用风险也大幅增加；另一方面，消费权重的增长以及大众创业和万众创新理念的落实会催生各类服务行业、中小企业和新兴产业的增长，也给票据市场开拓了新的空间。

在经济新常态下，一方面，票据业务创新持续，票据产品不断丰富，经营渠道日趋广泛，市场交易活跃，规模日渐扩大，呈现市场主体多元化、票据业务资金化、交易链条复杂化等特点。票据创新提升了市场活力，增加了票据交易量。另一方面，票据创新也给票据经营积聚了巨大的合规风险和操作风险。

三、新常态下票据的功能

（一）为中小企业提供便捷和低成本融资渠道

新常态下经济结构调整加快，服务业正在为经济增长作出越来越大的贡献；在拉动经济增长的“三驾马车”中，消费的地位正在逐步地提升，消费的大军——年轻人崇尚个性化和时尚化的消费品。服务业和细化分层的消费品的供应更适合中小企业经营。同时，在“大众创新、万众创业”理念的指引下，越来越多的中小微企业在全国各地落地生根。而融资约束问题一直是企业，尤其是中小企业发展的一个约束条件。世界银行2006年的一项调查报告指出，中国有75%的非金融企业将融资约束列为企业发展的主要障碍。票据融资为中小企业提供低成本资金，是一条便捷的融资渠道。由2008年国际金融危机直接催生的《巴塞尔协议Ⅲ》，对商业银行资本构成及资本充足率等指标提出了新的监管要求，中国银监会结合国内外银行业实践，制定了《商业银行资本管理办法》，其中把商业银行对于小微企业债权的风险权重从之前的100%下调为75%，从而商业银行对小微企业签发的票据进行融资会节约四分之一的资本，这也促推商业银行在票据贴现融资业务上将更多的资源向符合条件的小微企业倾斜。

同时，商业票据一般来说是有实际商业交易背景的，对于银行来说风险较小，银行要求的贴现利息通常较低。根据 2017 年披露票据贴现平均收益率的 10 家上市银行的数据，贴现平均利息比贷款平均利息低 125 个基点。而且在经济增长速度放缓的当前，银行贷款的手续、放贷速度要比票据贴现复杂和缓慢。从而，中小企业通过票据融资比较便捷，成本相对较低。

从票据业务的运行实践来看，央行《2017 年货币政策执行报告》显示，2017 年金融机构累计贴现 40.3 万亿元，同比下降 52.4%；期末贴现余额为 3.9 万亿元，同比下降 28.9%，期末票据融资余额占各项贷款的比重为 5.1%，同比上升 0.2 个百分点。从行业结构看，企业签发的银行承兑汇票余额仍集中在制造业、批发和零售业；从企业结构看，由中小型企业签发的银行承兑汇票约占三分之二。由此可见，利用票据融资的确是一条可行的路径。

（二）为金融市场提供了新型的投资工具

近年来，票据市场是最具有创新活力的金融子市场之一，其业务产品创新源源不断。其中，有一部分是出于规避监管的目的，但更多的是顺应了现代金融发展的潮流，实现了产品的功能升级和渠道拓宽，为金融市场提供了新型的投资工具。

商业银行利用其自有资金及作为资产管理机构或其他资产管理机构委托所运用的资金，购买票据本身或收益权，以获得投资收益。因为从历史上来看，票据利率一般来说高于债券利率，同时投资多样化还可分散风险。

商业银行也正在进行票据证券化业务的探索。票据证券化业务是指商业银行将票据资产转化为相对标准化的可流通证券——“票据支持证券”，在市场上发行销售给投资者。发行的范围包括银行间市场，交易所发售并挂牌交易，从而将社会公众投资者纳入。例如，江苏银行继 2016 年 3 月 29 日成功发行全国首单商票收益权资产证券化产品“融元 1 号”之后，又在 2016 年 7 月 27 日成功发行全国首单银票收益权资产证券化产品“融银 1 号”。民生银行在 2016 年 8 月 8 日成功发行全国首单银行保贴类票据资产证券化产品“中信民生融聚 1 号”。票据资产证券化产品的不断优化，业务规模的不断扩大，能满足中小企业在自身经营中对短期融资的大量需求，为实体经济融资开辟了一条便捷、低成本的新通道。所以票据证券化业务一方面给投资者提供了新型的金融投资产品，另一方面又探索了企业直接融资的新渠道。

除了可以投资“票据支持证券”之外，普通的投资人也可以投资互联网票据理财产品。互联网票据理财业务是指商业银行利用互联网平台将融资企业的票据做成理财产品在网上发售给个人投资者。它的特点是投资门槛低，目前大部分互联网票据理财产品都是一元或一百元起售，远远低于传统银行理财产品的起点购买金额，因此能满足普通投资者的小额投资需求。互联网票据理财产品代表的是票据领域的金融脱媒，在互联网理财规范化之后，其未来发展一定会逐步扩大范围，把更多的票据纳入，给投资者提供更加规范多样化的投资产品。

此外，随着电子票据的普及，电子票据基础设施的完善，规范有序的票据市场的建成，以及投资者对于票据这一金融产品的认识逐渐普及加深，票据这一投资品将被越来越多普通公众投资者所接纳和运用。

第二章　票据基础知识

第一节　票据概念

一、票据基本概念

票据属于有价证券，有价证券是指记载一定事项，代表一定民事财产权利，依法可以自由流通的书面凭证。根据我国票据法，票据是指出票人依票据法签发的，由自己或委托他人在见票时或在指定日期无条件支付确定金额给收款人或持票人的有价证券。

二、票据基本含义

依据票据概念，票据包括以下含义：

1. 票据是有价证券。有价证券具有产权性、收益性、风险性、期限性和流动性这些基本特性。证券的产权性指有价证券记载着权利人的财产权内容，代表着一定的财产所有权，拥有证券就意味着有权利占有财产、使用财产、获得财产收益和处分财产，持有证券就依法拥有证券记载的有关财产的债权或所有权。收益性指证券持有者从所持证券上获得的回报。投资者购买有价证券，出让资金使用权，收益则是出让资金使用权的报酬。有价证券的收益表现为利息收入、红利收入和买卖证券的差价。证券的风险性指证券持有者因投资本金收回和预期投资收益实现的不确定性，可能遭受的损失。有价证券发行人发行有价证券后，经营等活动中会面临许多不确定性，从而使得投资者持有证券具有风险。证券的期限性指证券从发行日起至到期日止的时间间隔。有价证券一般有明确的还本付息期限，不同的期限对应不同的收益和风险，投资者可以根据自己的期限偏好进行选择。债券有明确的还本付息期限，股票没有明确的还本付息期限，可视为无限期证券。证券的流动性指证券持有人可以根据自己的需要灵活地转让证券进行变现。证券的期限性对投资者形成了时间约束，而证券的流动性可以打破这种约束，满足投资者的变现需求。流动性是证券的活力所在，证券的流动是通过承兑、贴现、交易实现的。票据作为有价证券，具有有价证券的基本特性，即产权性、收益性、风险性、期限性和流动性。

2. 票据是表明债权债务关系的书面凭证。票据以书面形式载明债务人有义务在规定期限无条件向债权人支付确定金额。《票据法》第十条明确规定：票据的签发、取得和转让，应当遵循诚实信用的原则，具有真实的交易关系和债权债务关系。在经济活动中，交易双方因为交易形成债权债务关系，这种债权债务关系必须清算了结，票据是对这种债权债务关系进行支付结算的工具。这意味着票据签发基于相应的交易活动，交易过程形成了债权债务关系，为清算了结这种债权债务关系，产生了签发票据需求。对于债权人，票据是行使票据权利的保证；对于债务人，只有按照约定支付了票据金额，才能解除所承担的票据义务。

3. 票据必须依法签发。票据本身毫无价值，但是票据记载了一定事项，代表一定民事财产权利，依法可以自由流通。票据签发使得持票人承担一定票据权利，付款人承担一定票据义务；本身毫无价值的票据在一定程度上具有了货币的支付职能。因此，票据签发事关重大，必须依据票据法进行签发。票据法严格规定了各种票据的绝对必要记载事项、内容、格式、票面记载的文字及数字的书写要求等。

4. 票据确定了票据当事人。票据概念中明确了票据涉及的当事人，票据当事人是指依票据法在票据关系中享有票据权利和承担票据义务的人。票据当事人从不同角度有不同的分类，主要有：第一，基本当事人和非基本当事人。按照是否依出票行为而产生的标准，票据当事人可以分为基本当事人和非基本当事人。票据基本当事人是在票据活动中依据票据出票行为而直接产生的当事人。基本当事人一经出票就存在，是票据活动中的必要主体，如果缺乏基本当事人，票据关系无法成立，票据将无效。票据基本当事人一般有出票人、收款人、付款人。票据非基本当事人是指票据出票后，在原始票据关系基础上，以其他票据行为加入而成为票据当事人的人。这些人在票据出票时不存在，是在出票确定了票据关系后，为提升票据信用或增加票据流动性等而加入票据关系中，他们的缺失不会影响原始票据关系的成立。例如，因为票据承兑、票据背书、票据保证、票据参加等行为而产生的承兑人、背书人、保证人、参加付款人等。不同的票据涉及不同的当事人。第二，债权人与债务人。按照在票据债权债务关系中所处的地位，票据当事人分为票据债权人和票据债务人。票据债权人是在票据关系中享有权利的人，一般指票据收款人和票据持票人。票据债务人是在票据关系中承担票据义务的人，票据债务人分为第一债务人和第二债务人。第一债务人是票据债权债务关系中负有付款义务的当事人，第二债务人是票据债权债务关系中负有担保付款义务的当事人。第三，前手与后手。按照票据当事人在票据关系中的相互位置关系，票据当事人分为前手与后手。票据前手是指在票据签章人或持票人之前签章的其他票据债务人。后手是指在票据签章人之后的其他票据债务人。在票据关系中，位于某人之前的为该人前手，位于某人之后的为该人后手。比如，A 出票人将票据交付 B 收款人，B 将背书后的票据转让给 C 被背书人，C 再将票据背书后转让给 D，D 成为票据关系中的最后持票人。在这个票据关系中，一方面，A 是 B 的前手，A、B 是 C 的前手，A、B、C 是 D 的前手；另一方面，D 是 C 的后手，C、D 是 B 的后手，B、C、D 是 A 的后手。

第二节　票据的种类

前文已经界定本书所探讨的票据为狭义票据，狭义票据包括汇票、本票和支票。

一、汇票

（一）汇票概念

汇票是指由出票人签发的，委托付款人在见票时或者在指定日期无条件支付确定金额给收款人或者持票人的票据。汇票一般具有以下特征。

1. 汇票是委托票据。汇票一般涉及三个当事人：出票人、付款人、收款人。出票人是签发汇票的人，付款人是受出票人委托支付票据确定金额的人，收款人是凭汇票向付款人请求支付票据确定金额的人。出票人签发汇票时，即委托付款人见票时或者在指定日期无条件支付确定金额给收款人；出票人并不是汇票的付款人，付款人是接受委托的另外一方；付款人可以为银行、非金融机构、机关、事业单位、企业等，实务中，我国汇票付款人基本上是银行或者具有相同营业资格的非银行金融机构。因此，汇票是委托付款人无条件支付票面金额的支付命令，是委托票据。

2. 汇票是信用票据。汇票是基于交易双方的交易活动而产生的，交易活动中，双方形成债权债务关系，约定用汇票进行了结清算，这种非一手交钱一手交货的延期付款交易，基础就是商业信用。汇票承载着这种信用，通过出票人签发不附加条件的委托支付命令，来确认和实现商业信用。出票人签发汇票时委托付款人见票无条件支付确定金额给收款人的即期汇票，或者出票人签发汇票时委托付款人在指定日期无条件支付确定金额给收款人的远期汇票，都具有信用性。所以，汇票是信用票据。

3. 汇票是承兑票据。票据承兑是指汇票到期前付款人对票据记载事项进行确认、承诺负担票据债务并在票据上签字盖章的行为。承兑是汇票特有的制度。汇票是出票人签发，委托付款人无条件付款的支付命令，出票人和付款人之间是一种委托关系；出票人签发汇票是单方面行为，票据记载事项需要付款人认可，决定票据到期是否承担付款责任。经过承兑的票据才是合法有效的票据，没有承兑的票据则是无效票据。

（二）汇票种类

从不同角度，按照不同分类标志汇票可以分为不同的类型。

1. 即期汇票与远期汇票。根据付款期限的长短，汇票可以分为即期汇票与远期汇票。即期汇票是指见票即付的汇票，包括：（1）票面上记载的出票日与到期日相同的汇票；（2）票面上没有记载到期日的汇票；（3）票面上记载见票即付的汇票；（4）逾期后再经承兑或背书的汇票，对该承兑人或背书人而言，应视为即期汇票。远期汇票是指在票面上记载付款期限、约定付款到期日的汇票，我国《票据法》第二十五条规定，远期汇票付款日期记载形式有以下几种：（1）见票即付；（2）定日付款；（3）出票后定期付款；（4）见票后定期付款。

2. 记名汇票、无记名汇票与指示汇票。根据收款人的记载方式，汇票可以分为记名汇票、无记名汇票与指示汇票。记名汇票是指出票人在票面上明确记载了收款人的姓名或名称的汇票，也称为“抬头汇票”。依据我国《票据法》，收款人名称是汇票的绝对必要记载事项，汇票只有载明收款人才具有法律效力。无记名汇票是指出票人没有在票面上明确记载收款人的姓名或名称的汇票，或仅记载“来人”或者“持票人”字样的汇票。无记名汇票没有明确指定收款人，收款人一般为合法取得该票据的持票人。我国《票据法》明文规定，收款人名称是汇票的绝对必要记载事项，所以，在我国禁止使用无记名汇票。指示汇票是指出票人在汇票上记载收款人的姓名或名称，同时附加记载“或其指定人”字样的汇票。指示汇票票面通常记载“凭票付给 A 或其他指定人”，不同于记名汇票仅仅在票面记载收款人的姓名或名称。指示汇票的出票人可以通过背书转让票据，所以，出票人不能在票据上记载“禁止转让”字样。

3. 一般汇票与变式汇票。根据汇票当事人身份是否重叠，汇票可以分为一般汇票与变式汇票。一般汇票是指汇票的基本当事人分别由不同的人充当的汇票。汇票的基本当事人有出票人、付款人和收款人，对于一般汇票而言，其当事人出票人、付款人和收款人各司其职，彼此不交叉兼任。一般汇票是汇票的基本形态。变式汇票是指汇票的基本当事人可以由相同的人充当的汇票，即汇票的出票人、付款人及收款人中某一人可以兼任数个票据当事人身份。变式汇票又可分为：（1）指己汇票，又称己受汇票，指汇票出票人同时又为收款人的汇票。（2）己付汇票，又称对己汇票，指汇票出票人同时又为付款人的汇票。（3）付受汇票，指汇票付款人同时又为收款人的汇票。

4. 光票与跟单汇票。根据是否附有有关单据，汇票可以分为光票与跟单汇票。光票是指不附带商业单据的汇票。对于光票，付款人只需依据票据进行承兑、付款。光票出票人可以是企业、银行或个人，付款人可以是企业、个人或银行；光票的流通完全凭借出票人、付款人或背书人的信用。国际贸易结算中，光票是贸易从属费用、托收运费、货款尾数、佣金、保险费、利息等费用的常用支付结算工具。银行汇票一般为光票。跟单汇票是指需要附带商业单据的汇票，跟单汇票所附带的商业单据通常有：提单、仓单、保险单、装箱单、原产地证书、商业发票等。对于付款人，只在收到符合条件的汇票和附带的单据时，才予以承兑或付款。跟单汇票又称信用汇票、押汇汇票。跟单汇票的主要类型有：（1）跟单信用证汇票，指出票人签发的以跟单银行（押汇银行）为收款人，以开具信用证的银行为付款人，必须附带与信用证记载条款一致的商业发票、提货单、保险单、装箱单等单据的汇票。（2）付款交单汇票，指出票人签发的以代收银行为收款人，以托收银行为付款人，以约定的附加商业单据为付款条件的汇票。（3）承兑交单汇票，指出票人签发的以代收银行为收款人，以托收银行为付款人，以约定的附加商业单据为承兑条件的汇票。商业汇票一般为跟单汇票。

5. 银行汇票与商业汇票。根据出票人的身份，汇票可以分为银行汇票与商业汇票。这种分类也是基于我国《票据法》的基本分类，《票据法》明确规定：汇票分为银行汇票与商业汇票。

银行汇票是指出票银行签发的，由其见票时按照实际结算金额无条件支付给收款人或持票人的票据。银行汇票适用于异地结算，申请人（汇款人）将款项存入当地出票银行，由出票行签发交申请人持往异地办理转账结算或者提取现金。银行汇票一式四联，第一联为卡片，由签发行结清汇票时作汇出汇款付出传票；第二联为银行汇票，与第三联解讫通知一并由汇款人自带，在兑付行兑付汇票后此联作联行往来账付出传票；第三联是解讫通知，在兑付行兑付后随报单寄签发行，由签发行作余款收入传票；第四联是多余款通知，在签发行结清后交汇款人。

银行汇票基本规定有：（1）银行汇票的签发和解付，只能由参加了“全国联行往来”的银行机构办理。跨系统银行签发的转账银行汇票的解付，应通过同城票据交换将银行汇票和解讫通知提交同城的有关银行审核支付后抵用。在不能签发银行汇票的银行开户的汇款人需要使用银行汇票时，应将款项转交附近能签发银行汇票的银行办理。（2）银行汇票是记名汇票。银行汇票票面必须记载收款人，收款人是银行汇票绝对必要记载事项。银行汇票记载收款人可以通过背书方式将领款权转让给其指定的收款人。（3）银行汇票无起点金额限制。中国人民银行总行根据《中华人民共和国票据法》和《票据管理实施办法》，对银行结算办法进行了全面的修改、完善，形成了《支付结算办法》。新的《支付结算办法》取消了银行汇票金额起点 500 元的限制。（4）银行汇票的付款期为 1 个月。银行汇票从签发之日起到办理兑付之日止的时期为 1 个月。实务中，1 个月的付款期，是指从签发日开始，不论大月小月，统一到下月对应日期止的一个月。比如签发日为 8 月 6 日，则付款期到 9 月 6 日止。到期日遇假日可以顺延。汇票逾期，银行将不予办理兑付。

银行汇票的出票人是银行，增加了票据信用，使得银行汇票成为主要的结算方式。特点有：（1）具有较高的安全性和信用度。银行相对其他经济主体，具有较高的信用度，能够保证收款人安全及时地收到款项。（2）适用范围广。银行汇票是异地结算的主要结算方式，这种结算方式适用于在银行开户的单位、个体经济户和个人，以及未在银行开立账户的个体经济户和个人。对于单位、个体经济户和个人而言，可以利用银行汇票对异地商品交易、劳务供应和其他经济活动产生的债权债务进行结算。（3）减少结算环节。使用银行汇票结算，一般做法是：购货单位交款，银行开票，票随人走；购货单位购货交票，销售单位验票发货，一手交票，一手交钱，钱货两清；银行则见票付款，这样结算资金在途时间缩短，结算环节减少，提高了结算效率。（4）结算金额准确。银行汇票定义已经明确付款行见票时按照实际结算金额无条件支付给收款人或持票人，如果单位购货使用银行汇票结算，出现汇多用少的情况，可根据实际采购金额办理支付，银行自动退回多余款项。

商业汇票是指出票人签发的，委托付款人在指定日期无条件支付确定的金额给收款人或者持票人的票据。使用商业汇票的基础是具有真实的交易关系或债权债务关系，即在银行开立存款账户的法人以及其他组织之间，因为交易活动产生了真实的交易关系或债权债务关系，才可以使用商业汇票进行结算。出票人不得签发无对价的商业汇票用以骗取银行或者其他票据当事人的资金。商业汇票一般具有以下特点：（1）可以流通转让。商业汇票可以背书转让，具有流通性。（2）可以挂失止付。如果已承兑的商业汇票丢失，失票人可以通知承兑人或承兑人开户银行挂失止付；已承兑的银行承兑汇票丢失，失票人可以通知承兑银行挂失止付。（3）不得更改出票金额、出票日期、收款人名称。商业汇票签发后，出票金额、出票日期、收款人名称不能更改，更改后的票据无效。（4）商业汇票记载事项必须齐全，缺少无效。商业汇票上必须记载：表明“商业承兑汇票”或“银行承兑汇票”的字样；无条件支付的委托；确定的金额；付款人名称；收款人名称；出票日期；出票人签章。欠缺任何一项记载事项，商业汇票无效。商业汇票分为商业承兑汇票和银行承兑汇票。

商业承兑汇票指由银行以外的付款人承兑的商业汇票。商业承兑汇票的出票人可以是付款人，也可以是收款人。付款人签发则由付款人承兑，收款人签发则交由付款人承兑。商业承兑汇票的承兑人为付款人。对于商业承兑汇票的付款人开户银行，收到通过委托收款寄来的商业承兑汇票后，将商业承兑汇票留存，并及时通知付款人。付款人在接到通知的次日起3日内（遇法定休假日顺延，下同）未通知银行付款的，视同付款人承诺付款，银行应于付款人接到通知的次日起第4日（法定休假日顺延，下同）上午开始营业时，将票款划给持票人。银行在办理划款时，付款人存款账户不足支付的，应填制付款人未付票款通知书，连同商业承兑汇票邮寄持票人开户银行转交持票人。付款人存在合法抗辩事由拒绝支付的，应自接到通知的次日起3日内，作成拒绝付款证明送交开户银行，银行将拒绝付款证明和商业承兑汇票邮寄持票人开户银行转交持票人。

银行承兑汇票指由出票人签发并由其开户银行承兑的商业汇票。银行承兑汇票出票人可以是付款人，也可以是收款人。出票人一般要具备以下条件：(1）在承兑银行开立存款账户的法人以及其他组织；（2）与承兑银行具有真实的委托付款关系；（3）能提供具有法律效力的购销合同及其增值税发票；（4）有足够的支付能力，良好的结算记录和结算信誉；（5）与银行信贷关系良好，无贷款逾期记录；(6）能提供相应的担保，或按要求存入一定比例的保证金。无论出票人是付款人，还是收款人，都要由付款人作为“承兑申请人”在票据上签章，并向开户的银行申请承兑。银行的信贷部门受理申请后，按照有关规定和审批程序，对申请人的资格、资信、购销合同和汇票记载的内容进行认真审查，符合规定和承兑条件的，与申请人签订承兑协议。商业汇票的承兑银行，必须具备以下条件：（1）与申请人具有真实的委托付款关系；（2）具有支付汇票金额的可靠资金；（3）内部管理完善，经其法人授权的银行审定。

银行承兑汇票的优点在于：(1）对于买方，由银行提供承兑，增加了票据信用，可以打消卖方的疑虑；也有利于利用银行承兑汇票远期付款的优势，以有限的资金购进更多货物，最大限度地减少对营运资金的占用，提高资金利用率。(2）对于卖方，以银行承兑汇票对买方提供远期付款这种优惠的付款方式，可以增加对客户的吸引力，扩大销售额，提高产品市场竞争力。(3）对于银行，向申请人提供“承兑”业务，无须占用银行资金，风险相对较低，还可以获取承兑手续费。

（三）汇票票样

1. 银行汇票

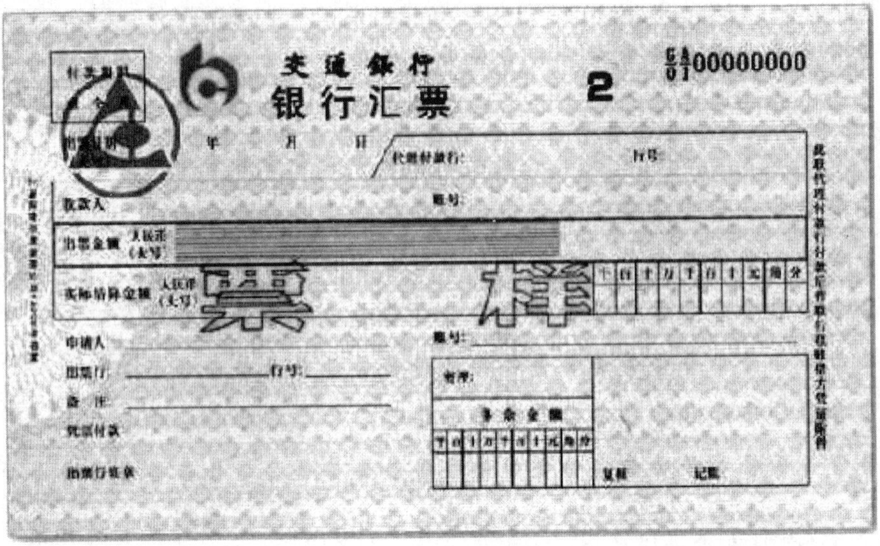

2. 商业汇票

（1）商业承兑汇票

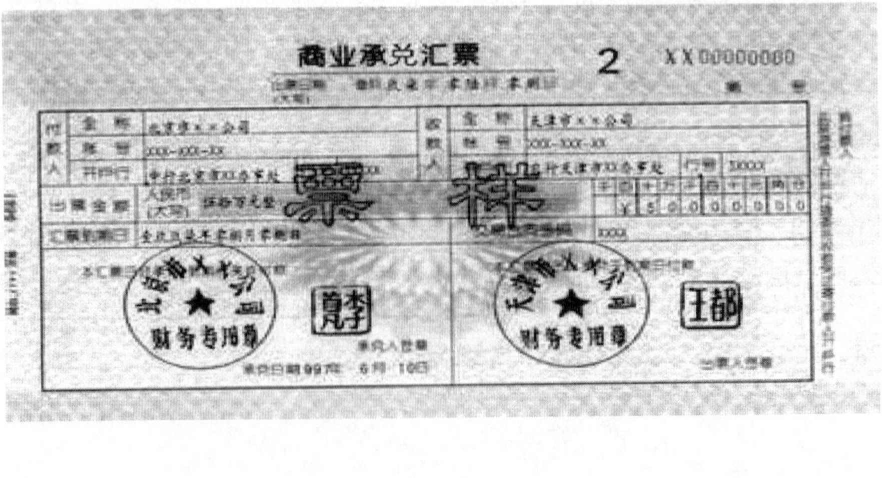

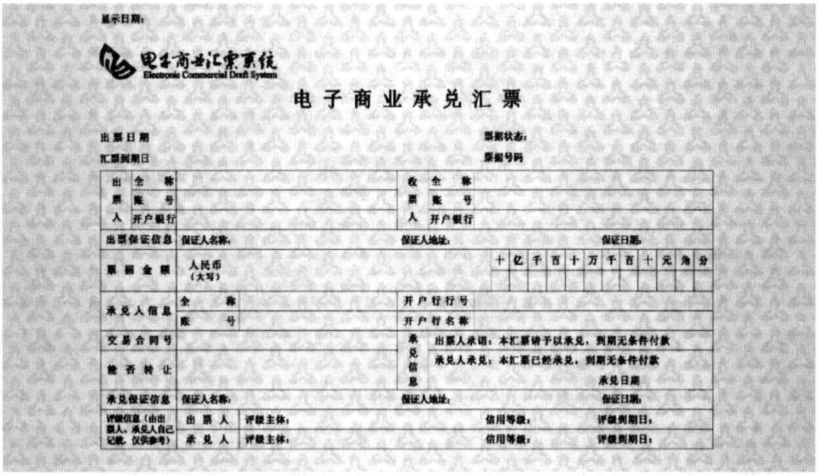

显示日期：

电子商业汇票系统 Electronic Commercial Draft System

电子商业承兑汇票

出票日期　　　　　　　　　　票据状态：

汇票到期日　　　　　　　　　票据号码

出票人	全称		收票人	全称	
	账号			账号	
	开户银行			开户银行	
出票保证信息	保证人名称：		保证人地址：		保证日期：
票据金额	人民币（大写）			十 亿 千 百 十 万 千 百 十 元 角 分	
承兑人信息	全称		开户行行号		
	账号		开户行名称		
交易合同号			承兑信息	出票人承诺：本汇票请予以承兑，到期无条件付款	
能否转让				承兑人承兑：本汇票已经承兑，到期无条件付款 承兑日期	
承兑保证信息	保证人名称：		保证人地址：		保证日期：
评级信息（由出票人、承兑人自己记载，仅供参考）	出票人	评级主体：		信用等级：	评级到期日：
	承兑人	评级主体：		信用等级：	评级到期日：

（2）银行承兑汇票

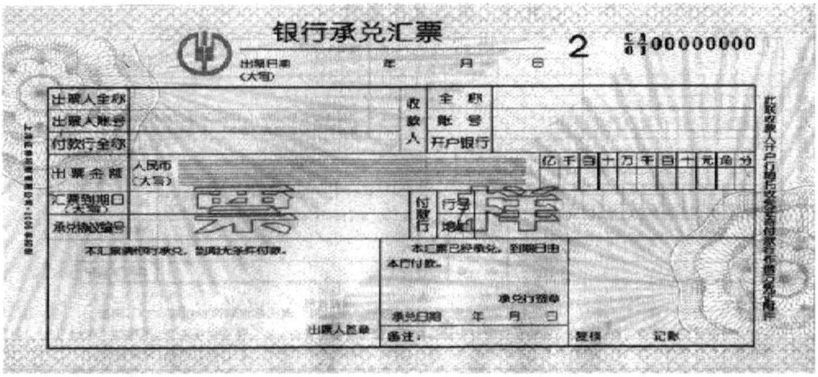

银行承兑汇票　　2　　CA 01 00000000

出票日期（大写）　　年　　月　　日

出票人全称		收款人	全称	
出票人账号			账号	
付款行全称			开户银行	
出票金额	人民币（大写）			亿 千 百 十 万 千 百 十 元 角 分
汇票到期日（大写）		付款行	行号	
承兑协议编号			地址	
本汇票请你行承兑，到期无条件付款。 出票人签章		本汇票已经承兑，到期日由本行付款。 承兑行签章 承兑日期　年　月　日		
		备注：		复核　记账

票据明细

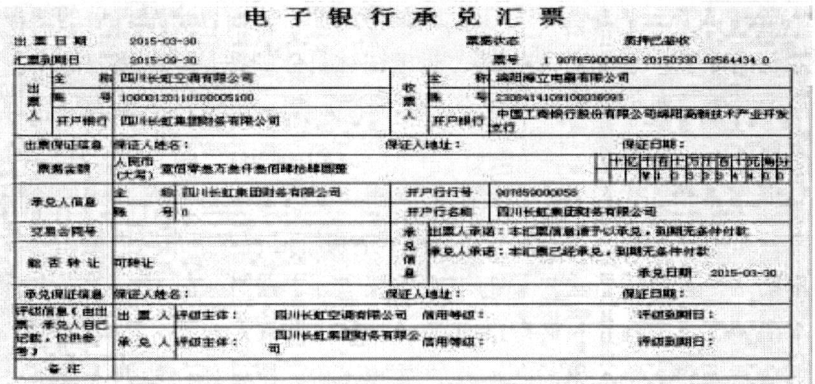

电子银行承兑汇票

出票日期　2015-03-30　　　　票据状态　质押已签收

汇票到期日　2015-09-30　　　票号　1 907659000058 20150330 02564434 0

出票人	全称	四川长虹空调有限公司	收票人	全称	绵阳海立电器有限公司
	账号	10000120110100005100		账号	2308414109100036093
	开户银行	四川长虹集团财务有限公司		开户银行	中国工商银行股份有限公司绵阳高新技术产业开发支行
出票保证信息	保证人姓名：		保证人地址：		保证日期：
票据金额	人民币（大写）壹佰零叁万叁仟叁佰肆拾肆圆整			十 亿 千 百 十 万 千 百 十 元 角 分	¥ 1 0 3 3 3 4 4 0 0
承兑人信息	全称	四川长虹集团财务有限公司	开户行行号		907659000058
	账号	0	开户行名称		四川长虹集团财务有限公司
交易合同号			承兑信息	出票人承诺：本汇票请予以承兑，到期无条件付款	
能否转让	可转让			承兑人承诺：本汇票已经承兑，到期无条件付款 承兑日期　2015-03-30	
承兑保证信息	保证人姓名：		保证人地址：		保证日期：
评级信息（由出票、承兑人自己记载，仅供参考）	出票人	评级主体：四川长虹空调有限公司	信用等级：		评级到期日：
	承兑人	评级主体：四川长虹集团财务有限公司	信用等级：		评级到期日：
备注					

二、本票

（一）本票概念

本票是指出票人签发的，承诺自己在见票时无条件支付确定金额给收款人或者持票人的票据。本票是一项无条件的支付承诺书面凭证，基本特征有：（1）具有票据的所有特征。本票属于典型的票据，具有票据的是完全有价证券、货币证券、设权证券、文义证券、要式证券、无因证券、流通证券、提示证券等特征。（2）是自付证券。在本票法律关系中，基本当事人只有出票人和收款人，债权债务关系相对简单。本票的出票人与付款人为同一人，是由出票人自己对收款人进行支付并承担绝对付款责任的票据。这也是本票和汇票、支票最重要的区别。（3）无须承兑。本票的出票人与付款人为同一人，无须委托他人付款，由出票人本人承担付款责任，出票人熟知所签发本票的记载事项，所以，本票无须承兑就能保证付款。

（二）本票种类

从不同角度，按照不同标志本票有不同的分类，主要有：

1. 即期本票与远期本票。根据付款时间的不同，本票可以分为即期本票和远期本票。即期本票指见票即付的本票。即期本票，一经持票人提示，出票人或其代理机构应立即付款，不允许在提示后再约定付款时间。出票人自出票日起应随时承担付款的责任，持票人自出票日起可随时要求出票人付款。远期本票指持票人只能在票据到期日才能请求出票人付款的本票。依据到期日确定方式不同远期本票分为：（1）定期本票，指以本票上记载的具体日期为到期日的本票；（2）计期本票，指未记载具体到期日，而以出票日后的一段时期为到期日的本票；（3）注期本票，指未记载具体到期日，由接票人向发票人提示后的一段时期为到期日。我国《票据法》规定：银行本票为见票即付的即期本票。

2. 记名本票、无记名本票与指示本票。根据记载付款人方式的不同，本票可以分为记名本票、无记名本票与指示本票。记名本票指票面记载收款人名称的本票。我国《票据法》第七十五条规定，本票必须记载收款人名称，否则，本票无效。无记名本票指票面上并不记载收款人名称，只是写明以“来人”为收款人的本票。无记名本票的票据权利可授予任何持票人或来人，持票人必须妥善保管票据，以免遗失。作为出票人，无论是谁持票，只要提示符合票式要求的票据，都无权拒绝付款。指示本票指票面上记载了收款人名称，并在收款人名称后记载有“或其指定人”字样的本票。指示本票可以由收款人背书后交付票据转让其权利。

3. 银行本票与商业本票。根据签发人的不同，本票可以分为银行本票与商业本票。银行本票指申请人将款项交存银行，由银行签发承诺自己在见票时无条件支付确定的金额给收款人或者持票人的票据。银行本票的提示付款期限自出票日起2个月。银行本票丧失，失票人可以凭人民法院出具的其享有票据权利的证明，向出票银行请求付款或退款。银行本票的特点在于：（1）适用面广，方便灵活。银行本票适用同城结算，对于单位、个体经济户和个人而言，不论是否在银行开户，都可以使用银行本票对所有商品交易、劳务供应以及其他款项进行结算；收款单位和个人持银行本票可以背书转让，可以办理转账结算，现金银行本票可以支取现金，也可以转账。（2）信用高，兑付性好。银行本票是由银行签发，并承诺见票付款的无条件支付凭证，信用级别相对较高，持票人一般都能得到兑付，违约率低。商业本票指银行以外的单位或个人签发的，承诺在见票时或指定到期日无条件支付确定的金额给收款人或者持票人的票据。商业本票的信用低于银行票据，目前我国禁止签发商业本票。

4. 转账银行本票与现金银行本票。根据支付方式的不同，银行本票可分为转账银行本票与现金银行本票。转账银行本票指通过银行账户转移资金的方式来进行支付结算，用于转账的银行本票。现金银行本票指在票面上注明“现金”字样，可以通过向银行支取现金的方式来进行支付结算的银行本票。根据《支付结算办法》第九十八条第二款规定：银行本票可以用于转账，注明“现金”字样的银行本票可以用于支取现金。而且《支付结算办法》第一百零四条规定：申请人或者收款人为单位的，不得申请签发现金银行本票。因此，现金银行本票的申请人和收款人必须都是个人。

5. 定额银行本票与不定额银行本票。根据金额记载方式的不同，银行本票可以分为定额银行本票和不定额银行本票。定额银行本票指票面上预先印有固定面额的银行本票。定额银行本票面额为1 000元、5 000元、10 000元和50 000元；定额银行本票提示付款期限自出票日起最长不得超过2个月。不定额银行本票指票面上金额栏是空白的，签发时根据实际需要填写金额，并用压数机压印金额的银行本票，不定额银行本票起点金额为100元。不定额银行本票是由银行签发的，承诺自己在见票时无条件支付确定金额给付款人或者持票人；按支付方式不同分为转账不定额银行本票和现金不定额银行本票。

（三）本票样票

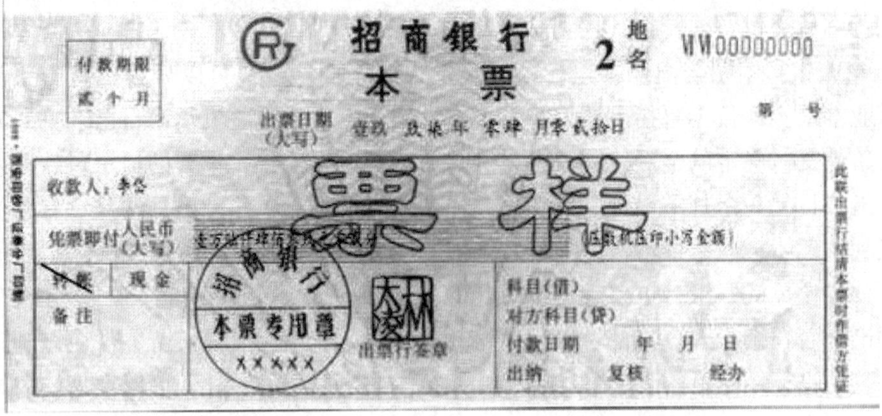
付款期限 贰个月

招商银行 本票

2 地名

WW00000000

出票日期（大写）

第 号

收款人：

凭票即付 人民币（大写）

（压数机压印小写金额）

转账 现金

备注

出票行签章

科目（借）

对方科目（贷）

付款日期 年 月 日

出纳 复核 经办

此联出票行结清本票时作借方凭证

三、支票

（一）支票概念

支票是出票人签发的，委托办理支票存款业务的银行或者其他金融机构在见票时无条件支付确定的金额给收款人或者持票人的票据。支票票面绝对必要记载事项有：(1）表明“支票”的字样；(2）无条件支付的委托；(3）确定的金额；(4）付款人名称；(5）出票日期；(6）出票人签章。支票基本当事人有：出票人、收款人、付款人；非基本当事人有：背书人、保证人、被背书人、最后持票人。

支票也是典型的票据，特点有：(1）流动性强。支票签发后，持票人可以使用支票进行支付，流动性仅次于现金，具有很强的流动性。(2）灵活简便。支票可以由付款人直接签发给收款人，再由收款人委托银行进行收账处理；也可以由付款人出票委托银行主动付款给收款人。只要付款人在银行存款余额足够，就可以签发支票给收款人，银行审核支票无误，就可以办理款项的划拨或现金的支付。(3）结算速度快。使用支票办理结算，收款人将转账支票和进账单送交银行，款项一般当天或次日即可入账，而使用现金支票当时即可取得现金。(4）兑付性较强。银行严禁签发空头支票，出票人必须在银行存款余额内才能签发支票，一般收款人凭支票就能取得款项，支付基本能够得到保证。(5）适用范围广。同城范围的单位或者个人因为交易需要进行款项结算，都可以使用支票；自2007年6月25日起，支票实现了全国通用，异城之间也可使用支票进行支付结算。

支票作为常用的支付结算工具，在使用时有一些基本规定，包括：（1）支票一律记名，转账支票可以背书转让；（2）支票从签发支票的当日起提示付款期为十天；（3）支票签发的日期、大小写金额和收款人名称不得更改，其他内容有误，可以划线更正，并加盖预留银行印鉴资以证明；（4）支票发生遗失，可以向付款银行申请挂失；挂失前已经支付，银行不予受理；（5）出票人签发空头支票、印章与银行预留印鉴不符的支票、使用支付密码但支付密码错误的支票，银行除将支票做退票处理外，还要按票面金额处以5%但不低于1000元的罚款。

（二）支票种类

从不同角度，按照不同的标志支票可以分为不同的类型。

1. 即期支票与远期支票。根据票面记载的出票日与实际出票日是否一致，支票可以分为即期支票与远期支票。即期支票指见票即付的支票，按照许多国家票据法规定，支票均须见票即付，都是即期的，不得另行确定付款日期。远期支票指实际出票日与票面上记载的出票日之间存在一定期间，票面上记载的出票日期在实际出票日之后的支票。签发远期支票目的在于推迟付款日期，具有一定信用作用。我国《支付结算办法》第二百零七条规定：不准签发没有资金保证的票据或远期支票。

2. 记名支票与无记名支票。根据记载付款人方式的不同，支票可以分为记名支票与无记名本票。记名支票指出票人在收款人栏中记载收款人名称的支票。记名支票取款时必须由收款人签章才可支取款项，转让流通时必须由持票人背书。无记名支票指票面上不记载收款人名称，只写“付来人”字样的支票。无记名支票取款时持票人无须签章即可支取款项；转让流通时无须背书，仅凭交付就可以转让。

3. 转账支票、现金支票与普通支票。按照支付票款方式的不同，支票可以分为转账支票、现金支票与普通支票。转账支票指票面上印制“转账”字样，由出票人签发，委托办理银行见票时无条件以转账方式支付确定的金额给收款人或持票人的票据。在银行开立存款账户的单位和个人可以签发转账支票，委托开户银行办理付款手续，用于交易的各种款项结算。转账支票只能用于转账。现金支票指票面上印制“现金”字样，由出票人签发，委托银行见票时无条件以现金方式支付确定的金额给收款人或持票人的票据。普通支票指票面上没有印制“现金”或“转账”字样的支票。普通支票可以转账，也可以支取现金。在普通支票左上角划两条平行线，为划线支票。划线支票只能用于转账，不得支取现金。不划线的普通支票可以作为现金支票使用。

4. 一般支票与变式支票。根据支票当事人是否兼任，支票可以分为一般支票与变式支票。支票当事人有：出票人、付款人、收款人。一般支票指支票关系的当事人分别由不同的主体充当，当事人不兼任的支票。变式支票指支票关系的当事人可以兼任的支票，变式支票又分为三种：对己支票、指己支票、付受支票。对己支票指出票人签发的以自己为付款人的支票，即出票人兼任付款人，出票人和付款人为同一人。指己支票指出票人签发的以自己为收款人的支票，即出票人兼任收款人，出票人和收款人为同一人。付受支票指出票人签发的以付款人为收款人的支票，即付款人兼任收款人，付款人和收款人为同一人。

5. 保付支票与划线支票。根据支票上特殊记载是否具有特殊保障意义，支票可以分为保付支票与划线支票。保付支票指经申请人要求，付款银行在支票上加盖“保付”戳记，表明在支票提示时一定付款的支票。支票的收款人或持票人为了避免出票人开出空头支票，保证支票提示时付款，可申请银行对支票“保付”。银行“保付”后，即承担付款责任，并且将票款从出票人的账户转入专户，以备付款，保付支票提示时，一般不会退票。划线支票指在支票正面划两道平行线的支票，划线支票只能委托银行代收票款入账。划线记载的作用在于：限定收款人，防止票款被冒领。

6. 电子支票。电子支票是指出票人签发的，委托办理支票存款业务的银行或者其他金融机构在见票时无条件支付确定的金额给收款人或者持票人的数字化支付指令。电子支票通过互联网或无线接入设备来完成传统支票的所有功能。电子支票除了记载纸质支票的绝对必要事项外，隐含了加密信息。

电子支票是网络银行常用的一种电子支付工具，与纸质支票一样是合法的支付方式。电子支票的合法性通过数字签名和自动验证技术来确定。实务中，出票人将签发的电子支票以电子函件直接发送给收款人，收款人从电子邮箱中提取电子支票，进行电子签名用私有密钥加密后，再将电子支票以电子函件发送到银行，委托银行收款入账。电子支票的主要优点在于：（1）使用方便灵活。电子支票具有纸制支票的基本特征和灵活性，运作方式与纸质支票相同，因而易于推广使用。（2）支持新型的在线服务。电子支票使用时交易各方的数字签名可以自动证实，既便利了在线服务，又提高了在线交易各个环节的安全性，还可以很容易与电子数据交换（Electronic Data Interchange，EDI）应用相结合，推动基于 EDI 的电子交易和支付发展。（3）适合大额结算。电子支票的加密技术便利了系统处理，收款人和收款人银行、付款人银行可以用公钥证书证明支票的真实性，提高了电子支票的安全性，加之使用便利，非常适合大额交易结算。（4）降低成本。使用电子支票进行结算，不需要领用纸质支票，可以降低成本，同时，还可以提高效率。（5）对接网络金融。电子支票技术可连接公共网络金融机构，将网络与金融结算连接起来，进一步推动金融结算网络化。

（三）支票票样

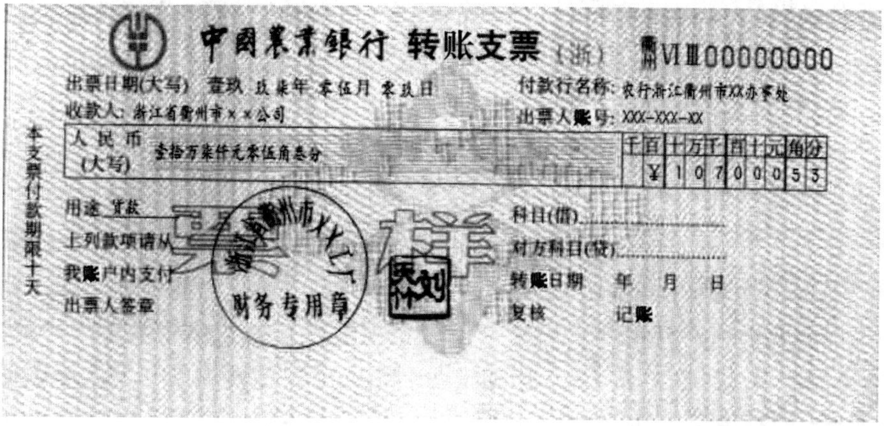
中国农业银行 转账支票（浙） VI Ⅱ00000000
出票日期(大写) 壹玖 玖柒年 零伍月 零玖日　付款行名称：农行浙江衢州市XX办事处
收款人：浙江省衢州市××公司　出票人账号：XXX-XXX-XX
本支票付款期限十天
人民币(大写) 壹拾万柒仟元零伍角叁分　千百十万千百十元角分 ¥107000053
用途 货款　科目(借)
上列款项请从　对方科目(贷)
我账户内支付　转账日期 年 月 日
出票人签章　复核 记账
财务专用章

第三节　票据基本要素

一、票据基本要素概述

票据是内涵丰富的有价证券，由许多基本要素构成，票据基本要素是依据《票据法》应该在票据上记载的事项与票据签章。

（一）票据记载事项

票据记载事项按照票据法的规定，可以分为必要记载事项、得记载事项、不产生票据效力记载事项和不得记载事项。

1. 必要记载事项。必要记载事项是指票据法明确规定必须在票据上记载的事项，必要记载事项又分绝对必要记载事项和相对必要记载事项。绝对必要记载事项是指票据上绝对必须记载的事项，票据上的绝对必要记载事项缺一不可，如果缺少其中之一，就是无效票据。票据法对于不同的票据规定有不同的绝对必要记载事项，但共同的必要记载事项有：表明票据种类的文字、确定的票据金额、无条件支付的文字、出票日期。相对必要记载事项是指应该在票据上记载的事项，但出票人如果没有在票据上记载这些事项，也不会导致票据无效；可以依照法律规定予以推定。比如，票据上未记载付款日期的，法律推定其为见票即付；票据背书时未记载背书日期的，法律推定为到期日前背书。

2. 得记载事项。得记载事项又称任意记载事项，是指票据法规定出票人可以任意决定是否在票据记载的事项。出票人在票据上记载的事项具有票据法律效力；出票人不予记载的事项并不影响票据法律效力。比如，我国《票据法》规定，汇票背书人可以任意决定是否在汇票背书中记载“不得转让”字样，如果记载了“不得转让”字样，该汇票就具有不得背书转让或非背书转让的法律效力。

3. 不产生票据效力记载事项。不产生票据效力记载事项是指票据法未明确规定是否为必要记载事项，也未规定是否为得记载事项，而且也未规定是否为不得记载事项；只是规定出票人记载事项后，不产生相应票据法律效力（有可能产生《民法》效力）。比如，在汇票上记载签发原因、用途等事项，就不具有票据法律效力。

4. 不得记载事项。不得记载事项又称有害记载事项，是指票据法规定禁止在票据上记载的事项，票据上如果记载这些事项，会导致票据无效。比如，《票据法》规定，票据不得记载支付的条件，记载了支付条件的票据为无效票据。

（二）票据签章

票据是表明债权债务关系的书面凭证，这种代表着债权债务关系的书面凭证要具有法律效力，必须有行为人的签章，因此，签章成为票据基本要素。《票据法》第七条明确规定：“票据上的签章，为签名、盖章或者签名加盖章。法人和其他使用票据的单位在票据上的签章，为法人或者单位的盖章加其法定代表人或其授权的代理人的签章。在票据上的签名，应当为该当事人的本名。”因此，票据签章可以分为自然人签章，以及法人或其他经济组织签章。

1. 自然人签章。自然人在票据上的签章，可以有三种形式：签名、盖章和签名加盖章。签名是指自然人在票据上亲自签上自己的名字，签名为该行为人的本名，本名是指符合法律、行政法规以及国家有关规定的身份证件上的姓名。盖章是指自然人在票据上加盖印章的行为，盖章与签名具有相同的法律效力。盖章相对于签字，存在盗用印章或者仿造印章的风险，如果无法辨识盖章是否为盗用等，法律推定盖章是票据行为人本人所为，因此产生的风险由其承担。签名加盖章是指自然人在票据上亲自签上自己名字的同时，再加盖印章。签名加盖章与签名、盖章一样具有同等法律效力。

2. 法人或其他单位签章。《票据法》第七条第二款规定：法人和其他使用票据的单位（指非法人团体和组织）在票据上的签章，为法人或者单位的盖章加其法定代表人或其授权的代理人的签章。《票据法》明确规定了法人或者其他使用票据的单位在票据上签章，不仅要有法人或者单位的公章，还要有其法定代表人或其授权的代理人的个人签章。也即必须同时具备：一是具有法人或者单位的公章，二是法定代表人或者授权代理人的签章，两者缺一不可。

二、各种票据基本要素

票据基本要素是依据《票据法》应该在票据上记载的事项与票据签章。正如前文所述，本文所探讨的票据为狭义票据，如汇票、本票、支票。汇票、本票、支票的基本要素存在共同点，也有差异。

（一）汇票基本要素

汇票基本要素由绝对必须记载事项与签章构成，具体包括：

1. 表明“汇票”的字样。汇票上必须记载表明“汇票”的字样，以此作为标题，既有利于辨识与其他票据的区别，也有利于防止被变造。

2. 无条件支付的委托。汇票是一种委托支付票据，必须记载“无条件支付的委托”字样。“无条件支付的委托”字样通常用“凭票即付”“请于到期日无条件支付”等文句表述。

3. 确定的金额。狭义的票据是指以支付金钱为目的的有价证券，汇票是典型的狭义的票据，其票据权利关系就是金钱债权债务关系，给付标的物只能是金钱，在给付时必须确定金额。确定的金额意味着：一是汇票票面金额必须明确、具体，不能出现选择性记载(2 000元或 2 200 元)、浮动性记载（2 000

元上下)、未定记载（如到期日某种债券的价值）；二是票据金额不得涂写、改写；三是票据金额同时用中文和数码记载，亦即要求同时有大小写金额记载。

4. 付款人名称。付款人是受汇票出票人委托向收款人支付票据确定金额的人，自然人或者法人都可以作为付款人。汇票上记载付款人名称，明确了持票人提示承兑和提示付款的对象。

5. 收款人名称。收款人是接受汇票记载金额的人，在汇票上记载收款人名称，既可以明确汇票确定金额的接受人，也符合我国目前只允许签发记名汇票的规定。

6. 出票日期。汇票上记载出票日期，主要作用在于：（1）判别出票时出票人的行为能力；（2）决定见票即付的汇票的付款提示期；（3）决定见票后定期付款的汇票的付款提示期间；（4）决定出票后定期付款汇票的到期日期限；（5）决定利息的起算日期；（6）决定未记载保证日期汇票的保证成立日期。

7. 出票人签章。依据《票据法》，出票人在票据上签章后，票据才具有法律效力，因而，出票人在汇票上签章构成汇票基本要素。

（二）本票基本要素

本票基本要素由绝对必须记载事项与签章构成，具体包括：

1. 表明“本票”的字样。本票上必须记载表明“本票”的字样，以此作为标题，既有利于辨识与其他票据的区别，也有利于防止被变造。

2. 无条件支付的承诺。本票是一种承诺支付票据，必须记载“无条件支付的承诺”字样。本票上的“无条件支付的承诺”支付文句不得附加限制条件，如果附加限制条件，会导致本票无效。

3. 确定的金额。本票是狭义的票据，其票据权利关系也是金钱债权债务关系，给付标的物只能是金钱，在给付时必须确定金额。同样，确定的金额意味着：一是本票票面金额必须明确、具体，不能出现选择性记载（1 000 元或 1 500 元)、浮动性记载（1 000 元上下)、未定记载（如到期日某种股票的市值)；二是票据金额不得涂写、改写；三是票据金额同时用中文和数码记载，亦即要求同时有大小写金额记载。

4. 收款人名称。我国《票据法》第七十五条规定，本票必须记载收款人名称，否则，本票无效。收款人是接受本票记载金额的人，在本票上记载收款人名称，一是可以明确本票确定金额的接受人，二是符合《票据法》只允许签发记名本票的规定。

5. 出票日期。本票上记载出票日期，主要作用在于：（1）决定持票人行使票据权利期限；（2）决定付款提示期。

6. 出票人签章。依据票据法，出票人在本票上签章后，票据才具有法律效力，因而，出票人在本票上签章构成汇票基本要素。《支付结算办法》第二十三条规定："银行本票的出票人在票据上的签章，应为经中国人民银行批准使用的该银行本票专用章加其法定代表人或其授权经办人的签名或盖章。"

（三）支票基本要素

支票基本要素由绝对必须记载事项与签章构成，具体包括：

1. 表明"支票"的字样，支票上必须记载表明"支票"的字样，以此作为标题，以区别于汇票、本票和其他有价证券。

2. 无条件支付的委托。支票也是一种委托支付票据，必须记载"无条件支付的委托"字样。"无条件支付的委托"这一要素的存在，表明出票人对无条件支付款项的承诺。

3. 确定的金额。票据法明确规定支票上要记载确定的金额，支票在记载确定金额时要注意，根据《票据法》第八十五条规定，支票上的金额可以由出票人授权补记，未补记前的支票，不得使用。

4. 付款人名称。支票上记载的付款人一般为出票人所在的开户银行；实务中，出票人在银行领用支票时，银行已经在支票相应位置记载了付款人名称和出票人开户行账号。

5. 出票日期。支票上必须记载出票日期，主要作用在于：（1）决定付款提示期限；（2）决定利息的起算日期。我国《票据法》规定：出票日期必须使用中文大写，出票日期不得更改。

6. 出票人签章。依据票据法，出票人在票据上签章后，票据才具有法律效力，因而，出票人在支票上签章构成支票基本要素。支票出票人签发支票必须在银行预留签章，必须签发与其预留银行签章相符的支票。出票人为个人的签章，应该与该个人预留银行的签章一致；出票人为单位的，应该与该单位预留银行的签章一致。

第四节　票据的特征

一、票据是完全有价证券

所谓完全有价证券，是指“权利之发生、转移及行使三者全部与证券有不可分离关系是也。易言之，完全有价证券其权利发生，须作成证券；其权利之转移，须交付证券；倘斯三者有一可以不必如是时，则为不完全的有价证券。”即权利完全证券化、权利与证券融为一体不可分离，证券上权利的存在、行使和移转，都与证券分不开。票据概念早就明确票据是有价证券，作成票据，票据权利得以发生；交付票据，票据权利得以转移；提示票据，票据权利得以行使。票据上的权利不能脱离票据而独立存在，票据和票据权利完全融合在一起，所以，票据是完全有价证券。

二、票据是货币证券

有价证券按其所表明的财产权利的不同性质，可分为三类：商品证券、货币证券及资本证券。商品证券是证明持有人拥有商品所有权或使用权的凭证，取得这种证券就等于取得这种商品的所有权，持券者对这种证券所代表的商品所有权受法律保护。典型的商品证券有：提货单、运货单、仓库栈单等。货币证券是指证明持券人具有货币索取权的有价证券。货币证券主要有：汇票、本票和支票。资本证券是有价证券的主要形式，指由金融投资活动而产生，证明持券人对发行人有一定的收入请求权的证券。代表性的有：股票、债券等。票据是货币证券，可以用来代替货币使用，票据上记载了确定的金额，届时以支付确定的金额为标的，是以请求给付确定的金额，即货币为债权的有价证券。票据一定程度上可以用来代替货币使用，具有货币的支付职能，所以，票据是货币证券。

三、票据是设权证券

设权证券是指证券所代表的权利本来不存在，是随着证券的制作而产生，即权利的发生是以证券的制作和存在为条件的。票据是设权证券，票据权利的产生是以票据作成为前提的，在票据作成之前，票据权利不存在。没有票据，就没有票据权利；票据作成，创设了一定票据权利。比如，出票人签发票据，载明“无条件支付一定金额”条件，就为持票人设定了一个请求债务人“无条件支付一定金额”的权利。所以，票据是设权证券。

四、票据是文义证券

文义证券是指证券上的权利义务只能依据证券上记载的文义而确定的证券。对于票据而言，票据上的一切权利和义务，必须严格依照票据记载的文义而确定，文义以外的任何事项和理由均不得作为权利和义务的根据。票据债权人不得主张票据上记载事项以外的权利，票据债务人也无须承担票据上记载事项以外的义务。票据文义直接决定了票据权利和票据义务的范围和最高限度。

五、票据是要式证券

要式证券是指必须按照法定要求进行作成，才能产生法律效力的证券。票据作为严格要式证券，是指票据作成应当依据票据法的规定，在票据上记载绝对必要记载事项，票据行为人必须在票据上签章，票据才能产生法律效力。绝对必要记载事项不全，或者缺乏签章，都会导致票据无效。票据为严格要式证券，源于票据的文义性和设权性，票据法律关系的权利义务确定的唯一标准只能是票据上的文义记载，若允许票据当事人自由发挥其想象力，随意设计票据格式，则各类票据的格式必将千差万别。为维护设权的明确和统一，避免票面文义的混乱或欠缺，票据法对票据的作成格式和记载事项做了明确的规定，对欠缺绝对必要记载事项的票据，在各国票据法中都视为无效。

六、票据是无因证券

无因证券是指后手不必知道其前手获得证券原因的证券，这里所讲的原因是指证券的权利和义务发生的原因。依据票据法的规定，票据权利的发生、转移和行使都与票据原因无关，原因关系不影响票据法律效力。票据作为无因证券，对于持票人而言，行使票据权利的必要条件是持有合法票据，不必证明获得票据的原因；对于债务人，只要在合法票据上签章确认票据记载事项，就必须承担票据债务责任，无须依据何种原因。

七、票据是流通证券

流通证券是指证券可以转让，自由流通。票据的流通性是指票据权利可以通过背书或交付方式转让和自由流通。按照票据法的规定，汇票、本票、支票可以通过背书或者交付方式转让，实现票据的流通。记名票据通过背书方式转让流通，无记名票据以交付方式转让流通。票据流通方式简便，完成迅速，票据信用也随着转让次数而增加。

八、票据是提示证券

提示证券是指证券权利人行使证券权利时，必须向债务人发出履行债务提示的证券。票据为提示证券是指票据权利人主张票据权利、行使票据权利，必须向票据债务人提示票据，将票据交债务人验看，否则，票据债务人有权拒绝履行债务义务。提示分为提示承兑和提示付款。本票和支票属于见票即付的票据，只需提示付款。汇票属于委托证券，除另有规定者外，必须经过提示承兑，才可提示付款。

第三章　票据的行为

第一节　票据的出票

一、出票概述

根据我国《票据法》的规定，票据包括汇票、本票、支票三类。所谓出票就是指出票人依据《票据法》规定的款式签发票据，并将票据交付给收款人的票据行为。出票行为的完成表明了票据权利的产生，因此出票行为是票据关系产生的基础。

（一）出票的概念

出票行为由作成票据（又称开票）和发行票据（又称交付）两方面构成，二者在出票行为中至关重要，是构成出票行为法律要件必不可少的部分。其中，作成票据，是指出票人按照法定款式制作票据以及在票据上记载事项并签章。发行票据，即出票人按照本人意愿将形式合法的票据交付给收款人的票据行为。票据权利必须是在开票和交付同时完成的情况下才会具有法律效力，才意味着票据行为完成。若只发生开票而没有交付，票据无效。

（二）出票的记载事项

票据权利产生的前提是出票行为的完成，因此出票人签发制作票据的环节对于后续的票据行为极其重要。由此出票人制作签发票据是不可缺少的重要部分。根据票据行为的要式性要求，即出票人必须按照规定在票据上完整记载各项事项并签章，使票据产生效力。根据票据记载事项对票据的重要程度来划分，可以划分为绝对必要记载事项、相对必要记载事项、任意记载事项以及不得记载事项四项。

1. 绝对必要记载事项，即必须按照《票据法》的规定完整记载不然票据无效的事项。包括以下几项：

（1）在实际操作中，汇票必须在票据正面上记载“商业承兑汇票”或“银行承兑汇票”的字样，这样做的目的是表明该票据不同于其他票据，应根据商业汇票的规定进行处理。出票人无须重复记载。

（2）无条件支付承诺。因为汇票作为具有委托性质的证券，是出票人向付款人发出的支付票款的委托，承诺在到期日收款人能够收到票款。这种委托必须具有确定性，是无条件的，即出票人不能以某些事件的发生作为付款的前提条件。要是汇票上记载了付款条件，则收款人的权利就无法得到确切的保障，得到票款具有不确定性，那么该汇票无效。因此票据上不得记载任何付款条件。

（3）出票金额。汇票的标的物是金额，因此票据上所记载的标的只能选择货币，而不能是劳务、商品等非货币的记载。并且作为标的的货币必须是确定的金额，如“支付3万元”，金额不确定，收款人所拥有的权利不确定，付款人也不能确切地履行其义务，被背书人也不知道如何接受这样的票据背书。根据《票据法》的相关规定，汇票金额必须用数值一样的中文大写和数码同时记载，缺一不可，否则票据无效。支付票据金额是签发和使用票据的唯一以及最终目的，同时也可以作为确定债权和债务的依据。因此任何种类的票据，出票金额都必须是确定的。另外由于票据的要式性，票据一旦出票金额就不能更改，否则票据无效。

（4）付款人名称。付款人就是出票人在汇票上记载委托到期支付票款的人。根据我国法律相关规定，在银行拥有账户的法人是作为商业汇票付款人的必要条件，出票人必须能够对付款人行使资金支配的权利（两者之间必须具有真实的委托付款关系）。出票人自己又是付款人的，该出票人具有双重身份。

（5）收款人名称。收款人是从出票人那里接受票据，并有权向付款人请求支付票款的人。收款人一般都是出票人之外的其他人，但是如果是商业承兑汇票，出票人也可以是收款人。

（6）出票日期。就是出票人签发票据的日期。出票日期具有重要意义必须记明，其作用包括：确定汇票的付款日期、确定承兑提示期限、确定利息起算日以及确定票据某些权利的时效性。汇票的效力以汇票上的出票日期为准，因此即使实际出票日期与汇票上出票日期不符也没关系。按照相关规定，出票日期必须按照公历日期使用中文大写记载在汇票上，出票日期必须真实存在，否则记载无效。另外出票完成后，出票日期不得更改，否则票据无效。

（7）出票人的签章。即出票人在票据上签名、盖章或签名加盖章使票据行为产生效力，出票人在票据上签章表明其对票据承担责任。虽然票据行为会存在差异，但是签章都至关重要，出票人必须在票据正面记载“出票人签章”的字样。票据签章记载必须满足正确完整的要求，一旦出现漏签或者错误，则该票据无效。

2. 相对必要记载事项，即除了《票据法》规定的必须记载事项，其他应记载的事项。可以记载，也可以不记载。记载的就按规章制度履行权利与义务，未记载的，按照法律的统一认定。

（1）付款日期，是记明票据何时支付票款的日期，又称为到期日。可以按照以下四种情形分别记载：

①见票即付，即以票据提示日（持票人向付款人提示票据）为付款日，又称“即期票据”。一般票据上记载了“见票即付”“提示即付”的字样，均属于见票即付的票据。若票据上无记载付款日期的，按照《票据法》的规定，视同见票即付。

②定日付款，指出票人在签发票据时，在汇票上记载了某年某月某日等具体的付款日期，如“2017 年 5 月 31 日”。如果票据上记载的是某月月初、月中、月底，应按该月的第一日、十五日、最后一日确定付款日期。

③出票后定期付款，即出票人出票时在票据上记载经多长时间后付款，比如“自出票日后 4 个月付款”。

④见票后定期付款，指出票人在签发票据时记明了见票后若干日付款，即在承兑日一定期限的最后一日付款。如果付款人拒绝承兑，则从拒绝承兑证明日期起算付款日期。如果没有作成拒绝承兑证明，付款日期自出票日后一个月的末日起算。

（2）付款地，就是付款人支付票款的地点。若付款人拒绝承兑，持票人也可以把此地作为拒绝证明的地点。付款地属于票据的任意记载事项。

（3）出票地，就是出票人签发交付汇票的地点。出票地的记载涉及票据法律适用性的问题。

3. 任意记载事项。汇票上可以记载很多任意事项，比如“利息及利率”，这些由当事人选择记载，记载就产生效力，不记载对票据无影响。

4. 不得记载事项，即禁止在汇票上记载的事项。根据记载造成的后果不同，可以分为下列两种事项：

（1）该项记载无效的事项。比如在汇票上规定了出票人承担付款的义务，这项记载不产生效力，属于无效记载。

（2）使票据无效的事项。比如票据上记载有条件支付的事项。

（三）出票的效力

出票人按照《票据法》规定签发制作完成出票后，票据关系形成，票据产生了效力。这种效力根据汇票当事人的地位不同而不同，可以分为以下三个方面。

1. 对收款人的效力。出票人将形式合法的票据交付给收款人，收款人因此获得了票据金额的请求付款权以及在被拒绝付款时的追索权。

2. 对付款人的效力。付款人因为出票行为的完成成为出票人付款委托人，但是由于出票是单方行为，因此对于付款人来说，只是付款权限，而不是付款义务。只有在票据被付款人承兑后，付款人才成为票据的主债务人，承担到期付款的责任。若付款人拒绝对汇票进行承兑，即使出票人能对付款人行使资金支配的权利，付款人也可以拒绝付款。在这种情况下，出票人仍是票据的主债务人，收款人只能向出票人行使追索权，而不能对付款人行使票据权利。

3. 对出票人的效力。一般来说，汇票出票人都是委托他人支付票款，自身并不直接承担票据付款。因此，一旦该行为成立，出票人就必须保证该付款能够实现，如果付款人拒绝付款，出票人就该承担票据责任。根据《票据法》规定：“出票人签发汇票后，即承担保证该汇票承兑和付款的责任。出票人在汇票得不到承兑或者付款时，应当向持票人清偿本法第七十条、第七十一条规定的金额和费用。”这一规定表明，出票人承担的责任包括担保承兑和保证付款两个方面。

（1）担保承兑是出票人不得免除的法定义务，因此票据出票完成时，出票人必须担保签发的汇票能够在到期前得到承兑，若出现付款人拒绝承兑或其他原因导致汇票无法承兑的情况时，出票人必须承担汇票付款的义务。

（2）保证付款同样也是出票人不得免除的法定义务，若持票人在到期日时付款人拒绝承兑或付款，持票人可以向出票人追索，要求出票人清偿票款。

二、汇票到期日概述

（一）汇票到期日的概念

汇票到期日，即付款人应当支付汇票金额的日期。汇票到期日的记载十分重要，所以汇票到期日必须确定地记载在汇票上，未记载汇票到期日，则依据法规作为见票即付处理。

（二）汇票到期日的作用

1. 确定票据权利时效的范围。超过我国《票据法》规定票据到期日两年以上的票据，时效期满，票据权利无效。由此可知，票据到期日是计算票据时效的起算点。

2. 确定付款提示时间。除了见票即付等类型的票据外，对于其他到期日类型的票据，收款人应依据《票据法》的规定，在票据到期日之前，向付款人提示、承兑或者付款。收款人必须按照《票据法》的规定，将已承兑的票据在规定的时间向承兑人提示付款。因此，到期日可以作为请求承兑、付款的依据。

3. 付款期间限定。原则上，付款人应该在规定的付款期间支付票款。收款人不应该请求提前支付票款，若付款人提前支付了票款，则后果由付款人独自承担。

（三）汇票到期日的计算

1. 按日计算的票据应按“算头不算尾”的原则进行推算，即签发日不包括在内，而到期日则包括在内。

例：出票后 40 天付款的汇票于 4 月 2 日出票，按照“算头不算尾”的原则，应从 4 月 3 日计算，到期日为 5 月 12 日。

2. 按月计算的票据，不考虑每月天数差异性，以相应月份对应的同一日期为承兑日；若无同一日期，应该以该月最后一天为付款日。

例：出票一个月后付款的汇票于 3 月 31 日出票，则应以 4 月 30 日为到期日。

3. 贴现息以及贴现收入的计算。

【例 1】甲公司收到乙公司 7 月 3 日签发的一张票面金额 100 000 元，票面利率为 10%，60 天到期的票据，8 月 10 日甲公司将票据转让给银行，以获取资金，求贴现息以及贴现收入。

该票据到期日为9月1日，按照“算头不算尾”的原则，可得贴现天数为22天，因此：

贴现息 = 100 000 × 10% × 22/360 = 611（元）

贴现收入 = 100 000 − 611 = 99 389（元）

第二节　票据的背书

一、票据转让与背书

（一）票据转让

1. 票据转让的概念。票据转让是指持票人转让票据权利或将一定的票据权利授予他人行使的票据行为。但若票据上出票人或背书人记载了“禁止转让”的文句，则该票据不得转让。由于票据行为的连带性，背书人在票据转让后，仍承担其后手所持票据能够得到承兑和付款的责任。若持票人得不到承兑或者付款时，可以依据《票据法》的规定，向背书人行使追索权，要求赔偿相应的金额和费用。

2. 票据转让的特点

（1）票据转让是单方面法律行为。因此票据转让不同于一般的债权转让，必须通知双方达成一致且必须通知债务人，票据转让只需背书人（让与人）同意签章即可，无须被背书人作出任何行为，债务人也无须通知。

（2）票据转让是要式行为。因此背书转让不同于一般的债权转让，背书人必须按照法定款式作成背书并交付票据给被背书人。即使单纯的交付转让也必须交付票据于受让人。

（3）票据行为的连带性。因此背书人在票据转让后成为票据的债务人，仍保留着票据关系，承担着保证票据承兑和到期付款的责任。而在一般的债权转让中，一旦债权转让，债权人完全脱离关系，除非合约有特别规定，要不然即使未来债务得不到清偿，原债权人（让与人）也不承担任何责任。

（二）票据的背书

1. 票据背书的概念。背书作为票据流通的主要方式，是指持票人将票据权利转让给他人或者将票据权利授予他人行使，因此在票据背面记载相关事项并签章的票据行为。背书是以转让票据权利为目的，是票据权利合法转移的票据行为。

2. 票据背书的特点

（1）背书是一种要式法律行为。

（2）背书是附属票据行为。

（3）背书是持票人的票据行为。

（4）背书是在票据的背面或者粘单上的票据行为。

（5）背书是以转让票据权利为目的的票据行为。

二、汇票背书的款式

商业汇票背书的法定记载款式有以下几类。

（一）绝对必须记载事项

由于票据背书行为是法律行为，具有要式性，必须按法定款式记载，否则无效。绝对必须记载事项如下：

1. 被背书人名称，是指受让票据并取得票据赋予权利的当事人名称，即接受上一背书人对票据权利的转让、质押或者授权并取得票据的当事人名称。需要特别注意的是，为了国内市场上票据流通的安全性，我国不允许在票据背书的过程中出现空白背书的方式，这样能够确保所有参与票据流通的人在票据上都有比较确切的记录，而且方便处理日后可能发生的纠纷和其他转让可能存在的问题。

2. 背书人的签章，是指发起背书的当事人在票据上必须要留下的签名、盖章或者签名加盖章。单个背书人还应该在票据的“背书人”一栏上，填写本人的身份证件信息以及相关发证机关。这是由于原持票人要将票据权利转让给他人、授予他人暂时代为行使或者单独进行票据质押时，只有票据上明确记载的背书人签章，才能表明真实的票据背书行为以及其行为代表的法律效力正式生效。由于票据行为的连带性，每个背书人都存在被追索的可能性，因此背书人必须对转让票据承担承兑和付款的责任；同时，对于被背书人而言，在一定情况下，可以对票据背面记载的背书人行使追索权，而且最终的持票人、受益人或收款人都可以向票据背面记载的背书签章人行使追索权或再追索权。因此，持票人的票据权利要得到法律合法的保障必须在背书人和被背书人的签章得到连续有效记录前提下才能实现。

（二）相对必须记载事项

汇票的相对必须记载事项主要有背书日期。按照《票据法》的规定，记载背书行为的年、月、日，以此来确定背书的顺序以及证明背书是否连续，还可判断背书行为是在到期日前还是到期日后完成的。而且，根据《票据法》等相关法律的规定，只有在票据到期之前才可以进行背书，此期间发生的票据转让背书行为才具有合法效力；否则，票据背书无效。

（三）任意记载事项

汇票背书的任意记载事项是指，在背书的记载内容中添加相关事项后，指明此背书特定目的是转让票据权利、专用于结算功能、将票据权利暂时授予他人行使或者进行质押。为了使背书过程符合相关法律法规条文的规定，并积极实施权责落实制度，所有的任意记载事项必须在票据背面或者粘单上记载清楚。其中，汇票背书的任意记载事项主要有：

1. 背书文句，即“将票据的票面金额转让与……”“将票据转让与……”以及“将票据之一切权利转让与……”等文字记载。

2. “委托收款”与“质押”等文字。在一定情况下，如果持票人有委托银行或者以票据质押的需要，那么除了记载规定的相关背书外，还需要在背书栏上记载相应的“委托收款”或“质押”字样，以便按照背书人的意图处理汇票。

3. 禁止转让的记载。在实际操作中，背书人可能会在票据上记载“不得转让”等类似的文句来限制票据的转让，但票据转让仍可继续进行，只是背书人对后续取得票据的人不再承担责任。

（四）不得记载事项

根据《票据法》相关条例，票据背书所记载的内容必须符合规定才能生效，不得记载法律禁止的内容。其中，背书中禁止记载的事项可以分为部分背书（指背书人把票据金额拆分，转让给多个背书人）记载和关于条件（即背书时附加条件）的记载两类事项。

三、背书的分类

（一）转让背书

转让背书是以转让票据权利给他人为最终目的的背书，转让背书可以分为一般转让背书和特殊转让背书两类，具体如下：

1. 一般转让背书是指转让时按照《票据法》一般规定即可，无须特殊处理的背书。

2. 特殊转让背书，是指其法律效力与一般转让背书相比存在差异，并且在一定程度上受到使用限制的转让背书。特殊转让背书可以分成以下三类：

（1）禁止转让背书，是指出票人或者背书人在票据上记载“禁止转让”等字样，限制票据进一步转让，或者法律直接对票据的流通加以限制。原则上票据限制越少，流通性越强，发挥的作用就越大。但是汇票出票人或者背书人出于特定目的，在票据上记载禁止转让等字样，禁止票据的现时持票人转让票据权利，限制汇票等的流通性，这时票据主要发挥其结算功能。

（2）期后背书，是指在票据被拒绝承兑、出票人或付款人拒绝偿付或者已超过付款期限的情况下进行的背书。期后背书一般只发生在特殊情况下，因此只产生民事效力，而不具有票据效力。我国法律明确禁止期后背书，但期后背书根据《票据法》的规定可以作为一种普通债权处理，即在转让时，票据转让双方必须协商达成一致，并且通知票据主债务人，最后，在票据到期时交付给相关主债务人，在履行责任后必须将收回的票据上的权利消除。

（3）回头背书，是指背书人即为该票据债务人的背书行为。这个特点的形成是由于经过票据流通过程中若干次背书后，标的票据的原债务人（包括出票人，一系列背书人、承兑人、保证人等）再次成为原票据债权人（持票人）。此外，由于在这种背书方式下，被背书人的地位与一般被背书人不同，因此回头背书的法律效力与一般转让背书略有差异。

当原票据出票人成为现时持票人时，该持票人对以往一系列在票据上背书或者签名盖章的债务人都没有追索权，仅拥有对票据相关承兑人的付款请求权。

当背书人成为持票人时，该持票人就对其后手都没有行使追索权的权利。原因在于，票据经过回头背书转让之后，原背书人既承担着对后手方的保证承兑和付款责任，又可作为持票人而享有对前手行使、不能向后手行使的追索权，即原背书人将作为自己的付款人，在票据到期时，票据流通结束。因此，该原背书人不再享有追索权。

当承兑人成为持票人时，由于票据承兑后，承兑人即成为票据的主债务人，因此该持票人对任何人都没有追索权。除非在票据无法得到指定付款人付款的特殊情况下，承兑人才能行使追索权。

当保证人经回头背书之后，成为票据的持票人，其享有的追索权除了可以向被保证人行使之外，其余均适用于所处的地位。

3. 转让背书的效力

（1）背书转让时，只需持票人合法完成背书行为即构成有效的票据权利转让，无须征得票据债务人同意。

（2）背书转让完成后，各个背书人仍保留在票据关系中，从票据权利人成为票据债务人，承担着承兑和付款的责任。

4. 不得转让的情况

（1）票据上记载了“不得转让”的字样，票据不能转让。若其后手背书转让，则前手对其后手转让的被背书人不承担责任。

（2）部分转让，即将汇票金额分开转让，或将汇票金额转让给多个背书人。

（3）背书是附加条件。

（4）汇票被拒绝承兑、付款或超过付款期限时，不得背书转让。

（二）非转让背书

1. 非转让背书是指持票人并非以转让票据权利为目的，而是基于其他目的而作的背书行为。主要包括以下两种：

（1）委托收款背书，又称委托背书，是指持票人在票据上记载“委托收款”的字样，交付给被背书人委托他收款的背书。通过此种方式转让的背书，被背书人没有继续背书转让票据的权利，只能行使被委托的票据的权利，例如收款、提起诉讼等。

（2）质押背书是指持票人将汇票作为质押资产，将票据权利设定质权转让给被背书人。背书人必须在背书中记载“质押”的字样，并且签章，再将票据权利凭证交付给相关质权人。被背书人只取得了票据金额的抵押权，而不能进行票据权利转让，在票据担保的债权得不到清偿时，被背书人可以按照相关规定处理抵押事宜。

2. 非转让背书的记载事项。背书人必须按照委托背书或质押背书的款式在票据上记载被背书人名称，指明谁是代理行使票据权利的人，若未准确记载，背书人独自承担法律后果。

（1）签章。出票人必须在票据上正确签章，否则票据无效。但要是背书人、承兑人、保证人签章错误，仅是该签章无效，而不会对票据其他签章产生影响。

（2）“委托收款”或“质押”的字样。非转让背书必须在票据上记载

“委托收款”或“质押”的字样。

（三）完全背书

完全背书，即记载事项相对其他类型的背书更为严格规范完整，例如，被背书人的名称和相关背书人的签章为完全背书的绝对记载事项。因此在这种背书下，票据权利将被直接转让给指明的被背书人。

（四）空白背书

空白背书，是指在票据流通转让的行为过程中，除了可以不用记载“被背书人”的字样外，其他记载与普通背书一致。

空白背书转让时，一般采取以下方法：

1. 由于票据持票人的名字并未出现在票据上，因此持票人可以直接将票据交付给受让人，即采取单纯交付的方式。

2. 票据持有人可以在票据背面签章但不记载被背书人名称，同样采取空白背书的形式转让票据。

3. 票据持有人可以转让背书时签章并记载被背书人名称，将空白背书转为记名背书，这种情况下，签章必须符合规定，否则背书无效。

（五）转让背书与非转让背书的区别

1. 目的不同。转让背书的目的是背书人将持有的票据及票据权利让渡给被背书人，而且转让后，票据权利完全归被背书人所有，原持票人已不再拥有；非转让背书的行为过程中，背书人并不以转让票据权利为目的，而是仅将票据权利暂时授予他人行使，日后需归还。

2. 票据记载款式不同。非转让背书发生时，当事人应当在票据上记载“委托收款”和“质押”等字样。通过该种背书方式取得票据的被背书人只有暂时的票据行使权，没有票据所有权，因此也不能作为新的背书人进行背书转让活动。因此非转让背书无须记载“不得转让”的字样，而转让背书需要记载。

四、背书的连续

（一）背书连续的概念

背书连续是指原收款人作为第一背书人将票据转让给被背书人，此后被背书人成为下一个背书人，依次前后衔接无间断，最后背书转让中的被背书人就是最后持票人。

（二）背书连续的判定

1. 票据背书时，各项记载事项必须完整有效，否则背书不连续。但若由于无效签章等实质性原因，背书连续并不受到影响，即背书形式上连续即可。

2. 背书连续只适用于转让背书，但是若背书中有非转让背书存在，背书连续的认定也不会受影响。

3. 票据上背书记载的顺序必须连续，例如，甲背书转让给乙，乙背书转让给丙，这才可以认定为背书连续。

4. 背书连续中，被背书人以及其作为背书人时，在票据上的名称记载必须一致；若不一致，但能公认判定为同一人，也可认定为背书连续。

五、背书的效力

背书的效力是指票据经过交易双方进行背书后会产生或具备的各种法律效力，具体来讲，可以分为以下三类。

（一）权利转移的效力

背书人以票据背书的方式将原持票据上的一切权利（包括付款请求权、对前手的追索权，以及继续将票据转让给他人的权利）转让给被背书人之后，被背书人因此成为该票据新的权利人（债权人），而背书人成为票据的义务人（债务人）。

（二）担保的效力

票据的背书人应该按照汇票的文义担保承兑和担保付款。当被背书人持有的票据（附有追索权）无法承兑或者不能获取付款时，在持票人行使追索权的情况下，背书人对被背书人以及全部交易后手方均负有偿还相关票款的担保责任。

（三）权利证明的效力

权利证明的效力又称资格授予的效力，这种效力表现为形式上的资格证明力。每个持票人只需以背书行为发生的连续性，就可以证明其对票据的权利。

第三节　票据的承兑

一、票据承兑概述

（一）承兑的概念

承兑是指汇票付款人承诺在汇票到期日支付汇票金额的票据行为。承兑是以出票行为的完成作为前提的，是一种附属票据行为，必须在形式合法的票据上进行才产生法律效力。

（二）承兑的分类

1. 以承兑方式为标准可以将承兑分为正式承兑和略式承兑。正式承兑，是指必须在票据上记载“承兑”或同义的文句，并且有付款人签章的承兑。略式承兑与正式承兑相比，是指只需要付款人签章即可的承兑。

2. 以承兑时是否附加条件或限制，可以将承兑分为不单纯承兑和单纯承兑。

（1）不单纯承兑是指付款人进行承兑时加以限制或变更，可以分为以下三类：

①附条件承兑是付款人在进行承兑时对付款加以限制附加条件。原则上附条件承兑更有利于解决承兑和付款问题的复杂性，因此许多票据法选择性地认可附条件承兑。

②一部分承兑又称部分承兑是指汇票付款人拒绝对汇票金额全部进行承兑，而仅对汇票金额的部分承担付款责任。在此情况下，未承兑金额视作付款人拒绝承兑，持票人可以行使追索权。原则上，承兑应全部承兑，部分承兑为例外。我国尚未对部分承兑作出规定。

③变更记载事项，即付款人变更汇票权利以后再进行承兑。

（2）单纯承兑是指汇票付款人承兑时完全按照票据上的记载承兑，而不附加任何条件。

二、票据承兑的作用

（一）确定汇票权利、义务的作用

1. 在付款人对汇票承兑之前，出票人的义务划分并不清楚。若付款人对汇票进行了承兑，则出票人成为第一付款人；若付款人拒绝承兑，则根据票据行为的连带性，出票人成为票据的主债务人。

2. 收款人因为收到了出票人签发的票据而取得了付款请求权，但由于未承兑前，付款人是否付款具有不确定性，所以只是一种期待权。只有汇票经承兑，收款人付款请求权才成为现实的权利。

3. 出票人只是获得付款人为其自身签发票据付款的权限，但是付款人并没有义务。只有付款人对票据进行承兑，此时付款人才成为票据的主债务人，必须按照票据上的记载，承担付款责任。

（二）确定到期日的作用

承兑可以确定持票人行使票据权利的时间，例如见票后定期付款的远期汇票，其到期日是从承兑日起算的。

三、票据承兑的记载

承兑记载事项主要包括以下事项。

（一）“承兑”字样

因为付款人作为票据的主债务人，其地位与背书人、被背书人不同，因此为了避免与背书人以及被背书人相混同，必须在汇票正面上记载“承兑”字样，而不能记载在汇票背面或粘单上，也不能额外记载在汇票之外的书面。未在汇票正面记载“承兑”字样的，承兑行为无效。

（二）承兑日期

承兑日期属于相对必须记载事项，法律意义重要。承兑日期应由付款人记载在汇票正面上，不仅可以确定付款人作出付款承诺的日期，也可以确定见票后定期付款汇票的起算时间。没有记载承兑日期的汇票，按照提示承兑的日期延后三天作为承兑日期。

（三）承兑人签章

为了表明付款人对承兑的汇票承担付款责任，付款人必须在汇票正面上签章。付款人未签章的，承兑行为无效。

（四）付款地

付款地一般由出票人制定，为任意记载事项。持票人的票据权利不会受到影响。

四、票据承兑的程序

汇票承兑程序按照票据法的规定可以分为两个步骤。第一步是持票人在票据法规定的期限内，向付款人出示票据，请求付款人进行承兑并承诺到期保证付款。第二步是付款人在规定期限内将持票人提示的汇票进行承兑，并在承兑完后将汇票交还给持票人。

（一）提示承兑

提示承兑又称为“见票”，是指持票人必须在规定期限内向付款人出示并交付票据，请求付款人进行承兑并承诺到期日愿意支付票款的行为。提示承兑是付款人承担票据责任的前提，进行承兑是为了保护持票人的票据权利。

（二）承兑

持票人应根据票据法的相关规定，提示承兑时将形式合法的票据出示给付款人，请求付款人对汇票进行承兑。按照规定，付款人需在三天内作出是否承兑的决定，若承兑则向持票人签发记载了承兑日期以及签章的回单；若拒绝承兑，需向持票人出示拒绝承兑证明，以便持票人行使追索权。

五、票据承兑的效力

承兑的效力是指确定汇票付款人与其他票据当事人的权利义务关系，可以分为以下三方面。

（一）对出票人和背书人的效力

付款人承兑汇票后即成为票据的主债务人，持票人因此不能向出票人和背书人行使追索权，即使付款人拒绝付款，出票人和背书人也可以免于被追索，除非出现到期日前承兑人死亡或者逃匿等法律规定的其他原因。

（二）对持票人的效力

汇票一经承兑，持票人请求付款权由期待权转为现实的权利，可以在到期日向承兑人请求付款。持票人即使是原出票人，只要承兑人拒绝付款，持票人仍可以行使追索权，要求清偿汇票金额以及其他款项。

（三）对付款人的效力

付款人在汇票承兑后成为票据的主债务人，承担到期日付款的责任。因此承兑时出于承兑人自身的意愿，在票据权利因时效而消灭之前，承兑人负绝对的付款责任，而出票人和背书人处于次债务人的地位。

六、参加承兑

（一）参加承兑的概念

参加承兑是指预备付款人或其他第三人为了维护特定票据的主债务人的利益而进行的票据行为，目的是阻止或防止持票人在到期日前行使追索权。参加承兑是在持票人无法获得票款的情况下，例如汇票被拒绝承兑，或者承兑人死亡、债务人破产等其他情况出现时，为了维护持票人以及其前手的利益而设立的。通过第三人支付票款，维持票据信用，保证持票人和前手的利益不受到损害。当付款人拒绝承兑时，参加承兑人在征得持票人同意的情况下，在汇票正面记载“参加承兑”的字样并签章。参加承兑人只有在付款人拒绝付款的情况下才承担付款的责任。

（二）参加承兑的特点

1. 参加承兑是以出票行为完成为前提，与承兑行为一样都是一种附属票据行为。参加承兑行为与承兑行为规则大体相同，除了记载参加承兑的文句以及被参加人名称等特有规则外，内容上都有含有票据上记载、签章和票据交付三项行为的要件。

2. 参加承兑是为了维护特定债务人的利益的票据行为。参加承兑人之所以参加承兑，是为了保证持票人和其前手的利益不受到影响，防止或阻止行使追索权，达到维护票据主债务人商誉的目的，这与为了维护票据债务人利益的票据保证有所不同。

3. 参加承兑是由预备付款人或者第三人参加的票据行为。根据不同国家票据法的规定，参加承兑人应该由出票人或背书人在票据上记载的人参加，但在持票人的同意下，参加承兑人也可以是与票据债务人存在密切关系的第三人。

（三）参加承兑的基本条件和方式

1. 参加承兑的基本条件

（1）只有在付款人提示承兑而由于一些特殊情况（如付款人逃亡、死亡）汇票被拒绝承兑，追索权已经发生的情况下，参加承兑人才允许参加承兑。

（2）参加承兑人只能在持票人行使追索权的期限到期之前，承担债务阻止持票人行使追索权。

（3）参加承兑人必须有法律认证资格。出票人或背书人在汇票上记载的预备付款人可以在拒绝承兑发生时无需持票人同意而主动参加承兑，而预备付款人之外的第三人参加承兑则必须要征求持票人的同意。

2. 参加承兑的方式是指参加承兑人在汇票正面记载参加承兑事项并签名，其中必须记载事项如下：

（1）参加承兑的文句。参加承兑必须在汇票上记载“参加承兑”的字样或类似文句，以区分其他票据行为。

（2）参加承兑人的签名。只有参加承兑人在票据上签名，参加承兑才有效，否则不签章者不负票据责任。

（3）被参加人名称。参加承兑时为了保护特定债务人，因此应记明被参加人（特定债务人）名称，以表明参加承兑人是为了谁的利益参加承兑，并以此来确定参加承兑后的责任。

（4）参加承兑日期。主要是确定参加承兑生效时间。

（四）参加承兑的效力

1. 参加承兑的目的是防止持票人行使追索权，因此法律认可其效力。

2. 参加承兑人参加承兑后即承担了票据债务。根据各国不同法律规定，参加承兑人的职责划分也有所不同。例如，在瑞士，参加承兑人则可视作第一债务人；而在英国，则视作第二债务人。

3. 参加承兑人履行付款责任后，被参加人后手由于具有参加承兑人的债权人身份，所以被参加人后手不能被行使追索权。

4. 参加承兑人可以在清偿债务后，向被参加人以及其前手行使追索权。

七、承兑和参加承兑的区别

（一）付款人不同

承兑付款人一般是指汇票付款人，而根据《票据法》的规定，参加承兑的付款人一般是由出票人或背书人指定的预备付款人。在征得持票人的同意下，参加承兑人也可以为与票据债务人存在利害关系的第三人。

（二）目的不同

承兑的目的是保证持票人的利益不受到损害，保证持票人到期收到票款。而参加承兑的目的是采取事前补救的方式清偿债务防止票据债权人行使追索权，维护债务人信誉。

（三）记载款式不同

承兑在汇票正面上必须记载“承兑”的字样以及承兑日期等；参加承兑则必须在汇票上记载“参加承兑”的字样、参加承兑人的签名以及参加承兑的日期等。

第四节　票据的保证

一、票据保证概述

（一）票据保证的概念

票据保证是指票据债务人以外的第三人为担保票据债务的履行，提高票据的信用程度，保证汇票流通性的附属票据行为。

（二）票据保证的分类

1. 以是否担保票据全部金额，可以将票据保证分为全部保证和一部分保证。对票据金额全部进行保证称为全部保证，而只对票据金额一部分进行保证的称为一部分保证。

2. 以保证人的数量为标准，可将票据保证分为单独保证和共同保证。

3. 以保证人在票据上所作的记载，可将票据保证分为正式保证和略式保证。正式保证是指保证人按照规定在票据上记载“保证”的字样并签章的票据行为，而在略式保证中保证人只签章而不记载“保证”的字样，目前我国并不承认略式保证。

4. 除上述保证种类外，还存在一种以共同出票、承兑、背书或参加承兑的方式达到的隐存保证，这是不同于票据保证的形式，是一种非形式的保证方式。

（三）票据保证的特征

1. 票据保证为要式行为。只有按照《票据法》规定的记载事项和记载方式的保证才是有效保证，否则无效。

2. 票据保证是具有附属性又具有独立性的票据行为。虽然票据保证具有独立性，但从票据保证必须以出票行为的完成为前提的角度看，它又具有附属性。一般保证的债务以主债务存在为前提，这体现了票据保证的独立性。除了被保证的债务因形式要式欠缺而无效等情况外，即使被保证的债务实质上无效，票据保证仍具有效力。

3. 票据保证是单方法律行为。只要保证人作出合法的保证行为就有效，无须征得被保证人后手的同意。

4. 票据保证是一种旨在确保特定债务人履行其票据债务而设的票据行为，特定债务人即被保证人不限于出票人、承兑人，参加承兑的人和背书人也可是被保证人，保证人担保被保证人的票据债务履行。

5. 在清偿票据债务时，保证人与被保证人无先后顺序，当债权人向债务人（即被保证人）要求清偿票据债务时，若债务人不能如约履行，债权人可以在保证人和债务人中任选一个要求履行票据债务，即保证人有连带责任。

二、票据保证的范围

本票及汇票可以附加票据保证行为，但是支票不存在这一票据行为。保证范围可以是汇票和本票的所有债务，主要包括承兑人的承兑付款债务和出票人、背书人被追索的债务。票据保证只保证票据上的债务，而《票据法》中规定的利益返回不在票据保证的范围。

票据保证应记载在汇票或者粘单上，必须按照法定款式进行记载，其款式如下：

1. 绝对必须记载事项。“保证”字样、保证人的签章和名称地址是票据保证绝对必须记载的事项，这些信息的缺失会直接使得保证无效。

2. 相对必须记载事项。被保证人的姓名及保证作成的日期是票据保证的相对必须记载事项。根据《票据法》的相关规定，如果没有记载被保证人的名称，那么承兑人则被视为被保证人；若是未经承兑的票据，则出票人被视为被保证人。此外，若票据保证没有记载保证日期，则以出票日作为保证作成的日期。

3. 不得记载事项。任何关于条件的记载均为不得记载事项。根据《票据法》规定，票据保证不得附有任何条件，如若附有条件也不影响对票据的保证。

三、票据保证的效力

票据保证使得保证人对票据债务有连带责任，债权人可以在保证人和被保证人中任选一个进行债务的追索。若债权人选择向保证人行使追索权，那么保证人在清偿完票据债务后有权利向被保证人及其前手继续追索票据债务。

（一）保证人的责任

保证人的保证职责只限于合法的持票人和形式合法的票据，对于非法取得票据的情况，保证人不承担任何保证责任；对于不合法的票据其本身就无票据权利，被保证人的债务也无效，保证人也无保证责任。只要票据形式合法，即使保证的债务责任无效，保证人仍担负票据责任。同时若有多个保证人承担保证责任，若票款无法得到支付时，各保证人都应该承担清偿责任。票据债权人有权利向多个保证人中的一个或者全部要求清偿债务。

（二）保证人清偿票款后的权利

保证人履行保证责任，清偿票款后被保证人的后手票据责任解除，前手的票据责任也解除。此时，保证人有权利作为合法持票人向被保证人及其前手追索票据债务，补偿履行保证职责偿还的票款以及相关费用。

第四章 票据基本法律规定

票据作为一种特殊的有价证券，产生于商品经济中，促进了商品经济的扩大与发展，而票据制度的建立和完善又进一步促进了商品经济的发展繁荣。《票据法》是调节市场经济关系的基本法律，它的建立健全对一国商品经济的顺利进行有着至关重要的作用。随着我国社会主义市场经济的不断深入发展，《票据法》起到了越来越重要的作用。学习有关票据的基本法律规定，能够帮助我们更多地了解票据知识，合理合法地进行与票据有关的实际业务。

第一节 票据权利

一、票据权利概述

（一）票据权利的概念

根据我国《票据法》第四条第四款规定，票据权利，是指持票人向票据债务人请求支付票据金额的权利，包括付款请求权和追索权。这一概念具有以下含义。

1. 票据权利是以取得票据金额为目的的权利。票据作为一种金钱证券，其目的在于使持票人据以请求债务人支付票据金额。为实现这一目的，保障持票人实现其票据金额，《票据法》赋予持票人两种基本票据权利，即付款请求权和追索权。

2. 票据权利的行使须以占有票据为条件。票据为完全有价证券，票据权利与票据具有不可分割的联系，票据权利的行使以占有票据为必要条件。持票人丧失了票据，就失去了行使票据权利的依据，也就无法行使票据权利。

3. 票据权利应向票据债务人行使。票据关系是一种债权债务关系，债务人是确定的，但由于票据的流通性，债务人不一定知道最终的债权人，故票据权利须由持票人主动向债务人主张和行使。票据债务人分为主债务人和从债务人，首先承担义务的债务人为主债务人，其他债务人为从债务人。债权人行使票据权利应向主债务人行使，只有当向主债务人行使权利而未实现时，才能向从债务人主张权利。

（二）票据权利的特征

票据权利是建立在票据上的一种特殊权利，与一般的民事权利相比，具有自己独特的特征。

1. 证券性权利。实施票据行为的直接后果就是产生了票据这一有价证券，从而使原因关系上的债权物化为票据债权。而票据债权一经发生，即与票据证券本身合二为一，只有取得证券，才能取得票据权利；也只有依靠证券，才能行使票据权利。也就是说，票据权利人同时享有票据上债权和票据这一物的所有权。可以说，票据权利是票据上债权与票据所有权的统一。票据权利的这一特征，使其在权利的转移上表现出不同于一般债权转移的特征，即在转移票据权利时，要求必须一同移转票据的占有，进行票据交付。

2. 单一性权利。票据权利是票据上债权与票据所有权的统一，票据权利与票据证券具有不可分割性。因此，不可能由两个或两个以上的人同时占有同一张票据，在一个票据上，不可能同时存在两个以上的票据权利。如果把票据本身看作一个物，票据权利的单一性特征是遵循物权法上的“一物一权”原则的结果。综上，在同一个票据上，可以同时存在两个或者两个以上的义务人，但是，不可能存在两个或者两个以上的权利人。

3. 二次性权利。票据权利虽然本质上是一种金钱债权，但又不同于一般的金钱债权。一般的金钱债权通常都是一次性的权利，权利人仅对一个债务人有请求权，当该请求权未能得到满足时，权利人只能通过其他途径求得法律救济。但是，票据权利是二次性权利，权利人可能对两个或者两个以上的不同的债务人享有请求权。因此，票据权利人首先可以向主债务人行使第一次请求权，在第一次请求权未能实现时，可以再向从债务人行使第二次请求权。当第二次请求权也未能得到满足时，与一般的金钱债权一样，可通过其他途径求得法律救济。

（三）票据权利的类型

根据票据法的规定，票据权利分为付款请求权和追索权。

1. 付款请求权。付款请求权是持票人对票据主债务人享有的依票据而请求支付票据所载金额的权利。在票据权利的行使顺序上，付款请求权是票据上的第一次请求权，具有主票据权利的性质，持票人必须首先向主债务人行使第一次请求权即付款请求权，而不能越过它直接行使第二次请求权。

付款请求权的行使对象是票据上的主债务人，而票据上的主债务人通常可以分为两种，一种是真正主债务人，另一种是形式主债务人。真正主债务人对票据金额承担着绝对的付款义务，在不能获得付款时，持票人可以通过诉讼程序强制形式主债务人履行付款义务。一般来说，本票的出票人和汇票的承兑人承担着绝对的付款义务，是票据上的真正主债务人，持票人对他们享有实质付款请求权。而票据上的形式主债务人，不承担绝对的付款义务，因此，在不能获得付款时，持票人不能通过诉讼程序强制形式主债务人履行付款义务，只能转而行使第二次请求权即追索权。一般来说，未进行承兑的汇票付款人和支票的付款银行不承担绝对的付款义务，是票据上的形式主债务人，持票人对他们的付款请求权属于形式付款请求权。

2. 追索权。追索权又称为偿还请求权，是付款请求权未能实现时，持票人对债务人享有的请求偿还票据所载金额和其他有关金额的权利。在票据权利的行使顺序上，追索权是票据上的第二次请求权，具有从票据权利的性质，它以第一次请求权即付款请求权未能实现为行使的前提条件，在付款请求权未能实现时，持票人才能转而行使追索权。票据权利人行使追索权，称为票据权利的逆向行使。

追索权既包括持票人向其前手行使的追索权，也包括已经履行追索义务的背书人向自己的前手行使的追索权。持票人向前手行使的追索权，称为“追索权”，这种追索权是主权利（付款请求权）未能实现时启动的权利；被追索的背书人在履行偿还义务之后，对其前手行使的追索权，称为“再追索权”。追索权的权利主体是最后持票人，即现实的票据权利人；再追索权的权利主体是先前曾为票据权利人，之后依背书转让票据权利从而成为票据义务人的人。

案例 4－1

2005 年 12 月 20 日，甲公司向乙公司开具了一张商业承兑汇票，金额为人民币 5 436 800 元，汇票到期日为 2006 年 4 月 20 日，付款人和承兑人为甲公司。乙公司取得票据之后于同日向中国农业银行北京市某支行（简称“农业银行某支行”）申请贴现，乙公司将该汇票贴现给农业银行某支行，由丙公司作为票据贴现保证人，在票据背面签章并记载了被担保单位为乙公司，担保金额为5 436 800元，以及其他必要事项。农业银行某支行向乙公司支付了票据贴现款（已扣除贴现利息）。票据到期后，农业银行某支行作为持票人向付款人甲公司委托的支付银行提示付款，遭到拒绝，并收到退票通知书，退票理由为冻结户。农业银行某支行催讨票据款项无着，遂将乙公司和丙公司作为共同被告提起诉讼。

上述案例中，持票人农业银行某支行通过贴现取得票据，为票据权利人，依法享有付款请求权和追索权。持票人向受托银行提示付款的过程，实际上是行使付款请求权的过程；受托银行因委托人甲公司在该银行的存款账户被冻结而拒绝付款，意味着持票人的第一次请求权被拒绝。在取得合法拒绝证明之后，持票人有权对出票人甲公司、背书人乙公司和保证人丙公司行使追索权；甲、乙、丙三公司对持票人的追索依法应负连带责任，即持票人可选择三者中的一个、数个或全部行使追索权。因此，农业银行某支行选择背书人乙公司和保证人丙公司为被告提起诉讼，要求清偿全部票据款项，其诉讼请求符合法律规定。

二、票据权利的取得

票据权利的取得，是指持票人合法有效地取得票据的所有权，并享有票据权利。票据权利的取得分为原始取得和继授取得两种方式。

（一）原始取得

票据权利的原始取得，是指持票人不经由其他前手权利人而最初取得票据权利，又可分为发行取得和善意取得两种方式。

1. 发行取得。票据权利的发行取得是指权利人依出票人的出票行为，而原始取得票据权利。出票人签发票据并将其交付给收款人，即为出票。出票行为是最初始的创设票据权利的行为，出票人的出票行为完成后，其相对方即通过票据的交付，实现票据的实际占有，从而原始取得票据权利。票据权利的发行取得，是票据权利最主要的原始取得方式，也是其他取得方式的基础，没有票据权利的发行取得，票据权利的其他取得方式也就无从谈起。

2. 善意取得。票据权利的善意取得，是指票据受让人依《票据法》规定的票据转让方式，善意地从无处分权人手中取得票据，从而享有票据权利的法律事实。这里所谓的无处分权人，是指对票据权利不享有处分权的人。从我国票据立法和司法实践来看，无处分权人指以下几种：以欺诈、胁迫、盗窃等非法手段取得票据的人，或者明知有前列情况，出于恶意或重大过失取得票据后进行转让的人；依法不能取得票据所有权的让与人，以及依原持票人的意愿占有票据但不享有票据权利、无处分权而又不属于票据代理人的持票人的情况，如因寄存、托管而持有票据的人将票据转让给他人，或委托收款背书中的被背书人以自己名义将票据转让给他人之人。此处的无处分权人仅以持票人的直接前手为限，其间接前手有无处分票据的权利则不予考虑。

依照我国《票据法》的规定，票据的善意取得必须符合以下条件：

第一，受让人取得票据必须符合《票据法》规定的转让方式。

第二，受让人须从无处分权人处取得票据，若是从有处分权人处取得票据则属于继受取得。

第三，受让人取得票据须善意。

第四，受让人必须付出相当对价而取得票据。

（二）继受取得

票据权利的继受取得是指受让人从有处分权的前手权利人处受让票据，从而取得票据权利，包括票据法上的继受取得和非票据法上的继受取得。

票据法上的继受取得，是指依票据法规定的转让方式，从有票据处分权的前手权利人处取得票据，从而取得票据权利。票据作为一种有价证券，要发挥其信用功能，自然要促进票据的转让、流通，为此，票据法规定了比一般债权转让更加方便和灵活的方式，如转让票据权利无须通知票据债务人，新权利人一般不承受原权利人的权利瑕疵等。根据我国《票据法》的规定，记名式票据依背书转让；无记名式票据依直接交付转让。其中，票据的背书转让，是最主要的票据法上票据权利继受取得方式。此外，保证人履行保证义务或追索义务人偿还追索金额后，取得票据，也是票据法上的继受取得。

非票据法上的继受取得，是指非依票据法规定的转让方式而是依民商法律或其他法律规定的转让方式取得票据权利。非票据法上的继受取得，既包括依普通债权的转让方式取得票据权利，也包括依继承、公司合并、清算、营业受让、税收等方式取得票据权利。此种继受取得，通常只能得到一般法律的保护，而不能得到票据法对合法持有人权利的特别保护，不能主张抗辩切断和善意取得等。

三、票据权利的行使和保全

（一）票据权利的行使

票据权利的行使，是指票据权利人请求票据义务人履行票据义务，如行使付款请求权请求付款，或行使追索权请求清偿等，从而实现票据权利的行为。这种行为是持票人所为的行为，其结果表现为票据权利的实现，即获得票据金额的支付。票据权利行使须具备以下要件：

1. 行使票据权利的主体是持票人。行使票据权利的主体必须是符合票据法规定的合法持票人。

2. 行使票据权利的对象是票据债务人。票据债务人是承担票据付款义务的人，其因实施一定的票据行为而在票据上签名并承担票据债务。

3. 票据权利的行使内容是请求给付票据金额。票据权利是一种抽象和纯粹的金钱性债权，其标的物只能是一定数量的货币，而不能以其他物替代。

（二）票据权利的保全

票据权利人为防止票据权利消灭所进行的行为，叫做票据权利的保全。

票据权利属于债权，适用时效制度，票据权利人在一定时间不行使权利，将会导致权利消灭。例如，票据上记载的付款人拒绝承兑或付款人拒绝付款时，持票人如果不在法定期间内作成拒绝证明，票据权利就会因时效期间届满而消灭。我国《票据法》第十七条规定，持票人对支票出票人的权利，自出票日起6个月不行使的，归于消灭；持票人对前手的追索权，自被拒绝承兑或者被拒绝付款之日起6个月不行使的，归于消灭。

为防止票据权利因时效期间届满而消灭，持票人就应当采取必要行为保全权利。保全行为包括提示票据、作成拒绝证明、起诉、中断时效等。提示票据，是持票人为防止票据权利消灭而向票据债务人出示票据，主张权利；作成拒绝证明，是持票人向票据上记载的承兑人或付款人提示票据请求承兑或请求付款，遭到拒绝时，请求拒绝之人出具拒绝承兑或拒绝付款的书面证明；诉讼，是持票人为防止票据权利消灭而请求法院保护。

（三）票据权利行使和保全的处所与时间

在票据法上，票据权利的行使和保全有一些相同的地方，被联在一起加以规定，如我国《票据法》第十六条就是如此。票据法学上一般也将这两种行为放在一起研究说明。

我国《票据法》第十六条规定，持票人对票据债务人行使票据权利，或者保全票据权利，应当在票据当事人的营业场所和营业时间内进行，票据当事人无营业场所的，应当在其住所进行。该条定明了票据权利行使和保全的处所与时间，在此对其中两个问题作如下说明：

1. 票据权利行使和保全的处所。持票人对票据债务人行使票据权利的，应当到该债务人的营业场所进行。营业场所是法人或非法人单位开展经营活动的地方，非经营的票据债务人或自然人为票据债务人，无营业场所的，应当在其住所进行。

持票人进行票据保全行为的，对方当事人可能是票据上记载的承兑人、付款人等，持票人请求这些人出具拒绝承兑证明或拒绝付款证明等，也应在其营业场所进行，无营业场所的，应在其住所进行。

2. 票据权利行使和保全的时间。行使和保全票据权利，应当在法律规定的时间内进行，各国票据法均规定在营业时间内进行。

对于营业时间，法律并无统一规定，票据实务中以票据当事人公告的营业时间为准。《票据法》第一百零七条规定："本法规定的各项期限的计算，适用民法通则关于计算期间的规定。按月计算期限的，按到期月的对日计算；无对日的，月末日为到期日。"《民法通则》第一百五十四条规定："民法所称的期间按照公历年、月、日、小时计算。规定按照小时计算期间的，从规定时开始计算。规定按照日、月、年计算期间的，开始的当天不算入，从下一天开始计算。期间的最后一天是星期日或者其他法定休假日的，以休假日的次日为期间的最后一天。期间的最后一天截止时间为二十四点。有业务时间的，到停止业务活动的时间截止。"

四、票据权利的消灭

（一）票据权利消灭的概念

票据权利的消灭，是指票据上的付款请求权或者追索权因法定事由的出现而归于消灭。

根据被消灭权利的不同，有付款请求权消灭和追索权消灭的区别。按照被消灭的仅是付款请求权还是追索权亦被消灭，又分为部分消灭和完全消灭。仅为付款请求权消灭的，持票人得行使追索权，属于部分消灭；追索权也消灭的，票据权利才彻底完结，票据成为毫无票据权利内容的东西，持票人只能依据票据法上“利益返还请求权”制度保护其合法权益。

（二）票据权利消灭的原因

1. 付款。这里所说的付款，是指付款人向持票人支付票面金额的行为。票据为金钱债权证券，持票人所享有的权利的内容就是获得票据金额。当票据的付款人向持票人支付了票据金额，则票据上全体债务人的责任解除，持票人的票据权利因实现而消灭，消灭的票据权利包括付款请求权与追索权。

2. 清偿。持票人遇有不获承兑、不获付款时，可以向背书前手或者出票人及其他有被追索义务的人行使追索权，请求偿还票面金额、利息及为追索所支付的费用，被追索人清偿一切债务后取得票据，原有票据权利即归消灭。这种情况，与付款而使票据权利消灭有所不同。被追索而为清偿之人若为出票人的，票据关系完全消灭，票据权利也不再存在；被追索而为清偿之人若是尚有其前手的背书人或者保证人的，为清偿行为而取得票据的背书人、保证人的行使再追索权，此时，票据权利仍未彻底消灭，对这种情况，称为“票据权利的相对消灭”。

3. 票据时效期间届满。持票人不行使票据权利的事实持续到票据时效期间届满，其付款请求权或追索权即消灭。

4. 票据记载事项欠缺。我国《票据法》第十八条规定，因票据记载事项欠缺的，丧失票据权利，享有利益返还请求权。此条所称票据记载事项，应为绝对必要记载事项，依照《票据法》规定，绝对必要记载事项欠缺的，票据无效。

5. 票据权利保全手续欠缺。持票人为保全票据权利，应完成保全的手续，手续欠缺的，不生成票据权利保全的效力，票据权利从而消灭。在此种情况下，消灭的是票据追索权。

第二节　票据抗辩

所谓抗辩，是指义务人提出相应的事实或理由，否定权利人的权利主张，拒绝履行相应的义务所提出的请求。这种提出抗辩的权利，称为抗辩权，抗辩权实际上是义务人所享有的对抗权利人权利的权利。抗辩存在于各种民事法律关系中，票据关系作为一种特殊的债权债务关系，与一般民事债权债务关系中的抗辩不同，形成了独具特色的票据抗辩制度。

一、票据抗辩的概念

票据抗辩，是指票据债务人依照法定事由或约定事由对特定持票人或一般持票人的付款请求进行对抗或者拒绝履行的行为。票据抗辩既包括否认票据权利存在的抗辩，也包括不否认对方权利存在而只是拒绝履行票据义务的抗辩。我国《票据法》第十三条规定："本法所称抗辩，是指票据债务人根据本法规定对票据债权人拒绝履行义务的行为。"票据法上，拒绝履行票据债务的法定事由，称为抗辩事由；提出抗辩，并依此而拒绝履行票据债务的权利，称为抗辩权。在票据关系的权利义务中，付款请求权、追索权等是票据债权人的权利，票据抗辩权，则是票据债务人的权利。

二、票据抗辩的分类

票据关系中可以成为票据抗辩事由的情形有很多，依抗辩事由效力或抗辩对象的不同，票据抗辩可以分为物的抗辩和人的抗辩。

（一）物的抗辩

票据抗辩中，当前被请求人（被现实地请求履行债务的人）或特定被请求人可对抗任何持票人的抗辩，称为物的抗辩。物的抗辩事由大部分情形产生于票据本身的瑕疵或票据行为的缺陷，所以被称为客观抗辩，又因其可以对抗任何持票人，即不管持票人是善意还是恶意，对任何持票人都可以对抗，因此又被称为绝对抗辩。

根据行使抗辩权的主体不同，物的抗辩又可分为两类：一类是任何票据债务人可以对任何持票人进行的抗辩，另一类是特定的票据债务人可以对任何持票人行使的抗辩。

1. 任何票据债务人可以对任何持票人进行的抗辩。此类抗辩主要包括以下情况：

（1）票据因欠缺票据法规定的绝对必要记载事项而无效的抗辩。票据为要式证券，如果票据上欠缺绝对必要记载事项或记载了无效记载事项，将依法导致票据无效。票据上欠缺绝对必要记载事项的情况如记名票据上欠缺收款人名称、出票人没有签章、票据上对票据金额的记载无效等；出票行为中记载有无效记载事项的情况如出票人在票上记载了附条件付款文句、对法律禁止更改的条款进行了涂改等。在无效票据上所为其他票据行为，如背书、承兑、参加承兑、保证等，亦归于无效。因此无论谁持有这样的票据，其向票据债务人请求行使票据权利时，债务人可以票据无效为由抗辩。

（2）对不依票据文义而提出请求的抗辩。票据为文义证券，票据债权的内容应依票据文义而行使或享有，因此，对不依票据文义而提出的票据债权请求，票据债务人可以此为抗辩理由。例如，票据的到期日未至，或票据上记载的付款地与持票人请求付款的地点不符等，票据债务人可以此为理由对债权人抗辩。

（3）票据债权已消灭或票据已失效的抗辩。票据债务人已支付全部或一部分金额时，为全部付款的，票据权利就全部消灭；为一部分付款的，票据权利一部分消灭。此时票据债权人如再行使票据权利，债务人可以票据债权已消灭或已一部分消灭为理由行使抗辩。持票人因种种原因丧失对票据的占有时，可申请法院作除权判决，法院经调查认为失票人的要求符合要求，履行一定的手续后便可作出除权判决，此判决的后果就是该票据失去效力。在法院作出除权判决后，债务人只对除权判决的申请人支付票据金额，任何人如再凭该票据请求行使票据权利，债务人可以票据已失效为理由抗辩。

2. 特定的票据债务人可以对任何持票人行使的抗辩。这种抗辩实质上是某一被请求承担票据义务的人不对任何人承担票据义务的抗辩，此类抗辩主要包括：

（1）无民事行为能力及限制行为能力人的抗辩。依我国《票据法》规定，无民事行为能力及限制行为能力人不具有票据行为能力，签章无效，但不影响其他签章的效力，无票据行为能力人可以向任何对其主张票据权利的持票人行使抗辩权。

（2）无权代理或越权代理的抗辩。依我国《票据法》的规定，没有代理权而以代理人的名义在票据上签章的，应当由签章人承担票据责任，代理人超越代理权的，应当就其超越权限的部分承担票据责任。票据上记载的债务人可以自己未进行授权或行为人超越代理权限为由，对任何持票人进行抗辩。

（3）票据被伪造、变造的抗辩。票据债务人承担票据责任的前提是在票据上签章，当某人的签章是被伪造的签章时，被伪造人并未实施票据行为，因此，被伪造人可以其签章系伪造为由向任何持票人主张抗辩；票据如果存在被变造的情形，票据债务人在变造前签章的，变造后的记载往往会与债务人签章时的记载不同，就会加重变造前签章的债务人的责任，这是票据债务人在签章时所无法预知和掌控的，如果让债务人承担变造后的票据责任显然是不公平、不合理的。因此，变造前签章的债务人可以对持票人要求其承担变造后的票据责任提出抗辩，有权主张按变造前的记载承担责任。

（4）保全手续欠缺的抗辩。在票据使用流通过程中，因保全手续的欠缺使某些特定的票据债务人免于承担票据责任时，该票据债务人可以欠缺保全手续为由对任何持票人进行抗辩。

（5）时效超过的抗辩。票据时效对某个特定的票据债务人已经超过时，该票据债务人可以票据时效已超过为由对任何持票人进行抗辩。

（二）人的抗辩

人的抗辩又称为相对的抗辩或主观的抗辩，它是指票据债务人仅可以对抗特定票据债权人的抗辩。此种抗辩仅基于特定票据当事人之间的特定关系产生，其票据权利人或持票人一经变更，该抗辩将被切断，票据债务人不得以该抗辩理由对抗其他票据权利人。人的抗辩依据抗辩行使人的不同，也可以分为两大类：一类是任何票据债务人可以对特定持票人主张的抗辩，另一类是特定票据债务人可以对特定持票人主张的抗辩。

1. 任何票据债务人可以对特定持票人主张的抗辩。此种抗辩的主要情形有：

（1）票据债权人丧失受偿能力。例如，票据债权人受破产宣告，票据债务人即可以其民事权利能力和民事行为能力终止而为抗辩；再如，无民事行为能力人持票请求付款的，被请求的票据债务人因其民事行为能力有欠缺而拒付，但其监护人请求的除外；又如，票据债权被依法冻结，票据债务人也可抗辩。

（2）持票人取得票据欠缺合法形式，不具备受领资格。持票人以合法形式取得票据的，才有形式上的受领资格。票据法规定，以背书转让的票据，背书应当连续。持票人以背书的连续证明其票据权利，也就是持票人必须以票据上的转让背书人与受让票据的被背书人的签章依次前后衔接，证明自己是依背书取得票据权利。能证明的，就有形式上的受领资格，不能证明的，在取得票据的形式上就欠缺合法性，没有形式上的受领资格。换言之，不是合法持有人，就没有票据权利，被请求的任何票据债务人可以对其抗辩。

（3）持票人不是真正票据权利人，不具备实质的受领资格。持票人虽可在形式上证明自己有受领资格，但实质上不是真正票据权利人的，为欠缺实质受领资格。例如，拾得未记载收款人名称的空白授权票据，冒填收款人而骗取票面金额的，虽有形式合法的必要记载事项，但持票人并无实质受领资格；再如，持票人与票据上记载的持票人不是同一人的，持票人也无实质受领资格。对徒有形式上的受领资格而无实质受领资格的持票人，任何被请求的票据债务人均可抗辩。

2. 特定票据债务人可以对特定持票人主张的抗辩。主要包括以下情形：

（1）原因关系非法的抗辩。票据原因关系又称为票据原因，是当事人之间授受票据的原因。在票据法理论上，票据关系与原因关系原则上是相互独立的，原因关系有效与否与票据关系原则上无关。但是依我国《票据法》规定，在原因关系的当事人与票据关系的当事人为相同当事人时，票据债务人仍可以此原因关系非法而对票据债权人提出抗辩。

（2）原因关系无效或欠缺的抗辩。原因关系无效或欠缺包括原因关系自始不成立、自始无效、嗣后不成立、嗣后无效等多种情况。依据我国《票据法》规定，在原因关系无效或欠缺而使票据关系失去对价，而该原因关系的当事人与票据关系的当事人又为相同当事人的情况下，票据债务人亦可以该原因关系无效或欠缺对票据债权人提出抗辩。

（3）欠缺对价的抗辩。直接当事人间，如为双务合同，一方欠缺对价给付，则另一当事人可提出抗辩，其实质为同时履行抗辩权的主张。

（4）票据行为未成立之抗辩。票据行为由作成票据与交付票据合并而成立，如果票据作成后尚未交付前，被盗或者遗失，出票人对于窃取人或者拾得人得以缺乏交付行为为由，拒绝付款。

（5）基于当事人之间特别约定之抗辩。依我国《票据法》规定，凡票据当事人之间有约定义务，如延期付款的特约、贷款债权人对特定债务人的账户抵销特约、票据债务人与债权人的共同债务特约等，若票据权利人未履行该约定义务，票据债务人可以向该票据权利人行使抗辩权。

如果当事人是以欺诈、盗窃、胁迫手段取得票据的，不得享有票据权利。我国《票据法》第十三条对此有明确规定：“票据债务人不得以自己与出票人或者与持票人的前手之间的抗辩事由，对抗持票人。”

三、票据抗辩的限制

票据抗辩限制，是票据抗辩制度的重要组成部分，是指对票据抗辩的事由加以限制。按照一般理解，票据抗辩限制，是指就某一票据权利存在于特定当事人之间，当该票据权利依票据法规定的方式转让时，该抗辩事由不随之转移，票据债务人不得以之对抗后手票据权利人，即所谓抗辩切断。由于对物抗辩是绝对的、客观的，是可以向任何持票人主张的抗辩，因此，在对物抗辩中不存在限制的问题。票据抗辩限制主要是针对对人抗辩的限制，即将对人抗辩限制在直接当事人之间，不允许特定人之间的抗辩事由扩大到后手当事人之间的票据关系中，以确保票据高效流通的安全性。

票据抗辩限制是票据关系与其基础关系相分离原则的体现。票据抗辩制度的设立，有利于平衡票据关系，保护票据债务人的合法权益，是票据法对个体权利的保护。票据抗辩限制制度的设立，则是为了便利票据的流通，保证票据债务的迅速履行，确保交易的安全，维护正常的交易秩序。票据抗辩的限制，主要体现在两方面：

第一，票据债务人不得以自己与出票人之间的抗辩事由对抗持票人。票据债务人与出票人之间存在的抗辩事由，大多是因为票据资金关系欠缺或者存在某种瑕疵，也可能是基于原因关系或票据预约关系存在的某种抗辩，但票据债务人不得以这些抗辩事由对抗持票人。

第二，票据债务人不得以自己与持票人的前手之间的抗辩事由对抗持票人。持票人可以向其所有前手行使追索权，不论是直接前手还是间接前手，而票据债务人则不得以自己与持票人的前手之间存在的人的抗辩事由对抗持票人。

案例 4－2

彭某向畅立公司购买旧机器，并于2010年11月29日签发农村信用合作社支票一张，支票开出时未记载收款人，收款人后来补记为畅立公司。双方未签订书面买卖合同，畅立公司向彭某交付了旧机器。2010年12月2日，畅立公司持票请求付款时被付款行以透支为由出具退票通知书拒绝付款。后畅立公司持票向法院起诉，请求判令彭某支付支票金额2万元及从起诉之日起至付款之日止按中国人民银行同期贷款利率计算的利息并由其承担本案诉讼费用。

一审法院认为，畅立公司取得的支票系彭某签发，并且该取得是基于双方具有真实的交易关系。彭某作为出票人必须按照签发的支票金额承担保证向该持票人付款的责任，否则，在讼争支票到期被拒绝付款的情况下，持票人可以对出票人行使追索权，即可以请求出票人支付被拒绝付款的支票金额以及利息。一审判决彭某于判决发生决律效力之日起十日内向畅立公司支付支票金额

2 万元及利息。

彭某不服一审判决，上诉至广东省佛山市中级人民法院，诉称畅立公司交付的机器与双方约定不符，并且其未交付任何相关单证，未按双方约定内容履行，导致合同的主要目的无法实现；并且畅立公司出售旧机器的行为超出了其营业执照上的经营范围，且其未能表明买卖标的之合法性。据此，请求撤销原判，依法驳回畅立公司的诉讼请求并由其承担本案全部诉讼费用。

二审法院认为，畅立公司取得支票是基于与彭某之间真实的交易关系，彭某提出畅立公司提供的机械不符合双方的约定以及买卖机器的行为超出了畅立公司的经营范围等抗辩不属于法定的对抗畅立公司行使票据权利的事由，彭某作为出票人应当按照签发的支票金额承担保证向持票人畅立公司付款的责任，其应当向畅立公司支付支票金额 2 万元及自支票被拒绝付款之日起的利息，畅立公司请求从起诉之日支付利息是对其民事权利的处分，本院予以支持。二审维持原判。

第三节　票据责任

一、票据责任概述

我国《票据法》第四条第五款将票据责任定义为票据债务人向持票人支付票据金额的义务。从这个定义看，所谓票据责任，其实就是票据债务的另一种表述。

票据责任是一种特殊的债务。我国《票据法》第四条规定，出票人和其他票据债务人在票据上签章的，依票据所记载的事项承担票据责任。第六十八条规定，汇票的出票人、背书人、承兑人和保证人对持票人承担连带责任。第六十条规定，付款人依法足额付款后，全体汇票债务人的责任解除。

根据我国《票据法》的规定，票据责任的基本特点包括：

第一，责任人范围广，凡在票据上签名者，俱为票据责任人。

第二，责任的内容与范围，由票据文义确定。票面记载的金额、付款日等事项，决定票据责任的内容和范围，其他任何文件，都不能改变票据文义确定的票据责任。

第三，票据责任人之间是连带责任关系，即每一个责任人都对持票人负有票据上记载的责任，而且，每个责任人既不得以责任人数量多而推卸责任，也不得对持票人主张按份承担责任。

第四，责任有全部移转性，凡向持票人清偿票据金额的责任人，在取得票据后，原先的责任即刻全部地移转给其他责任人，该清偿者因持有票据，反可要求其他责任人向自己承担清偿全部票面金额的责任。

二、票据上的连带责任与一般债务关系中的连带责任的差异

票据债务人之间的连带责任，与民法上一般共同债务人的连带责任，名虽同而实有异。

首先，一般共同债务人，可由债务人中的一人、数人或全体履行共负之债务；而票据上的连带责任，通常是由一个债务人向持票人履行债务，清偿债务者向持票人收回票据，再向其他票据债务人行使票据权利。

其次，一般共同债务，清偿全部债务的连带债务人，仅得请求其他未为清偿的债务人向自己补偿多清偿的部分，自己应承担的债务份额无权要求其他债务人负担；而票据上的连带责任，某一债务人向持票人清偿票据债务的，对其他票据债务人就有了请求支付票面全部金额的权利，连带责任人之间不存在债务份额，未履行责任的各债务人，单独就全部票据责任对已为清偿而取得票据的持票人负清偿责任。

最后，票据责任有逐渐扩大的性质。当持票人向某一债务人进行追索，被追索的票据债务人支付了追索金额和有关费用后，再向其他债务人追索时，追索金额中除包含向原追索权人清偿的全部金额外，还增加了再追索时的费用，多次追索的，金额也逐次增加。民法中的连带责任，不具有这一性质。

第四节　票据代理

一、票据代理概述

票据代理，实际上指的是票据行为的代理，是行为人按照本人的授权，代本人为票据行为的行为。在这一行为中，行为人是代理人，本人是被代理人。

票据行为属法律行为的一种，当然也可以由他人代理而为。票据法设立票据代理制度，其目的既是适应票据交易范围扩大、距离遥远所造成的票据流通的需要，也是方便票据当事人及时有效地利用票据进行经济活动，票据代理制度一定程度上扩张了票据主体的行为能力范围。票据代理由民事代理衍生而

来，本质上与民事代理并无二致，都是由票据代理人在授权范围内以被代理人的名义独立为票据行为的意思表示，而票据行为的法律后果则由被代理人承受。

票据代理具有民事代理的一般特征：代理人以实施民事法律行为为目的；代理人实施民事法律行为必须以被代理人的名义；代理人实施民事法律行为必须在被代理人的授权范围内；代理人实施的民事法律行为后果由被代理人承担。但票据代理除了具备以上一般特征，还有如下特有特征：

第一，票据代理限于票据行为。票据法上的票据行为包括出票、背书、承兑、保证，票据行为人只能在这些票据行为中授权代理人代理。

第二，票据行为的代理只能是显名代理。票据行为的文义性、无因性等性质决定了票据行为的代理只能是显名代理，而不能是隐名代理。

第三，票据行为的代理是要式行为。票据行为是严格的要式行为，票据代理亦必须是要式行为，因此，票据代理比一般的民事代理有更严格的形式要求。

二、票据代理的要件

票据法出于保障票据流通的需要，对票据代理成立的形式要件和实质要件有两项特别的规定。

（一）票据代理的形式要件

我国《票据法》第五条第一款规定："票据当事人可以委托其代理人在票据上签章，并应当在票据上表明其代理关系。"根据这一规定，票据行为代理的形式要件有：

1. 在票据上必须明示本人的名义。所谓明示本人的名义，指必须在票据上表明本人即被代理人的姓名或名称。由于票据行为以在票据上签章为承担票据责任的前提，票据代理时，只有在票据上明示本人的名义，才能由本人负担票据上的责任。明示本人名义的方式，票据法没有特别规定，代理人在代理权限内以本人的名义签字或盖章或签字加盖章都可。如果票据上未明示本人的名义，仅签盖了代理人的名章，即使是该代理人已经得到本人授权，具有正当代理权或对外有代理权，本人仍可以不负票据上的责任。

2. 在票据上必须表明代理的意思。在票据上表明代理的意思，是为了表明代理关系的存在，如果没有在票据上表明存在代理关系，持票人就很难辨别谁是被代理人，谁是代理人。这样，代理人自己也成了票据债务人，这显然与票据代理的本意是相悖的。

3. 在票据上必须有代理人签名或盖章。票据行为的代理也必须有代理人的签名或盖章，如果欠缺代理人的签名或盖章，票据代理不能成立。

案例 4－3

个体经营者张王益因生病住院，授权其妻弟李二士代理签发支票一张，交付给王武以支付购货款。李二士签发支票时，仅在出票人栏内记载“李二士代理”，而未记载张王益的姓名。在这一票据行为中，李二士代理张王益签发支票，仅记载“李二士代理”，即票据上仅有代理人李二士的签章和代理意旨文句，没有写明被代理人张王益的名称。这种情形下，张王益未被记载于票据之上，可以不负票据责任；依“在票据上签章者，应负票据责任”的原理，李二士应承担票据责任。

（二）票据代理的实质要件

票据行为的代理，以代理权的存在为前提，所以代理人与本人之间的授权关系是票据代理的实质要件。票据代理人的代理权根据产生的意愿可以分为委托代理和法定代理。委托代理是根据本人的意思，委托代理人在一定的权限内为本人进行票据行为；法定代理是根据法律的规定，代理人为本人进行一定的票据行为。不论是法定代理还是委托代理都必须在代理权的范围内行使代理权。代理人如果没有在授权的情况下代表本人作出票据行为，本人对此不负任何责任，一切后果由代理人负责。

三、几种特殊形式的票据代理

票据代理人的票据代理行为符合票据代理的形式要件和实质要件，票据代理即成立，产生票据代理的法律后果，由本人承担因票据行为所产生的票据责任。但在一些情况下，虽然票据代理的形式要件符合要求，但实质要件存在缺陷，即票据代理权有缺陷，其主要表现为三种形式：无权代理、越权代理和表见代理。

（一）无权代理

票据行为的无权代理是指票据行为代理人没有代理权，而在票据上表明代理的意思，以本人即被代理人的名义，记载票据法规定的事项，并自己签章于票据上的行为。票据无权代理在形式上表现为票据代理，即票据代理的形式要件符合票据法的规定，但代理人没有经过被代理人的授权，其代理缺乏实质要件，因此票据代理不能有效成立。

票据无权代理的法律后果，依我国《票据法》第五条第二款规定："没有代理权而以代理人名义在票据上签章的，应当由签章人承担票据责任。"无权代理人履行票据上责任的，取得与本人即被代理人可能取得的同一权利。

（二）越权代理

票据行为的越权代理，指票据代理人虽然有代理权，但超越代理权的范围行使票据行为。在商业活动中，越权代理常表现为记载金额的越权、提早到期日、未按被代理人的提示记载付款地等。

根据我国《票据法》第五条第二款的规定："代理人超越代理权限的，应当就其超越权限的部分承担票据责任。"由此可知，超越权限部分所为的票据代理部分，应由代理人负责，而在授权范围内所为的票据代理部分，则由本人负责。

（三）表见代理

表见代理是民法上规定的一种特殊的无权代理，我国《票据法》中虽无明文规定，但因其特殊性，在此做必要的解释。表见代理是因本人的行为造成了足以使第三人相信某人有代理权，与该人为法律行为，本人须对行为后果负授权人责任的代理。易言之，本无代理权，但因本人的原因，表面上足以使第三人相信有代理权，法律上为保护善意相对人，规定本人担当被代理人责任。

票据表见代理，善意持票人请求本人履行授权人（即被代理人）的票据责任，但第三人明知或可得知但因过失而不知者，不受表见代理制度的保护。

第五节　票据丧失与补救

一、票据丧失概述

（一）票据丧失的概念

票据丧失是指持票人并非出于本人的意愿而丧失对票据的占有。票据丧失依票据是否还现实存在，分为绝对丧失和相对丧失两种。票据的绝对丧失，是指因焚烧、撕毁、洗浸等原因毁损导致的票据在物质形态上不存在，又称票据的灭失。票据的相对丧失又称为票据的遗失，是票据由于丢失、被盗等原因脱离持票人的占有。

（二）票据丧失的构成要件

票据丧失必须具备以下要件：

1. 必须存在票据丧失的客观事实。票据丧失的客观事实表现为票据权利人现实地脱离了对票据的占有或者控制，因而使票据权利人不能持有票据行使权利。

2. 必须是票据权利人意志以外的原因造成票据丧失的事实。票据丧失的事实必须是票据权利人意志以外的原因造成的，如果是基于持票人本人的意思而丧失对票据的占有，持票人出于自己的真实意思放弃对票据的占有，这是持票人对票据这个物及该票据上所表示的票据权利行使权利人所固有的处分权，而不是票据的丧失，如持票人故意抛弃票据。

3. 所丧失的票据必须是未获付款的有效票据。如果属于已经付款并解除了所有票据债务人责任的票据，或者由于绝对要记载事项不全而无效的票据，或者由于时效届满票据权利已经消灭的票据等都不能构成票据丧失。

二、票据丧失的补救方法

票据丧失后的补救，是指票据丧失后，为保护持票人的票据权利不受损失而采取的法定保护措施，具有保全和恢复票据权利的属性。其目的在于保护票据权利人的合法利益，防止恶意占有人冒领票据金额，从而维护社会的公平、正义和票据交易安全，稳定市场秩序。根据我国《票据法》第十五条的规定，票据丧失后失票人目前主要有三种补救方法：挂失止付、公示催告、提起诉讼，失票人可以根据票据丧失的具体情形加以选择。

（一）挂失止付

挂失止付，是指票据丧失时，失票人将失票情况及时通知付款人，并通知其暂停付款，以防止票款被他人取得的一种补救措施。挂失止付的目的在于通过付款人止付的方式，使丧失的票据避免为他人所冒领或骗取，保障所丧失票据的资金安全，避免真正权利人的利益受到损害。由于我国各种票据均由银行或其他金融机构完成付款义务，所以，挂失止付中的付款人，是所失票据上记载的付款银行或者其他金融机构。

挂失止付的程序，一般包括以下几个阶段：

1. 失票人应及时向付款人或者代理付款人递交挂失止付通知书。根据中国人民银行《票据管理实施办法》的规定，挂失止付通知书应当记载下列事项：票据丧失的时间和事由；票据种类、号码、金额、出票日期、付款日期、付款人名称、收款人名称；挂失止付人的名称、营业场所或者住所以及联系方法。

2. 付款人审查挂失止付票据基本情况。付款人应当认真审查通知止付票据的基本情况，如票据金额是否已被人领取。如果没有被他人领取，应立即暂停支付该票据金额。

经止付的金额，应由付款人留存，如果不是止付通知失效或者在失票人申请公示催告之后，法院作出除权判决之前提供担保，或经票据占有人和失票人的合意，付款人不得支付。另外，如果失票人就到期日之前的票据予以挂失止付，付款人应先予登记，等票据到期日届满，才能进行止付。

挂失止付只是一种临时预防性措施，根据《票据法》《票据管理实施办法》的规定，我国票据挂失止付的有效期限有三种：

失票人应当在通知挂失止付后 3 日内，依法向人民法院申请公示催告，或者向人民法院提起诉讼。如果失票人在挂失止付后的 3 日内不向法院提出公示催告申请或提起诉讼，挂失止付即失效。

自失票人交付挂失止付通知书的次日起 3 日内，如果付款人或代理付款人收到失票人向人民法院申请公示催告或提起诉讼的证明，其止付有效期限从 3 日期满后的次日起延长 12 日，此时的止付有效期限共 15 日。在延长期的 12 日内，付款人或者代理付款人未收到人民法院的止付通知的，在 12 日期满后将可按照票据的记载事项付款，发生冒领的，对其付款不承担责任。

付款人或代理付款人在延长期的 12 日内收到人民法院的止付通知书的，按照人民法院的止付通知书办理止付。

（二）公示催告

公示催告，是指法院依据票据失票人的申请，以公告的方法，通知利害关系人于一定期限内，向法院申报权利；到期无人申报，法院即作出所失票据无效的判决的一种制度。

根据我国有关法律规定，公示催告按以下程序进行：

1. 申请和受理。公示催告程序自申请人申请开始，人民法院在收到申请书后判断申请是否符合条件，对于符合条件的申请，人民法院应在收到申请书之日起7日内立案，并通知申请人；不符合申请条件的，应在收到申请书之日起7日内裁定不予受理。申请人对裁定不服的，可以提起上诉。

2. 通知停止支付。为了保证人民法院公示催告程序的判决能得到切实执行，及时保护申请人利益，人民法院在决定受理申请的同时，应向票据付款人发出停止支付的通知。票据付款人收到人民法院的停止支付通知后，应当停止支付，至公示催告程序终结。如果票据付款人在收到人民法院停止支付通知后，仍向持有票据的人支付了款项，待人民法院作出判决后，申请人有权向票据付款人请求支付，因为票据付款人存在过错。

3. 公示催告。由于没有明确的相对人，所以，人民法院无法断定所申请的票据是否属申请人所有。为了维护申请人以外的人的合法权益，民事诉讼法规定，人民法院应当在决定受理之日起3日内发出公告，催促同票据有利害关系的人向人民法院申报票据权利。公示催告期间，由人民法院根据情况决定，但不得少于60日。

4. 权利申报。权利申报是指利害关系人在人民法院指定的期间内（公示催告期间），向人民法院主张票据权利的行为。得知公告的票据利害关系人申报权利的，应当向发布公告的人民法院申报。利害关系人不能向申请人、票据付款人或者其他人民法院申报，只向申请人、票据付款人或者其他人民法院申报，未向发布公告的人民法院申报的，视为未申报。申报可以书面进行，也可以口头进行。权利申报的法律后果是公示催告程序的终结。

5. 除权判决。除权判决是指在公示催告期间届满，无人向人民法院申报票据权利的，或虽有人申报但被法院驳回时，依公示催告申请人的申请，由法院作出的宣告所丧失的票据无效的判决。除权判决是申请人申请公示催告的主要目的，因为只有作出除权判决，申请人才可以在不占有票据的情况下主张该票据所记载的权利。一旦法院指定的公告期间届满无人申报权利或申报权利被驳回，法律上就推定被盗、遗失或者灭失的票据权利属申请人所有。

（三）提起诉讼

票据诉讼，是指失票人丧失票据后，直接向法院通过提起民事诉讼的方式，请求法院判令出票人补发票据，或者判令债务人付款，或者判令非法持有票据的人返还票据的一种救济方式。

票据诉讼包括两种情形：

1. 不知票据占有情况。票据丧失后，在不知道票据占有的情况下，失票人在票据权利时效届满以前请求出票人补发票据，或者请求债务人付款，在提供相应担保的情况下因债务人拒绝付款或者出票人拒绝补发票据的，可以向人民法院提起诉讼。

2. 知道票据占有情况。票据丧失后，在明知票据非法占有的情况下，失票人为行使票据所有权，向非法持有票据人请求返还票据的，可以向人民法院提起诉讼。

案例4-4

1998年7月10日，某县二轻纺配件厂（简称二轻厂）职工许某向该厂财务部门领取了有预留印鉴的空白转账支票一张，准备用于采购生产用品，不慎在出差途中遗失。二轻厂即向开户银行办理挂失止付手续，第二日，又在当地日报上刊登了支票遗失启事，声明该遗失的空白转账支票作废。

同年8月18日，一名自称孙兵的人持该空白转账支票到该县电讯电线厂（简称电讯厂），以二轻厂名义购买电线，并出示了名片、身份证和盖有二轻厂印章的介绍信。电讯厂财务人员在该空白转账支票上填写了收款单位、金额、用途，收下该支票。同日，孙兵将价值7 013元的电线提走。8月20日，电讯厂持该转账支票到二轻厂的开户银行去兑付，银行发现二轻厂的存款不足，予以退票，并按规定对二轻厂作出罚款处理。电讯厂遂与二轻厂交涉，要求该厂承担货款，但二轻厂以遗失的空白转账支票已登报声明作废为理由，拒绝支付货款。

为此，电讯厂于1998年9月10日向县人民法院提起诉讼称：二轻厂违反支票管理规定，支票遗失后被他人冒用，造成我厂经济损失7 013元，要求二轻厂予以赔偿。二轻厂辩称：向原告购物的空白转账支票确系我厂支票，但该空白转账支票遗失后，我厂已登报声明该空白转账支票作废。原告被自称孙兵的人诈骗价值7 013元的电线，与我厂无关，请求法院判决驳回原告的诉讼请求。

在此案例中，二轻厂在其转账支票遗失之后，应当在办理挂失止付的同时，依法申请公示催告或提起诉讼，以保护自己的权利和利益。但二轻厂仅向付款银行办理了挂失止付手续，没有向有管辖权的人民法院申请公示催告或提起诉讼，因此，其挂失止付通知书的效力仅持续12日。付款银行自挂失止付之日起12日内没有收到人民法院的止付通知书，自第13日起，挂失止付程序自动失效，票据恢复支付。开户银行因二轻厂存款不足，予以退票，并按规定对二轻厂作出罚款处理，是合法行为。

二轻厂没有采取具有法律效力的补救措施，其登报声明遗失转账支票作废的行为对第三人不具有法律拘束力，不能以此抗辩善意持票人。所以，二轻厂仍须对其遗失的、但记载有其预留印鉴的支票负票据责任。法院应当支持电讯厂的诉讼请求。

第六节　票据纠纷的法律诉讼

一、票据纠纷

票据纠纷，是指因行使票据权利或者票据法上的非票据权利而引起的纠纷。当事人因此类纠纷而向人民法院提起诉讼，凡符合民事诉讼法规定条件的，人民法院都应当受理。最高人民法院在《民事案件案由规定》中将票据纠纷的案由确定为票据付款请求权纠纷、票据追索权纠纷、票据交付请求权纠纷、票据返还请求权纠纷、票据损害赔偿纠纷、票据利益返还请求权纠纷、汇票回单签发请求权纠纷七种。

二、票据诉讼

实际上，票据纠纷的范围很广，在本章前几节中也有提到有关票据纠纷的法律诉讼，在此，我们再次集中对票据纠纷的法律诉讼做简单介绍。

票据诉讼可分为广义和狭义两种。狭义的票据诉讼，指的是因为票据权利义务关系发生争议而基于票据提起的诉讼，即票据权利人凭票据向票据债务人提出的以请求支付票据金额以及附带法定利息为内容的诉讼，通常包括持票人基于票据而提起的付款请求权诉讼和追索权诉讼。广义的票据诉讼，则是指因票据关系或票据法上的因非票据关系发生纠纷而引起的诉讼。它不仅包括基于票据关系发生争议的付款请求权诉讼和追索权诉讼，以及持票人在票据灭失后提起的票据权利恢复诉讼，而且还包括基于票据法上的因非票据关系发生争议而提起的诉讼，比如票据交付请求权纠纷诉讼、票据返还请求权纠纷诉讼、票据损害赔偿纠纷诉讼、票据利益返还请求权纠纷诉讼、汇票回单签发请求权纠纷诉讼等。

狭义的票据诉讼，又被称为票据权利诉讼，或票据特别诉讼。依照我国《票据法》第四条的规定，票据权利是指持票人向票据债务人请求支付票据金额的权利，包括付款请求权和追索权。付款请求权是持票人享有的第一顺序权利，付款请求权实现之日亦即追索权消灭之时；追索权是持票人享有的第二顺序权利，只有在付款请求被拒绝或者法定情形出现时才可以行使。因此，持票人不先行使付款请求权而先行使追索权遭拒绝提起诉讼的，人民法院一般不予受理。付款是付款人按照票据文义支付票据所载金额，以消灭票据关系的行为。汇票付款请求权纠纷的当事人一般是持票人与承兑人或者付款人，本票付款请求权纠纷的当事人一般是持票人与出票人，支票付款请求权纠纷的当事人一般是持票人与办理支票存款业务的银行。追索权纠纷的当事人一般是持票人与票据的出票人、背书人、承兑人、保证人等。

第五章　票据的付款与追索权

第一节　票据付款

票据的最终目的是凭以付款（Payment）。持票人在到期日提示汇票，经付款人或承兑人正当付款（Payment in Due Course）以后，汇票即被解除责任。所谓提示（ Presentment/ Presentation）是指持票人将汇票提交付款人要求承兑或要求付款的行为。提示可以分为两种：提示承兑和提示付款。

1. 远期汇票向付款人提示要求承兑。

2. 即期汇票或已承兑的远期汇票向付款人或承兑人提示要求付款。持票人提示必须在规定的时限向付款人提示。对于即期汇票要求付款的提示期限和远期汇票要求承兑的提示期限，《英国票据法》规定为合理时间内；《日内瓦统一票据法》规定为1年；我国《票据法》第五十三条规定为自出票起一个月内。对于已经承兑的远期汇票的付款提示期限，《英国票据法》规定为付款到期日；《日内瓦统一票据法》规定为付款到期日或其后的两个营业日内提示；我国《票据法》第五十三条规定为自到期日起十日内，持票人未按照规定期限提示付款的，在作出说明后，承兑人或者付款人仍应当继续对持票人承担付款责任；通过委托收款银行或者通过票据交换系统向付款人提示付款的，视同持票人提示付款。根据我国《票据法》第五十四条规定，持票人依照规定提示付款的，付款人必须在当日足额付款。第五十八条规定，对定日付款、出票后定期付款或者见票后定期付款的汇票，付款人在到期日前付款的，由付款人自行承担所产生的责任。

提示必须在汇票载明的付款地点向付款人提示。如果汇票没有载明付款地点，则向付款人营业场所提示；如果没有营业场所，则向其住所提示。汇票上记载有担当付款人时，持票人应向担当付款人提示要求付款。由于票据上的付款人绝大多数是银行，还可以通过银行票据交换所提示票据。

持票人向付款行提示汇票的渠道有三条：第一条是到付款行柜台上提示；第二条是通过票据交换所的清算银行换出票据；第三条是代理行、联行通过邮寄票据提示给付款行代收票款。

所谓正当付款即指：

1. 要由付款人或承兑人支付，而不是由出票人或背书人支付。

2. 要在到期日那天或以后付款，而不能在到期日以前付款。

3. 要付款给持票人，是指汇票如果被转让，前手背书必须连续和真实。《日内瓦统一票据法》只要求付款人鉴定背书连续。《英国票据法》还要求付款人认定背书必须真实，但对于即期付给指定人并以银行作为付款人的汇票，可以不负背书真伪之责。我国《票据法》第五十七条规定，付款人及其代理付款人付款时，应当审查汇票背书的连续，并审查提示付款人的合法身份证明或者有效证件；付款人及其代理付款人以恶意或者有重大过失付款的，应当自行承担责任。

4. 善意的付款。付款人按照专业惯例，尽到专业职责，利用专业信息仍旧不知道持票人权利有何缺陷而付款的，即为善意付款。

付款人向持票人正当付款后，汇票责任就解除，不仅解除了付款人的付款责任，而且解除了所有票据债务人的债务。

提示汇票有三种渠道，付款行相应地有三种付款方式：

第一，收款人到付款行柜台上提示汇票，付款行凭票支付现金给收款人，要求收款人在汇票上做空白背书并将汇票当作收款人的收据。付款行还可以将收款人的身份证件名称、号码记在汇票背面，将其收回回档注销。

第二，通过票据交换所提示，付款行收到换入的票据后即作转账付款，借记出票人账户，贷记交换科目。

第三，代理行、联行通过邮寄票据提示给付款行代收票款的，付款行仍旧作转账付款，借记出票人账户，贷记联行往来或者代理行往来账户。

根据我国《票据法》第五十五条规定，持票人获得付款的，应当在汇票上签收，并将汇票交给付款人。持票人委托银行收款的，受委托的银行将代收的汇票金额转入持票人账户，视同签收。第五十六条规定，持票人委托的收款银行的责任，限于按照汇票上记载事项将汇票金额转入持票人账户。付款人委托的付款银行的责任，限于按照汇票上记载事项从付款人账户支付汇票金额。

付款行应以载明的货币支付。如果汇票规定支付等值货币，应按照规定的汇率折成其他货币支付。如果汇票以外国货币表示，付款行按照当地金融管制法令，可以折成本国货币支付。根据我国《票据法》第五十九条规定，汇票金额为外币的，按照付款日的市场汇价，以人民币支付。汇票当事人对汇票支付的货币种类另有约定的，从其约定。付款人依法足额付款后，全体汇票债务人的责任解除。下面按照我国《票据法》介绍商业承兑汇票付款和银行承兑汇票付款。

第二节　商业承兑汇票付款

一、商业承兑汇票

商业汇票分为商业承兑汇票和银行承兑汇票。商业承兑汇票是由银行以外的付款人承兑的票据。商业承兑汇票可以由付款人签发并承兑，也可以由收款人签发交由付款人承兑。商业承兑汇票的出票人，为在银行开立存款账户的法人以及其他组织，与付款人具有真实的委托付款关系，具有支付汇票金额的可靠资金来源。商业承兑汇票不附带利息。

二、商业承兑汇票的提示付款

提示付款是指票据的持票人在票据的付款期限内向票据付款人提示票据，要求票据付款人偿付票据金额的行为。

商业承兑汇票的持票人应当自汇票到期日起十日内向付款人提示付款。

持票人应当在提示付款期限内通过开户银行委托收款或直接向付款人提示付款。对异地委托收款的，持票人应匡算邮程，提前通过开户银行委托收款。持票人超过提示付款期限提示付款的，持票人的开户银行不予受理。

通过委托收款银行或者通过票据交换系统向付款人提示付款的，视同持票人提示付款，其提示付款日期以持票人向开户银行提交票据日为准。

商业承兑汇票的持票人超过规定的提示付款期限提示付款的，丧失对其前手的追索权。

持票人未按照上述规定期限提示付款的，在作出说明后，仍可以向承兑人请求付款，承兑人或者付款人仍应当继续对持票人承担付款责任。

三、商业承兑汇票的付款

商业承兑汇票的付款是支付票据金额的行为，并且只以票据上记载的金额为限，如果是给付实物或者其他有价证券，都不构成票据的付款；付款是消灭票据关系的行为，票据一经付款，票据关系得以消灭，票据上的一切债务人均解除其票据责任。

商业承兑汇票的付款期限，最长不得超过 6 个月。定日付款的汇票付款期限自出票日起计算，并在汇票上记载具体的到期日；出票后定期付款的汇票付款期限自出票日起按月计算，并在汇票上记载；见票后定期付款的汇票付款期限，自承兑或拒绝承兑日起按月计算，并在汇票上记载。持票人依照《票据法》规定提示付款的，付款人应当在见票当日足额付款。

票据债务人对下列情况的持票人可以拒绝付款：

1. 对不履行约定义务的与自己有直接债权债务关系的持票人；
2. 以欺诈、偷盗或者胁迫等手段取得票据的持票人；
3. 对明知有欺诈、偷盗或者胁迫等情形，出于恶意取得票据的持票人；
4. 明知债务人与出票人或者持票人的前手之间存在抗辩事由而取得票据的持票人；
5. 因重大过失取得不符合《票据法》规定的票据的持票人；
6. 对取得背书不连续票据的持票人；
7. 符合《票据法》规定的其他抗辩事由。

票据债务人对下列情况不得拒绝付款：

1. 与出票人之间有抗辩事由；
2. 与持票人的前手之间有抗辩事由。

商业承兑汇票的付款人开户银行收到通过委托收款寄来的商业承兑汇票，将商业承兑汇票留存，并及时通知付款人。并分以下三种具体情况做出相应处理方法：

第一，付款人收到开户银行的付款通知，应在当日通知银行付款。付款人在接到通知的次日起 3 日内（遇法定休假日顺延，下同）未通知银行付款的，视同付款人承诺付款，银行应于付款人接到通知的次日起第 4 日（遇法定休假日顺延，下同）上午开始营业时，将票款划给持票人。

付款人提前收到由其承兑的商业汇票，应通知银行于汇票到期日付款。付款人在接到通知的次日起 3 日内未通知银行付款，付款人接到通知的次日起第 4 日在汇票到期日之前的，银行应于汇票到期日将票款划给持票人。

第二，银行在办理划款时，付款人的存款账户不足支付的，应填制付款人未付票款通知书，连同商业承兑汇票邮寄持票人开户银行转交持票人。

第三，付款人存在合法抗辩事由拒绝支付的，应自接到通知的次日起 3 日内，作成拒绝付款证明送交开户银行转交持票人。

持票人委托的收款银行的责任，限于按照汇票上记载事项将汇票金额转入持票人账户。付款人委托的付款银行的责任，限于按照汇票上记载事项从付款人账户支付汇票金额。

持票人获得付款的，应当在汇票上签收，并将汇票交给付款人。持票人委托银行收款的，受委托的银行将代收的汇票金额转账收入持票人账户，视同签收。

汇票金额为外币的，按照付款日的市场汇价，以人民币支付。但汇票当事人对汇票支付的货币种类另有约定的，从其约定。

付款人及其代理付款人付款时，应当审查汇票背书的连续，并审查提示付款人的合法身份证明或者有效证件。付款人及其代理付款人以恶意或者有重大过失付款的，应当自行承担责任。

对定日付款、出票后定期付款或者见票后定期付款的汇票，付款人在到期日前付款的，由付款人自行承担所产生的责任。付款人依法足额付款后，全体汇票债务人的责任解除。

第三节 银行承兑汇票付款

一、银行承兑汇票

银行承兑汇票是由在承兑银行开立存款账户的存款人出票，向开户银行申请并经银行审查同意承兑的，保证在指定日期无条件支付确定的金额给收款人或持票人的票据。对出票人签发的商业汇票进行承兑是银行基于对出票人资信的认可而给予的信用支持。银行承兑汇票按票面金额向承兑申请人收取万分之五的手续费，不足 10 元的按 10 元计。承兑期限最长不超过 6 个月。承兑申请人在银行承兑汇票到期未付款的，按规定计收逾期罚息。

二、银行承兑汇票的提示付款

提示付款是指票据的持票人在票据的付款期限内向票据付款人提示票据，要求票据付款人偿付票据金额的行为。

银行承兑汇票的持票人应当自汇票到期日起 10 日内向付款人提示付款。

持票人应当在提示付款期限内通过开户银行委托收款或直接向付款人提示付款。对异地委托收款的，持票人应匡算邮程，提前通过开户银行委托收款。持票人超过提示付款期限提示付款的，持票人的开户银行不予受理。

通过委托收款银行或者通过票据交换系统向付款人提示付款的，视同持票人提示付款，其提示付款日期以持票人向开户银行提交票据日为准。

银行承兑汇票的持票人超过规定的提示付款期限提示付款的，丧失对其前手的追索权。

持票人未按照上述规定期限提示付款的，在作出说明后，仍可以向承兑人请求付款，承兑人或者付款人仍应当继续对持票人承担付款责任。

三、银行承兑汇票的付款

付款是指票据付款人在持票人提示付款时按票据上的记载事项向持票人支付票据金额的行为。

付款是支付票据金额的行为，并且只以支付票据上记载的金额为限，如果是给付实物或者其他有价证券，都不构成票据的付款；付款是消灭票据关系的行为，票据一经付款，票据关系得以消灭，票据上的一切债务人均解除其票据责任。

银行承兑汇票的付款期限，最长不得超过 12 个月。定日付款的汇票付款期限自出票日起计算，并在汇票上记载具体的到期日；出票后定期付款的汇票付款期限自出票日起按月计算，并在汇票上记载；见票后定期付款的汇票付款期限，自承兑或绝拒承兑日起按月计算，并在汇票上记载。持票人依照《票据法》规定提示付款的，付款人应当在见票当日足额付款。

票据债务人对下列情况的持票人可以拒绝付款：

1. 对不履行约定义务的与自己有直接债权债务关系的持票人；
2. 以欺诈、偷盗或者胁迫等手段取得票据的持票人；

3. 对明知有欺诈、偷盗或者胁迫等情形，出于恶意取得票据的持票人；

4. 明知债务人与出票人或者持票人的前手之间存在抗辩事由而取得票据的持票人；

5. 因重大过失取得不符合《票据法》规定的票据的持票人；

6. 对取得背书不连续票据的持票人；

7. 符合《票据法》规定的其他抗辩事由。

票据债务人对下列情况不得拒绝付款：

1. 与出票人之间有抗辩事由；

2. 与持票人的前手之间有抗辩事由。

银行承兑汇票的出票人应于汇票到期前将票款足额交存其开户银行。承兑银行应在汇票到期日或到期日后的见票当日支付票款。

承兑银行存在合法抗辩事项拒绝支付的，应自接到商业汇票的次日起 3 日内，作成拒绝证明，连同银行承兑汇票邮寄持票人开户银行转交持票人。

银行承兑汇票的出票人于汇票到期日未能足额交存票款的，承兑银行除凭票向持票人无条件支付票款外，对出票人尚未支付的汇票金额按照每天万分之五计收利息。

持票人委托的收款银行的责任，限于按照汇票上记载事项将汇票金额转入持票人账户。付款人委托的付款银行的责任，限于按照汇票上记载事项从付款人账户支付汇票金额。

持票人获得付款的，应当在汇票上签收，并将汇票交给付款人。持票人委托银行收款的，受委托的银行将代收的汇票金额转账收入持票人账户，视同签收。

汇票金额为外币的，按照付款日的市场汇价，以人民币支付。但汇票当事人对汇票支付的货币种类另有约定的，从其约定。

付款人及其代理付款人付款时，应当审查汇票背书的连续，并审查提示付款人的合法身份证明或者有效证件。付款人及其代理付款人以恶意或者有重大过失付款的，应当自行承担责任。

对定日付款、出票后定期付款或者见票后定期付款的汇票，付款人在到期日前付款的，由付款人自行承担所产生的责任。付款人依法足额付款后，全体汇票债务人的责任解除。

第四节　票据的追索权

一、退票

持票人提示汇票要求承兑时，遭到拒绝而不获承兑（Dishonor by Non - acceptance），或持票人提示汇票要求付款时，遭到拒绝而不获付款（Dishonor by Non - payment），均称退票（Dishonor），也称拒付。

除了拒绝承兑和拒绝付款外，付款人避而不见、死亡或宣告破产，以致付款事实上已成为不可能时，也称为拒付。

汇票在合理时间内提示遭到拒绝承兑时，或汇票在到期日提示而遭到拒绝付款时，持票人的追索权立即产生，持票人有权向背书人和出票人追索票款。

根据我国《票据法》第六十一条规定：汇票到期被拒绝付款的，持票人可以对背书人、出票人以及汇票的其他债务人行使追索权。

汇票到期日前，有下列情形之一的，持票人也可以行使追索权：

（一）汇票被拒绝承兑的；

（二）承兑人或者付款人死亡、逃匿的；

（三）承兑人或者付款人被依法宣告破产的或者因违法被责令终止业务活动的。

二、拒绝证书

拒绝证书是由拒付地点的法定公证人（Notary Public）作出的证明拒付事实的文件。《英国票据法》规定：汇票遇到付款人退票时，持票人须在退票后一个营业日内作成拒绝证书（Protest）。

《日内瓦统一票据法》规定：远期汇票拒绝承兑证书或者即期汇票拒绝付款证书必须在拒付日第二天终了前完成；远期汇票拒绝付款证书必须在到期日及以后两天内完成。

我国《票据法》无明文规定，比如：第六十二条规定，持票人行使追索权时，应当提供被拒绝承兑或者被拒绝付款的有关证明。持票人提示承兑或者提示付款被拒绝的，承兑人或者付款人必须出具拒绝证明，或者出具退票理由书。未出具拒绝证明或者退票理由书的，应当承担由此产生的民事责任。第六十三条，持票人因承兑人或者付款人死亡、逃匿或者其他原因，不能取得拒绝证明的，可以依法取得其他有关证明。第六十四条，承兑人或者付款人被人民法院依法宣告破产的，人民法院的有关司法文书具有拒绝证明的效力。承兑人或者付款人因违法被责令终止业务活动的，有关行政主管部门的处罚决定具有拒绝证明的效力。第六十五条，持票人不能出示拒绝证明、退票理由书或者未按照规定期限提供其他合法证明的，丧失对其前手的追索权。但是，承兑人或者付款人仍应当对持票人承担责任。第六十六条，持票人应当自收到被拒绝承兑或者被拒绝付款的有关证明之日起三日内，将被拒绝事由书面通知其前手；其前手应当自收到通知之日起三日内书面通知其再前手。持票人也可以同时向各汇票债务人发出书面通知。未按照前款规定期限通知的，持票人仍可以行使追索权。因延期通知给其前手或者出票人造成损失的，由没有按照规定期限通知的汇票当事人，承担对该损失的赔偿责任，但是所赔偿的金额以汇票金额为限。在规定期限内将通知按照法定地址或者约定的地址邮寄的，视为已经发出通知。第六十七条，依照前条第一款所作的书面通知，应当记明汇票的主要记载事项，并说明该汇票已被退票。

作成拒绝承兑证书后，无须再作提示要求付款和拒绝付款证书。

三、退票通知

退票通知（Notice of Dishonor）的目的是要汇票债务人及早知道拒付之事，以便做好准备。

《英国票据法》规定：如果前手在同地，持票人必须在拒绝证书做好的第二天内通知到；如果在异地，则在拒绝证书做好后的第二天发出通知。

《日内瓦统一票据法》规定：持票人必须在拒绝证书做好后的第四天内，背书人必须在收到通知书的两天内通知前手。

我国《票据法》规定：持票人或者背书人发出通知的时间均为三天。第六十六条，持票人应当自收到被拒绝承兑或者被拒绝付款的有关证明之日起三日内，将被拒绝事由书面通知其前手；其前手应当自收到通知之日起三日内书面通知其再前手。持票人也可以同时向各汇票债务人发出书面通知。未按照前款规定期限通知的，持票人仍可以行使追索权。因延期通知给其前手或者出票人造成损失的，由没有按照规定期限通知的汇票当事人，承担对该损失的赔偿责任，但是所赔偿的金额以汇票金额为限。在规定期限内将通知按照法定地址或者约定的地址邮寄的，视为已经发出通知。

发出退票通知的方法（以《英国票据法》为例）如图 5－1 所示。

第一种方法是持票人在退票后一个营业日内，将退票事实通知前手背书人，前手背书人于接到通知后一个营业日内再通知他的前手背书人。

第二种方法是持票人将退票事实通知全体前手。

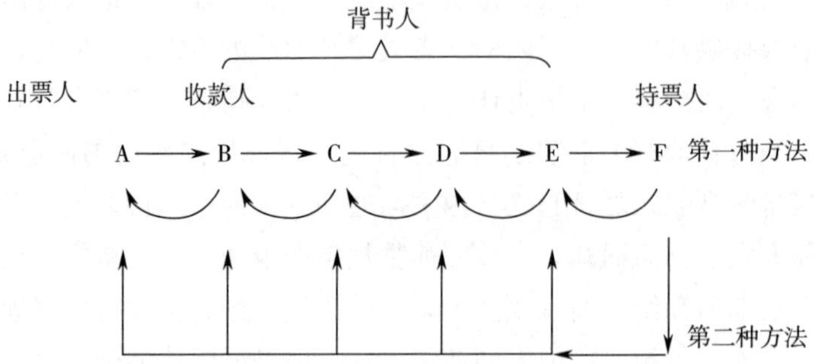

图5－1　发出退票通知的办法

依据我国《票据法》第六十八条，汇票的出票人、背书人、承兑人和保证人对持票人承担连带责任。持票人可以不按照汇票债务人的先后顺序，对其中任何一人、数人或者全体行使追索权。持票人对汇票债务人中的一人或者数人已经进行追索的，第六十九条规定，持票人为出票人的，对其前手无追索权。持票人为背书人的，对其后手无追索权。

四、追索权

追索权（Right of Recourse）是指汇票遭到拒付，持票人对其前手背书人或出票人有请求其偿还汇票金额及费用的权利。行使追索权的对象是背书人、出票人、承兑人以及其他债务人，他们对持票人负有连带的偿付责任。

《英国票据法》规定：出票人和背书人均可以用文字来免除当票据被拒付时被追索的责任。

《日内瓦统一票据法》规定：持票人只能免除担保承兑的责任，不能免除担保付款的责任。

我国《票据法》规定：出票人和背书人均不能免除被追索。

行使追索权的三个条件是：

1. 必须在法定期限内提示。

2. 必须在法定期限内通知。

3. 外国汇票遭到退票，必须在法定期限内，由持票人请公证人作成拒绝证书。

被追索人支付的金额和费用：

1. 被拒绝付款的汇票金额；

2. 汇票金额自到期日或者提示付款日起至清偿日止，按照中国人民银行规定的利率计算的利息；

3. 取得有关拒绝证明和发出通知书的费用。

被追索人清偿债务时，持票人应当交出汇票和有关拒绝证明，并出具所收到利息和费用的收据。

被追索人依照规定清偿后，可以向其他汇票债务人行使再追索权，请求其他汇票债务人支付下列金额和费用：

1. 已清偿的全部金额；

2. 前项金额自清偿日起至再追索清偿日止，按照中国人民银行规定的利率计算的利息；

3. 发出通知书的费用。

行使再追索权的被追索人获得清偿时，应当交出汇票和有关拒绝证明，并出具所收到利息和费用的收据。被追索人依照规定清偿债务后，其责任解除。

下面以我国《票据法》举例说明。

（一）商业承兑汇票的追索

追索是指票据持票人在依照票据法的规定请求付款人承兑或者付款而被拒绝后向他的前手（出票人、背书人、保证人、承兑人以及其他票据债务人）要求偿还票据金额、利息和相关费用的行为。

追索权的行使必须在票据法规定的期限内，并且只有在获得拒绝证明后才能行使。

商业承兑汇票被拒绝承兑或到期被拒绝付款的，持票人可以行使追索权。

持票人行使追索权时，应当提供被拒绝承兑或者被拒绝付款的有关证明。持票人不能出示拒绝证明、退票理由书或者未按照规定期限提供其他合法证明的，丧失对其前手的追索权。但是，承兑人或者付款人仍应当对持票人承担责任。

拒绝证明应当包括下列事项：

1. 被拒绝承兑、付款的票据种类及其主要记载事项；

2. 拒绝承兑、付款的事实依据和法律依据；

3. 拒绝承兑、付款的时间；

4. 拒绝承兑人、拒绝付款人的签章。

退票理由书应当包括下列事项：

1. 所退票据种类；

2. 退票的事实依据和法律依据；

3. 退票时间；

4. 退票人签章。

其他证明是指：

1. 医院或者有关单位出具的承兑人、付款人死亡证明；

2. 司法机关出具的承兑人、付款人逃匿的证明；

3. 公证机关出具的具有拒绝证明效力的文书。

持票人应当自收到被拒绝承兑或者被拒绝付款的有关证明之日起3日内，将被拒绝事由书面通知其前手；其前手应当自收到通知之日起3日内书面通知其再前手。持票人也可以同时向各汇票债务人发出书面通知。

未按照前款规定期限通知的，持票人仍可以行使追索权。因延期通知给其前手或者出票人造成损失的，由没有按照规定期限通知的汇票当事人承担对该损失的赔偿责任，但是所赔偿的金额以汇票金额为限。

在规定期限内将通知按照法定地址或者约定的地址邮寄的，视为已经发出通知。

持票人可以不按照票据债务人的先后顺序，对其中任何一人、数人或者全体行使追索权。持票人对票据债务人中的一人或者数人已经进行追索的，对其他票据债务人仍可行使追索权，被追索人清偿债务后，与持票人享有同一权利。

行使追索权的追索人获得清偿时或行使再追索权的被追索人获得清偿时，应当交出票据和有关拒绝证明，并出具所收到利息和费用的收据。

（二）银行承兑汇票的追索

银行承兑汇票到期被拒绝付款的，持票人可以行使追索权。

持票人行使追索权时，应当提供被拒绝承兑或者被拒绝付款的有关证明。持票人不能出示拒绝证明、退票理由书或者未按照规定期限提供其他合法证明的，丧失对其前手的追索权。但是，承兑人或者付款人仍应当对持票人承担责任。

拒绝证明应当包括下列事项：

1. 被拒绝承兑、付款的票据种类及其主要记载事项；
2. 拒绝承兑、付款的事实依据和法律依据；
3. 拒绝承兑、付款的时间；
4. 拒绝承兑人、拒绝付款人的签章。

退票理由书应当包括下列事项：

1. 所退票据种类；
2. 退票的事实依据和法律依据；
3. 退票时间；
4. 退票人签章。

其他证明是指：

1. 医院或者有关单位出具的承兑人、付款人死亡证明；
2. 司法机关出具的承兑人、付款人逃匿的证明；
3. 公证机关出具的具有拒绝证明效力的文书。

持票人应当自收到被拒绝承兑或者被拒绝付款的有关证明之日起 3 日内，将被拒绝事由书面通知其前手；其前手应当自收到通知之日起 3 日内书面通知其再前手。持票人也可以同时向各汇票债务人发出书面通知。

未按照前款规定期限通知的，持票人仍可以行使追索权。因延期通知给其前手或者出票人造成损失的，由没有按照规定期限通知的汇票当事人承担对该损失的赔偿责任，但是所赔偿的金额以汇票金额为限。

在规定期限内将通知按照法定地址或者约定的地址邮寄的，视为已经发出通知。

持票人可以不按照票据债务人的先后顺序，对其中任何一人、数人或者全体行使追索权。持票人对票据债务人中的一人或者数人已经进行追索的，对其他票据债务人仍可行使追索权，被追索人清偿债务后，与持票人享有同一权利。

行使追索权的追索人获得清偿时或行使再追索权的被追索人获得清偿时，应当交出票据和有关拒绝证明，并出具所收到利息和费用的收据。背书是指在票据背面或者粘单上记载有关事项并签章的票据行为。银行承兑汇票的持票人将票据权利转让给他人或者将一定的票据权利授予他人行使时就必须以背书的形式来进行。

案例5－1

某医药公司于2009年9月16日开立票面金额为500万元的银行承兑汇票，期限6个月，承兑人为X银行，收款人为某天然气公司，后该汇票经8次背书至某化工公司。2010年2月20日，最后持票人化工公司向X银行委托收款，X银行在审票时，发现该票第一粘单处通过透光检验有其他印章痕迹，粘单撕毁前法定代表人或授权代理人签章与撕毁后该处签章明显不一致，X银行以此为由退票。收到X银行退票后，化工公司及该票据其他背书人逐级向其前手追索，直至追索至第5手背书人药品批发公司，2010年12月药品批发公司向其前手支付了票据款项。2011年4月5日，药品批发公司将出票人某医药公司及X银行告向人民法院，请求法院判决X银行及某医药公司向其支付500万元，并承担延期支付的利息及本案诉讼费。

案件分析：

原告药品批发公司主张：涉案票据真实合法，且其已向其后手支付了该票据款项，X银行及出票人某医药公司应当承担相应的付款责任。

被告X银行主张：(1) 本案所涉票据，发现该票第一粘单处通过透光检验有其他印章痕迹，粘单撕毁前法定代表人或授权代理人签章与撕毁后该处签章明显不一致；(2) 票据粘单被撕毁即存在着票据被变造的可能性。根据《支付结算管理办法》第十四条规定，票据上的签章应当真实，不得伪造、变造。因X银行无法判断撕毁粘单的行为是在背书转让之前或背书转让之后，若该票据是在背书转让后撕毁粘单的，因票据通过粘单方式一经背书转让，背书人的票据权利即转让至被背书人，背书人此时即无权再更改票据内容，否则，即构成变造行为。(3) 因该票据粘单有其他印章的痕迹及明显撕毁痕迹，即存在票据背书不连续。根据《票据法》第二十七条规定："背书是指在票据背面或者粘单上记载有关事项并签章的票据行为"及第三十一条规定："以背书转让的汇票，背书应当连续。持票人以背书的连续，证明其汇票权利。"(4) 付款人有审查票据背书连续性及识别出变造票据的责任与义务。根据《票据法》第五十七条规定："付款人及其代理付款人付款时，应当审查汇票背书的连续，并审查提示付款人的合法身份证明或者有效证件。付款人及其代理付款人以恶意或者有重大过失付款的，应当自行承担责任。"根据最高人民法院《关于审理票据纠纷案件若干问题的规定》第六十九条规定："付款人或者代理付款人未能识别出伪造、变造的票据或者身份证件而错误付款，属于《票据法》第五十七条规定的'重大过失'，给持票人造成损失的，应当依法承担民事责任。”（5）X银行根据行业惯例的拒付理由。查询中国工商银行编著的《瑕疵票据识别手册》，粘单处有撕痕的汇票应坚决予以退票。就药品批发公司利息支付请求，X银行认为：（1）该票据被拒付，是X银行为保护合法持票人的资金安全依法做出的善意行为，究其原因系该票据存在法律及行业惯例所规定或认可的拒付理由，并非X银行过错所致。（2）本案所涉汇票到期后，X银行将相当于票面金额的款项自某医药公司的账户划至备付账户备付，不存在X银行或某医药公司占用或使用该款项的情况。（3）根据《票据法》第十二条第二款“持票人因重大过失取得不符合本法规定的票据的，也不得享有票据权利”。本案中票据本身因粘单撕毁及签章瑕疵导致背书不连续，因此持票人也不得享有票据权利。X银行依法律规定及行业惯例对涉案票据予以退票，药品批发公司虽然支付了该票据项下款项，并向法院提供了背书人出具的证明，但此仅能证明其具备票据所涉款项的民事权利，该证明不具备票据上的效力，所以该票据的缺陷并未予以修正或补足，由于再追索权的取得，是以票据依然具备可支付的条件为前提，因此药品批发公司并无再追索权，也即不能根据《票据法》关于再追索权的规定向X银行主张票据项下利息。根据《票据法》第十八条规定“持票人因超过票据权利时效或者因票据记载事项欠缺而丧失票据权利的，仍享有民事权利，可以请求出票人或者承兑人返还其与未支付的票据金额相当的利益”。因此本案中持票人丧失票据权利后，如以其他方式被证明为可以享有民事权利的，可以请求返还“未支付的票据金额相当的利益”而不含“利息”。

审判决结果：认定药品批发公司所持有的汇票确实存在瑕疵，X银行对此拒绝付款，合法合规，但某化工公司提供了各前手出具的证明，该证据足以证明涉案票据及其基础关系的真实性，X银行按例应当向其支付票据款项500万元，但X银行作为承兑人，依照法律规定及行业惯例对涉案票据进行审查，并在票据存在瑕疵的情况下，依法依规予以拒付，并不存在过错。

最终判决如下：（1）X银行向药品批发公司支付票据金额500万元；（2）撤销一审法院关于X银行向B支付利息的判决。（3）本案受理费由药品批发公司承担。

案例5－2

2006年4月15日，沙坝市化肥厂与伊阳县编织袋厂签订了编织袋购销合同。该合同约定，由编织袋厂在20天内向化肥厂供应50公斤装的标准拉丝编织袋10万条，每条0.5元，共计5万元。4月30日，编织袋厂将全部编织袋按照约定的方式发运至化肥厂，化肥厂于当日签发了一张以化肥厂的开户行为付款人，编织袋厂为收款人，票面金额为5万元，出票日后三个月付款的汇票，经签章后交付给编织袋厂。5月12日，编织袋厂向某机械厂购进了一台编织机，价值5万元整。于是编织袋厂将由化肥厂签发的汇票依法背书转让给机械厂。5月20日，机械厂持该汇票向化肥厂的开户行要求承兑，而开户行则以化肥厂账户余额不足为由拒绝承兑该汇票，机械厂随即要求开户行出具拒绝证书，银行得以出具。但是机械厂的经办人员在回厂途中丢失该拒绝证书。5月21日，当机械厂向编织袋厂提出追索请求时，遭到拒绝。机械厂无奈，向当地法院提起诉讼，要求编织袋厂支付5万元票据款。

案件分析：

机械厂通过正常交易关系以及合法背书程序获得汇票，是正当持票人，理应在合理的期限内获得承兑和付款，但却遭到拒绝承兑，依据我国《票据法》第六十一条第二款规定，持票人机械厂可以对背书人、出票人以及汇票的其他债务人行使追索权。同时，第六十二条规定持票人行使追索权时，应当提供被拒绝承兑或者被拒绝付款的有关证明。持票人提示承兑或者提示付款被拒绝的，承兑人或者付款人必须出具拒绝证明，或者出具退票理由书。未出具拒绝证明或者退票理由书的，应当承担由此产生的民事责任。第六十五条，持票人不能出示拒绝证明、退票理由书或者未按照规定期限提供其他合法证明的，丧失对其前手的追索权。但是，承兑人或者付款人仍应当对持票人承担责任。因此，机械厂行使追索权时因为拒绝证书丢失，丧失了对背书人编织袋厂的追索权，但是，化肥厂的开户行作为付款人，仍旧应当对持票人承担责任。

第六章　境外票据市场发展实践与启示

本章选取了世界上四个有代表性的国家和地区的票据市场，包括发展成熟的美国市场、历史最悠久的英国市场、亚太地区的日本和中国台湾地区的票据市场，通过对这些国家和地区票据市场发展历程、票据种类、市场参与者、市场交易机制和基础设施建设等多方面的介绍和对比，进而总结境外主要票据市场的特点及其对中国票据市场未来发展的启示。

第一节　概述

票据是社会商品交换和商业信用不断发展的产物，随着经济社会和信用体系的不断发展，金融市场工具的不断创新，票据市场工具的种类、规模、制度建设以及市场参与者也在不断发展变化。在融资工具层出不穷的今天，票据已经成为现代金融市场的重要工具，往往有着信用支付和融资工具的双重功能，在引导社会短期资金流通，促进经济发展中发挥了重要的作用。

伴随着改革开放，我国票据市场开始逐步建立和发展，从无到有，而真正快速的发展期是从本世纪初开始的。2001 年末我国银行承兑汇票余额仅有 5 000亿元，而截至 2016 年末银行承兑汇票余额则高达 9 万亿元，余额总体增长了近 18 倍之多。按 2016 年末人民币对美元汇率折算，美国票据市场 2016 年末未偿付余额约为 6 万亿元。

因此，经过近 40 年的发展，我国票据市场发展喜人，余额已经超过美国市场，这也是唯一一个在规模上超过美国的金融子市场。2016 年上海票据交易所的建立意味着我国票据市场交易将日趋电子化、规范化和集中化。

然而，纵观全球主要国家和地区的票据市场发展情况，在票据种类、市场参与者、交易机制和基础设施建设等方面，还有许多值得我国借鉴和学习的地方。尤其是2016年之后受农业银行等票据风险事件，以及银监会“三三四”检查监管的影响，票据市场整体规模有所下滑，累计余额降至2017年12月末的8.2万亿元。

本章通过总结和比较欧美地区（美国和英国）以及相对新兴的亚太地区（日本和中国台湾地区）的票据市场的发展情况，在概述上述国家和地区票据市场发展历程的基础之上，从票据市场规模、结构、参与主体、制度建设等方面总结共有特性，并基于此提出相应的政策建议，以期为我国票据市场未来发展提供相应借鉴。

第二节　美国票据市场发展实践

本节主要介绍美国的票据市场，共分为四个部分。第一部分是美国票据市场发展历程，第二部分是美国票据市场的种类，列举了商业票据在不同划分标准下的分类。第三部分是美国票据市场参与者，美国票据市场的参与主体十分广泛，该部分对比了不同参与主体的特点，并介绍了市场最大的投资者——共同基金的情况。第四部分是美国票据市场的基础制度建设，主要介绍了美国票据市场的发行和交易方式、市场评级体系和法律制度建设等内容。

一、美国票据市场发展历程

美国票据市场结构与我国票据市场有较大差异，在我国票据的界定通常依据《中华人民共和国票据法》的定义，包含本票、支票和汇票，通常实践中所称的票据指商业汇票，其中银行承兑汇票占绝对主导地位。

从美国票据市场发展历程来看，美国票据市场主要包括银行承兑汇票（Banker's Acceptance）与商业票据（Commercial Paper），其中银行承兑汇票概念与我国类似，同样也需要以真实贸易为基础，而商业汇票则是一种融资性货币市场工具，往往是高信用的大型企业和金融机构发行的用以融通短期资金的筹资工具，其发行和流通是基于企业商业信用，不需要以真实贸易为基础。

美国银行承兑汇票市场源于国际贸易的发展，用以解决交易双方的信任问题，将银行信用与商业信用相结合，促使银行承兑汇票的产生。其发展始于20世纪初，当时伦敦一直活跃着银行承兑汇票交易市场，1913年美联储成立，为了与伦敦竞争国际金融市场地位，同时促进银行间的相互竞争，美联储采取了一系列措施促进银行承兑汇票的签发和流通，例如美联储当时直接参与二级市场购买合格的银行承兑汇票，以此促进美国国际贸易发展和银行间的竞争。第二次世界大战结束后，在经济全球化的背景下，得益于国际贸易的不断增长、国际大宗商品价格上涨等因素，美国银行承兑汇票再次获得发展。

美国银行承兑汇票早期获得较快发展，然而，20 世纪 80 年代以后，随着美联储退出银行承兑汇票的购买（转而购买美国国债），其他替代性工具的出现，以及国际贸易对银行承兑汇票需求的下降，银行承兑汇票余额不断减少。美国银行承兑汇票余额一直没能超过 1 000 亿美元（最高时为 1987 年的 706 亿美元），1996 年末银行承兑汇票余额为 139.7 亿美元，此后持续下跌，2006 年以后银行承兑汇票余额几乎可以忽略不计。图 6 –1 展示了美国票据市场 1996—2016 年的发展情况。截至 2016 年末，美国票据市场几乎全是商业票据，未偿付余额达到 8 848.7 亿美元，而银行承兑汇票几乎消失。

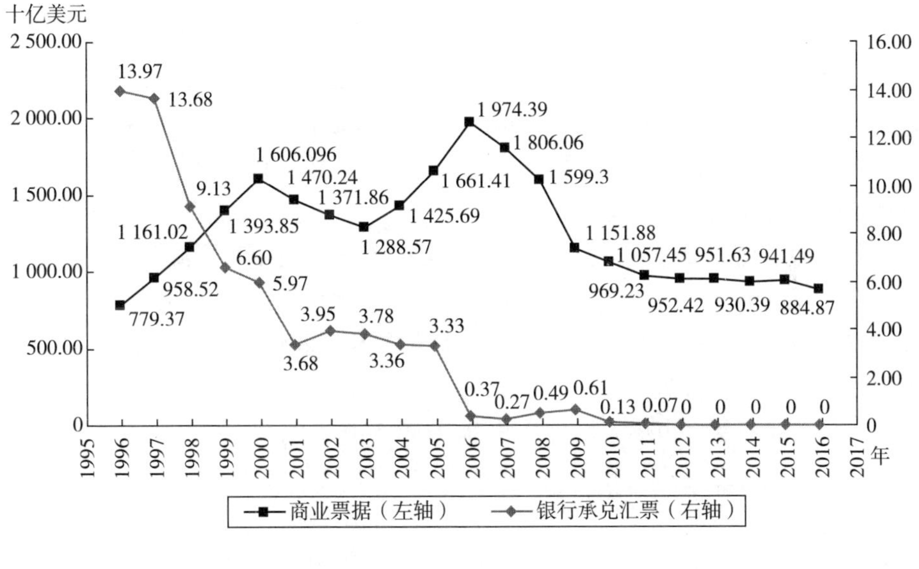

资料来源：Federal Reserve、Wind。

图 6 –1　美国票据市场发展情况

20 世纪 80 年代，尽管美国银行承兑汇票规模持续下降，但与此同时美国商业票据市场却迎来了高速发展。美国商业票据至少可以追溯至 19 世纪，例如，早在 1869 年高盛公司就发行过商业票据。当时由于《麦克法登法》（McFadden Act）等的限制，国民银行不得设立跨州的分支机构。因此，不同州之间资金供需往往不同，由此导致不同州之间可能存在较大的利率差异，高利率地区的大型企业有动机通过跨地区以商业票据进行筹资，其融资成本往往比银行优惠利率更低。

但早期美国商业票据市场规模还比较小，商业票据迎来快速发展的时期始于20世纪80年代。当时得益于货币市场基金的发展、银行贷款的高利率、经济扩张、互换应用于票据市场、资产支持票据的出现、商业银行的积极参与、监管机构的大力支持以及技术进步等因素，美国票据市场快速发展。1970年末美国商业票据市场未偿付余额仅为336亿美元，1980年末增长至1 231亿美元，1988年商业票据市场未偿付余额超过美国国库券市场，成为美国货币市场第一大工具，1989年末则进一步增长至5 670亿美元。

美国20世纪80年代和90年代的经济衰退导致商业票据市场部分企业出现违约，但整个商业票据市场整体上仍然保持着持续增长，票据市场成为企业，尤其是大型企业和金融机构短期资金募集市场。

次贷危机之前的2006年，商业票据未偿付余额达到1. 97万亿美元的历史峰值，规模是美国当时国库券未偿付余额的2倍之多，几乎达到美国整个国债市场一半。次贷危机之后，尽管高信用等级的商业票据仍占绝大多数，但雷曼兄弟的倒闭以及美林证券被收购导致其商业票据违约，致使商业票据的投资者开始不断减持商业票据头寸。

此后为了维护金融市场稳定，尤其是维持和增强货币市场流动性，美联储持续介入票据市场，通过直接购买商业票据为金融市场提供流动性，一度成为商业票据市场单个持有最大规模商业票据的机构。2011年之后，商业票据市场规模趋于稳定，最近几年未偿付余额维持在9 000亿美元上下。截至2016年末，美国商业票据市场未偿付余额为8 848. 7亿美元。

二、美国票据市场种类

如上所述，美国票据市场主要包括基于真实贸易交易的银行承兑汇票和基于商业信用的融资性票据——商业票据。目前美国票据市场几乎可以说只有商业票据。

早期商业票据基本都是完全依靠企业自身信用发行。20世纪80年代末到90年代初，美国开始出现资产支持商业票据规划组织（ABCP Program/ABCP Conduit），又称为结构化投资公司（Structured Investment Vehicle）。此类组织主要是由银行本身设立，其目的是通过其循环购买自身贷款客户的流动性资产

（如应收账款等），实现表内贷款出表的目的，与此同时以购进的资产为基础发行短期商业票据。由此产生了一类重要的商业票据，即资产支持票据。

表 6－1　　　　美国商业票据产品分类

名称	概念	特点
普通商业票据	由金融机构或信用较高的非金融企业发行的无担保商业票据	发行人信用评级较高，发行成本较低
资产支持商业票据（AB-CP）	属于资产证券化产品，由非金融企业、金融机构将自身拥有的、将来能够产生稳定现金流的资产出售给受托机构（特殊目的公司），由受托机构将这些资产作为支持发行的商业票据	通过设立特殊目的公司发行。支持资产包括各类应收账款以及银行贷款、信用卡应收款、汽车贷款等金融资产
信用支持商业票据	通过信用评级较高的企业提供信用支持发行的商业票据	信用支持方式包含担保、债券保险等

资料来源：刘东鑫．美国商业票据市场的发展特点及启示［J］．中国货币市场，2010（10）：46－49.

基于商业票据是否具有增信措施及其来源，美国商业票据可分为普通商业票据、资产支持商业票据（Asset－backed Commercial Paper）以及信用支持商业票据（Credit－supported Commercial Paper）三类。

进一步地，依据美联储对商业票据的分类，商业票据可以分为 AA 级金融企业票据、AA 级非金融企业票据、A2/P2 级非金融企业票据以及 AA 级资产支持票据。基于信用等级还可以划分为 1 类（Tier－1）商业票据和 2 类（Tier－2）商业票据。

三、美国票据市场参与者

美国票据市场的参与主体非常广泛且分散，一方面发行人既包括大型非金融企业和资产支持证券化（ABS）发行人，亦包括商业银行、外国金融类企业、融资公司等金融性机构。在美国，有超过 1 700 家企业发行商业票据。

另一方面商业票据购买主体多来自于各类金融机构（如银行、非金融企业、投资公司、养老基金等）。其中投资公司，尤其是货币市场共同基金是商业票据市场投资的绝对主力军。

图6－2 展示了美国金融机构和非金融企业在票据市场的未偿付余额占比。从图 6－2 可以发现与我国不同，我国金融机构极少被允许发行短期融

资工具（一个例外是券商短融，但规模整体不大），而美国票据市场中，金融机构的发行规模占了主导地位。截至 2017 年 6 月末，金融机构发行商业票据未偿付余额为 4 386 亿美元，而非金融企业商业票据未偿付余额为2 412 亿美元，金融机构商业票据占比近 65%，而 2007 年前后该比例更是高达 80% 以上。

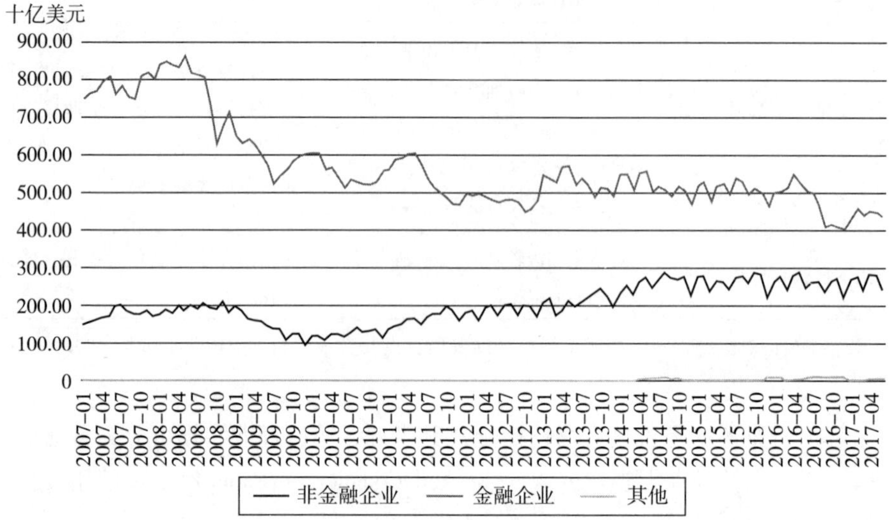

资料来源：SIFMA、Wind。

图 6-2　美国票据市场不同发行主体未偿付余额情况

此外，从购买者来看，商业票据的购买主体构成也与我国票据市场差异较大。在我国，商业票据购买持有主体通常是银行，而且由于税收缴纳时间原因，大多数银行直贴后更多是选择持有到期，转贴情况相对较少。而美国票据市场的购买者则较为多元化，包括银行、非金融企业、投资公司、养老基金以及个人等投资主体。而其中以共同基金持有比例最高，图 6-3 展示了美国共同基金所持商业票据占整个商业票据的比例情况。

票据市场上共同基金持有比例一直稳定在 40% 左右，2009 年曾达到最高的 51%。次贷危机之后，尽管票据市场规模几乎腰斩，但其他货币市场投资工具也出现类似的下滑，因此共同基金对商业票据的持有比例还是较为稳定。2015 年和 2016 年连续两年，共同基金持有商业票据的比例不断下滑，2015 年末为 40%，而 2016 年末则仅为 19%。一个重要的原因是，2016 年 10 月 14 日美国货币市场共同基金开始执行 2014 年 7 月美国证券交易委员会（SEC）发布的相关新规，由此导致货币市场共同基金的资产规模降低了近70%，约9 000亿美元。

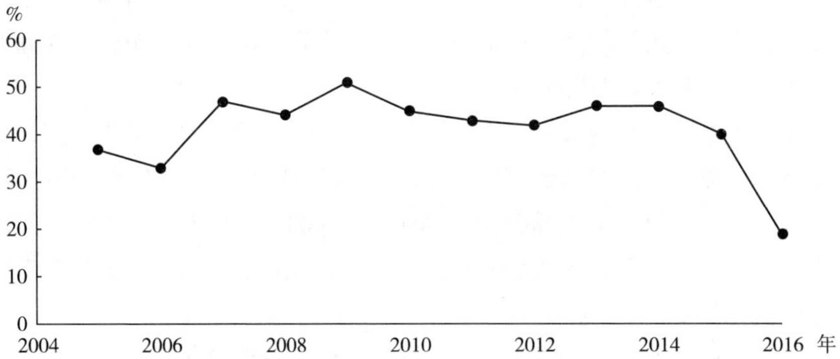

数据来源：美国投资公司协会（ICI）。

图6－3　美国共同基金持有商业票据占比情况

需要说明的是，与英国、日本和中国台湾地区不同，美国的票据市场没有所谓的票据专营机构，其票据业务是由银行、证券公司等机构来兼营的。美联储通过再贴现利率政策来调节票据市场资金供求关系，以此执行和传导货币政策。

四、美国票据市场基础制度建设

（一）发行和交易方式

美国商业票据的发行主要有两种方式：一是直接发行（Direct Placement），二是证券交易商承销发行（Dealer Placement）。直接发行是指由商业票据的发行人直接向投资者进行销售发行，中间无须金融中介机构的参与，此种发行有利于降低发行成本，但需要发行人本身具有较为丰富的发行经验，该方式往往适合于那些发行数额较大（5亿美元以上）的企业。

例如，美国通用电气资本公司就是直接发行商业票据的典型代表，其已经拥有50余年商业票据发行历史。而且当商业票据到期了，此类企业往往会选择滚动发行。金融企业几乎都是高杠杆经营，需要不断从市场融资，且数额较大，因而大多数金融企业倾向于采用直接方式发行商业票据。

证券交易商承销发行是指筹资人通过委托中介机构代为销售发行，由中介机构代为将商业票据推销给其他投资者。1987年之前主要是证券公司作为承销商，此后，美国允许银行参与商业票据的承销业务。此外，对于企业来说，商业票据融资是银行贷款的一种替代工具，而发行商业票据的又往往是高信用的优质贷款客户。因此，银行适时创新金融服务方式，在票据市场上除了作为承销商，还进一步为发行商业票据的企业提供贷款承诺或信贷额度，提高商业票据信用，便利其发行并降低融资成本。

基于企业不同的信用水平，贷款承诺或信贷额度的比例也不尽相同，信用等级越高，所提供的贷款承诺或信贷额度要求往往越低。1970 年美国当时最大铁路公司——宾州中央运输公司（Penn Central）申请破产，其发行的商业票据出现违约。自此以后，几乎所有企业发行的商业票据都具有银行提供的贷款承诺或信贷额度。

美国的商业票据市场主要是发行市场，二级交易市场并不活跃。一般交易是在场外市场，以询价交易方式进行场外交易。一般的小额投资者要想投资商业票据，只能通过投资于货币市场共同基金来间接参与。

美国商业票据二级市场并不活跃，一个重要的原因是美国商业票据期限通常都小于 270 天，平均到期约 30 天。美国商业票据的托管和结算业务由证券存托公司（Depository Trust Company，DTC）和国家证券结算公司（National Securities Clearing Corporation，NSCC）统一负责的，该机构也是全美各类证券交易清算和托管机构。1999 年，两家公司合并成立证券存托与结算公司(Depository Trust & Clearing Corporation，DTCC)，托管和结算业务效率进一步提高。

（二）商业票据市场评级体系

所有商业票据只有经过国家级认可的合格评级机构（Recognized Statistical Ratings Organizations，NRSROs）评级才会被允许发行上市。在美国主要有三家评级公司对商业票据进行评级，即穆迪（Moody's）、标准普尔（Standard & Poor）和惠誉（Fitch），三家评级机构对商业票据的评级标准见表 6－2。

表 6－2　　美国三大评级机构商业票据评级等级关系

类型	商业评级公司		
	穆迪	标准普尔	惠誉
可投资等级		A－1＋	F－1＋
	P－1	A－1	F－1
	P－2	A－2	F－2
	P－3	A－3	F－3

续表

类型	商业评级公司		
	穆迪	标准普尔	惠誉
非投资等级	NP（Not Prime）	B	F－S
		C	
违约		D	D

资料来源：Post, Mitchell, "The Evolution of the U. S. Commercial Paper Market Since 1980", Federal Reserve Bulletin, 1992.

如前所述，商业票据可以分为 AA 级和 A2/P2 级别以及 1 类（Tier－1）和 2 类（Tier－2）。其分类如表 6－3 所示。此外，依据 SEC 1940 年的《投资公司法案》Rule 2a－7 规定，只有属于 1 类和 2 类的证券才是货币市场基金可以投资的合格投资品种。合格商业票据必须有至少 2 家国家级认可的评级机构给予 1 级或 2 级评级。有两家及以上公司参与评级，且至少两家给予 1 级才能称之为 1 类商业票据。除 1 类之外的其他合格商业票据即为 2 类商业票据。

表 6－3　美国各级别商业票据分类标准

类别	AA 非金融企业	A2/P2 非金融企业	AA 金融企业	AA 资产支持票据
短期信用评级	至少 1 家评级在 1 或 1＋以上且没有评级在 1 以下	至少有 1 家评级在 2，且没有评级在 2 以下	同 AA 非金融企业	同 AA 非金融企业
长期信用评级	至少 1 家评级 AA 以上	至少 1 家评级在 A 或 BBB/Baa，且所有评级都在 A－BBB/Baa 之间	同 AA 非金融企业	不适用
行业代码	0100－5999 和 7000－9999	同 AA 非金融企业	6000－6999（剔除 6189 和 6200－6299）	6189

资料来源：Federal Reserve。

（三）票据市场法律制度建设

美国商业票据市场快速发展，未偿付余额曾一度超越国库券市场成为货币市场第一大工具，即便 2007 年次贷危机之后规模腰斩，但其仍然是仅次于美国国库券的第二大货币市场工具。美国商业票据市场能有今天的发展离不开美国相关法律法规等基础制度的建设。美国用于规范票据市场的法律主要是

1933 年的《证券法》。

例如，美国 1933 年《证券法》第三节 A 条第 3 款就规定，如果票据期限小于 270 天且其发行收入主要用于“现时交易”的融资需求，则其发行可以免于向 SEC 注册登记。这也是美国商业票据期限通常都小于 270 天的一个重要原因。

此外，美国 1933 年《证券法》第三节 A 条第 2 款还规定，由银行发行或其承担保证的证券发行可以免于向 SEC 注册登记。美联储规定，符合一定条件的，期限在 90 天以内的商业票据可以作为美联储（FED）贴现窗口融资的抵押品。可见美国允许并鼓励商业信用支持的票据发行，同时提供了许多基础制度便利其二级市场流通。

此外美国还有许多法案也会涉及商业票据的内容，如 1940 年的《投资公司法》中对机构投资者只能投资“合格票据”的规定，2002 年的《萨班斯—奥克斯利法》对审计披露信息的要求，2010 年《多德—弗兰克法案》扩大了美联储的监管范围等。正是这些法案的不断增加和修改，使得美国的商业票据法律体系日趋完善。

第三节　英国票据市场发展实践

本节主要介绍英国票据市场，分为两部分。第一部分介绍英国票据市场规模情况，英国票据市场历史最为悠久，商业票据是英国企业主要的融资来源。第二部分介绍了英国票据市场的交易机制和参与者。英国票据市场由商人银行、票据贴现行、商业银行、清算银行、证券经纪商号以及英格兰银行等机构组成，其中又以票据贴现行为核心。该部分对各主要参与者都进行了介绍，并重点介绍了商人银行和票据贴现行的情况。

一、英国票据市场规模情况

英国的票据市场是全球范围内建立时间最早、历史最为悠久的票据市场，早在 1913 年美联储成立之时，英国伦敦就一直活跃着票据交易。在英国，票据市场其涵盖范围较广，基本可以等价于货币市场的概念，主要包括国库券、商业票据、政府短期债券以及大额可转让存单等。

为便于与其他国家和地区进行对比，此处也主要考虑英国的商业票据。商业票据在英国企业融资中占有重要的地位，图 6－4 展示了英国 2013 年 1 月至

2017 年 6 月每月居民企业股票、债券和商业票据融资规模情况。从图 6 – 4 可以看到，商业票据占企业融资来源的比例一直保持在 40% ~60% 。

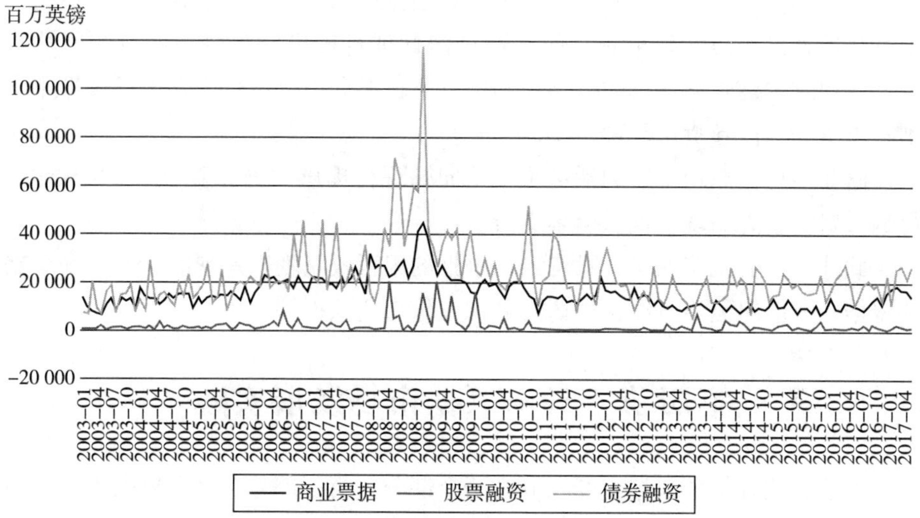

资料来源：英格兰银行。

图 6 – 4　英国主要融资工具发行情况

二、英国票据市场交易机制和参与者

英国票据市场是由商人银行（Merchant bank，票据承兑行）、票据贴现行（Discount House）、商业银行、清算银行、证券经纪商号以及英格兰银行等机构组成，整个票据市场结构以票据贴现行为核心。

商人银行是英国和其他西欧国家特有的一种银行，由于其最早由从事国际贸易的商人演变而来，历史上商人银行最早主要从事商业贷款和投资等业务。英国现代意义上的商人银行其实等价于投资银行，其提供发行管理、资产组合管理、融资解决方案、票据承兑、并购顾问、保险等服务。如巴林银行（Barings Bank，1995 年倒闭）、贝伦贝格银行（Berenberg Bank）、施罗德集团（Schroders plc）等都是较为著名的商人银行。在商业票据市场上，商人银行一方面不断为票据贴现行提供有担保的活期贷款或通知贷款，另一方面也为普通企业提供贷款。

票据贴现行是英国票据市场上的一种特殊机构，其功能类似于日本的短资公司或中国台湾地区的票券金融公司，在票据市场中主要是对票据进行贴现和买卖，以提升票据市场流动性，促进整个短期资金市场的顺利周转。

票据贴现行一方面从清算银行和商业银行等金融机构借入短期资金，为票据进行贴现，另一方面也是英格兰银行和票据市场之间的纽带和中介。英格兰银行并不直接参与贴现市场，而是通过向贴现行提供资金融通的方式间接进行，并通过调整对贴现行的再贴现利率以及在票据市场进行公开市场操作来干预货币市场，传导货币政策。

商业银行在贴现市场的活动主要是向贴现行提供"通知贷款"，并从贴现行购入票据，为贴现行提供资金支持。

此外，需要说明的是，只有经过审批的银行或贴现行贴现的票据才是合格的票据，才能向英格兰银行申请再贴现或作为贷款抵押。

第四节　日本票据市场发展实践

本节介绍日本的票据市场，分为两个部分。第一部分对日本票据市场进行了概述，日本票据市场形成较晚，但发展迅速，主要分为银行承兑汇票和商业票据。因为发行成本较高，日本银行承兑汇票的市场规模一直较小。商业票据在日本又称"期票"，一般由具有高信用等级的大型企业发行。第二部分介绍日本票据市场的交易机制和参与者，在日本有近千家企业可以发行期票，且发行方式也在变化。市场参与者众多，本部分重点介绍了日本最重要的票据机构——短资公司。

一、日本票据市场概述

同英美发达国家相比，日本票据市场起步较晚，形成于20世纪70年代，但发展迅速。日本票据市场分为银行间的票据买卖市场和公开市场的无担保商业票据市场。作为银行间同业拆借市场的补充而出现的票据买卖市场则是在1971年5月才正式诞生。该市场是金融机构专门办理商业票据承兑与贴现、买卖票据、相互融通短期资金的市场。此后票据市场一直是日本极其重要的短期资金融通市场，也是日本中央银行公开市场操作的主要市场。

同美国类似，日本票据市场同样主要包括银行承兑汇票和商业票据。不过商业票据在日本通常称为"期票"，其本质等同于英美等国家的商业票据，也是高信用等级企业为筹措短期资金而发行的短期无担保的本票。企业发行票据之前必须由评级机构确认其具有发行期票资格。

银行承兑汇票市场是1984年日美日元美元委员会报告发表后，为了扩大日元作为国际贸易支付手段作用，于1985年建立的。之后随着金融市场的深化及其他替代融资工具的出现，与其他资金筹措手段相比，银行承兑汇票不仅要支付银行利率，还要支付手续费和印花税，筹措成本较高，对进出口商没有吸引力，而对银行来说，与其他再融通手段相比，也并不十分有利。因此，日本银行承兑汇票市场的规模一直非常小。

日本期票市场创建于1987年，在这个市场上，高信用等级的大型企业通过发行期票筹集短期资金，大部分情况下通过证券公司等金融机构进行承销，一般要求发行期票的公司必须是上市公司中有资格发行信用公司债或者一般担保公司债的企业。期票虽然是无担保票据，但在发行时原则上需要有规定的信贷额或金融机构的保证。

与美国不同，1998年之前日本不存在直接发行，所有期票必须通过银行或证券公司等承销机构进行对外销售。1998年日本商业票据的发行方式改革，引入了直接发行方式。

二、日本票据市场交易机制和参与者

如上所述，在日本，期票并不是任何企业都能发行的，只有满足一定条件的企业才能够发行，目前日本能够发行的企业近千家。获得发行的期票通常具有如下特点：（1）期限通常为1~6个月；（2）以贴现方式发行；（3）利率比照大额存单水平确定；（4）面额为1亿日元以上；（5）只能向合格的机构投资者发行，不以个人为发行对象。

此后日本票据发行要求不断变化，其中两个重要的变化：一是期限放宽到最长1年，二是引入直接发行方式。

日本票据市场的主要参与者包括各类银行、信用金库、农村系统金融机构、证券公司以及短资公司等。而其中最为重要的票据中介是日本的短资公司（Tanshi Companies），短资公司是银行兼营模式下发展出来的，是大藏省指定设立的从事短期资金融通的专业机构，业务包括短期资金的借贷、票据贴现以及国库券买卖等。通过票据市场的贴现和买卖，日本短资公司促进了整个社会短期资金的融通，其在票据市场上的作用与英国的票据贴现行以及中国台湾地区的票券金融公司非常类似。

日本主要的短资公司有日本东京短资公司、上田短资公司、日本贴现短资公司、山根短资公司、八木短资公司、中央短资公司以及名古屋短资公司等。

日本银行作为金融市场的最后贷款人，同时为了执行和传导货币政策，往往通过短资公司进行公开市场操作。因此，通过与短资公司交易，日本银行利用票据，达到了调节金融市场短期资金供需关系的目的。日本票据交易的中心位于东京，占到日本票据交易的绝大部分。

第五节　中国台湾地区票据市场发展实践

本节介绍中国台湾地区的票据市场，分两部分。第一部分介绍台湾地区票据市场的发展情况。从 1973 年台湾“中央银行”首次发行乙种国库券开始，通过台湾“央行”和“财政部”的推动，台湾地区货币市场逐步建立。到 2003 年，包括银行和证券公司都陆续被准予进入市场兼营票券业务。在台湾，商业本票是票据市场最主要的品种。第二部分介绍了台湾地区票据市场体系和参与者。台湾票券市场主体由融资方、筹资方与中介机构三部分构成，其中票券交易商是对接资金供求的中介。台湾的票券交易商分为专营与兼营两类，该部分重点介绍了台湾的专营票券交易商——票券金融公司。

一、台湾地区票据市场发展概述

1971 年之前台湾地区以传统的公营银行体系为主，随着经济发展由进口替代转型为出口扩张，外汇存底快速累积货币供给额攀升，通货膨胀问题日趋严峻，1973 年台湾“中央银行”首次发行乙种国库券。此后，台湾“央行”和“财政部”联合推动银行发行银行承兑汇票、可转让定期存单，鼓励企业发行商业本票，货币市场逐步建立。

1975 年 12 月随着“《短期票券交易商管理规则》”的公布，由台湾银行、中国国际商业银行、交通银行分别筹备成立中兴、国际及中华 3 家票券金融公司。

1992 年 5 月起，分两阶段逐步开放银行办理票券金融业务。第一阶段首先开放兼营短期票券经纪、自营业务。1993 年 10 月，“《票券商业务管理办法》”发布，将兼营票券业务的银行与专营票券业务的票券金融公司均纳入该办法管理。

1994 年 8 月“《票券商业务管理办法》”修订为“《票券商管理办法》”，增加设立票券金融公司的相关规定。1995 年进一步开放银行办理短期票券签证与承销业务，并核准票券金融公司开办政府债券自营与经纪业务。1995 年修订“《票券商管理办法》”，允许票券商扩大营业项目。另外，随着货币市场的快速发展，为了落实对票券商的监督和管理，2001 年颁布“《票券金融管理法》”，票券市场法律法规体系取得进一步完善。

2003 年台湾地区进一步开放了证券公司兼营票券业务，票券市场的造市力量不断扩大，包括银行和证券公司都陆续被准予进入市场兼营票券业务。

与英国市场类似，在中国台湾，票据市场基本等价于货币市场，主要包括：商业本票、银行承兑汇票、国库券以及可转让定期存单等。其中商业本票是票券市场的主要产品，商业本票又进一步包括交易性商业本票和融资性商业本票。

2013 年台湾票据市场融资性商业本票的发行金额达到 8.8 万亿新台币，占比高达九成。图 6－5 和图 6－6 分别展示了历年台湾地区票券市场不同类别工具的余额规模和当年发行规模情况。

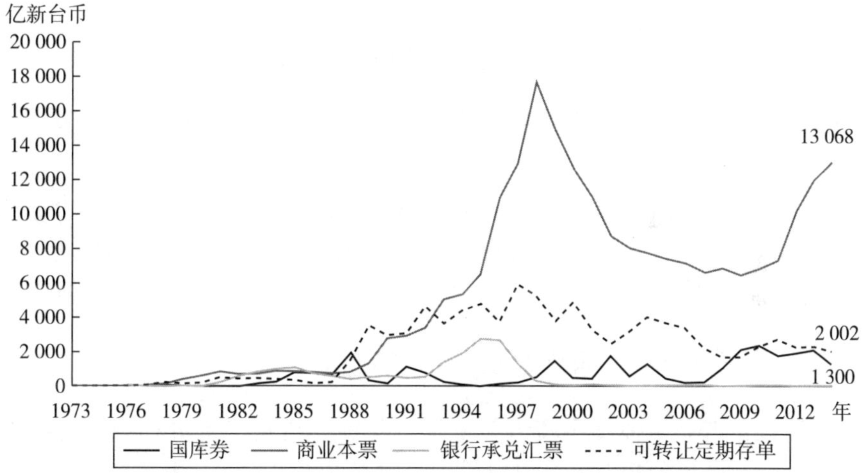

数据来源：Wind。

图 6－5　中国台湾地区票券市场历年未偿付余额情况

从图 6－5 和图 6－6 可以看到，从票据市场建立以来，台湾地区的票据余额和发行量就一直保持了较高速度的增长。1998 年，票据市场发行量和累计余额同时达到历史高点，分别为 11.3 万亿新台币和 2.39 万亿新台币，而商业本票占比分别达到 84% 和 74%。1998 年之后，受亚洲金融危机以及中央票券和宏福票券支付危机的影响，台湾地区票券市场，乃至整个金融市场都受到较大冲击，票据市场规模锐减，最低时票据市场余额只有 9 097 亿新台币（2008

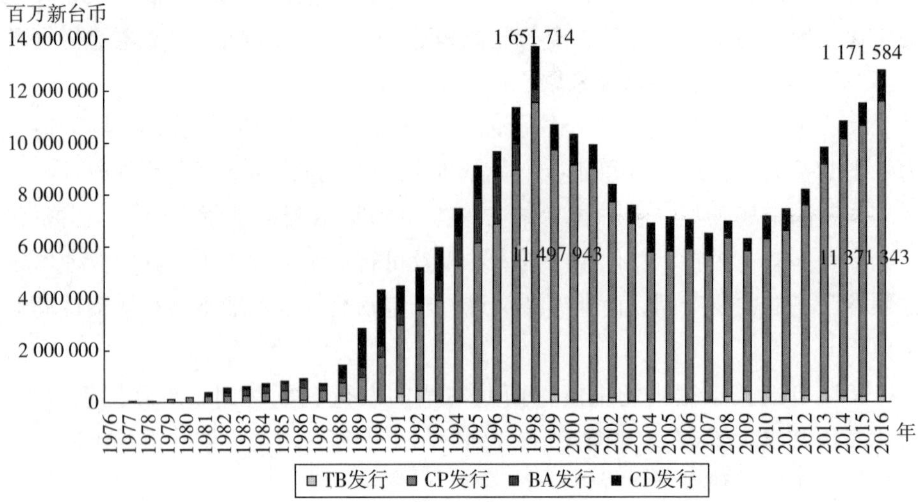

数据来源：台湾票券金融商业同业公会。

图 6－6　中国台湾地区票券市场历年发行情况

年 11 月）。此后规模开始恢复，2014 年末台湾地区票据市场余额为 1.7 万亿新台币。

其实商业本票占到整个台湾票券市场的比重一直维持在 80% 上下。截至 2014 年末，台湾地区商业本票余额高达 1.3 万亿新台币，而国库券加上可转让定期存单的余额才只有 3.3 千亿新台币，银行承兑汇票则几乎可以忽略不计。

二、台湾地区票据市场体系和参与者

台湾票券市场主体由融资方、筹资方与中介机构三部分构成。台湾的企业、居民、金融机构和政府既可以作为投资者又可以作为筹资方参与票据市场交易。票券交易商是对接资金供求的中介。台湾票券市场体系可以用图 6－7 来描述。

台湾的票券交易商分为专营与兼营两类，专营票券交易商专指票券金融公司，兼营票券交易商包括获得许可的银行和证券公司。

从台湾票券市场的发展历程来看，专营票据业务的票券金融公司发挥了重要的作用，票券金融公司是台湾票券市场的主要中介机构，资金供求双方通过其达成票券交易，实现短期资金融通。

台湾票券金融公司基本都是由商业银行以及大型集团共同出资设立的，主

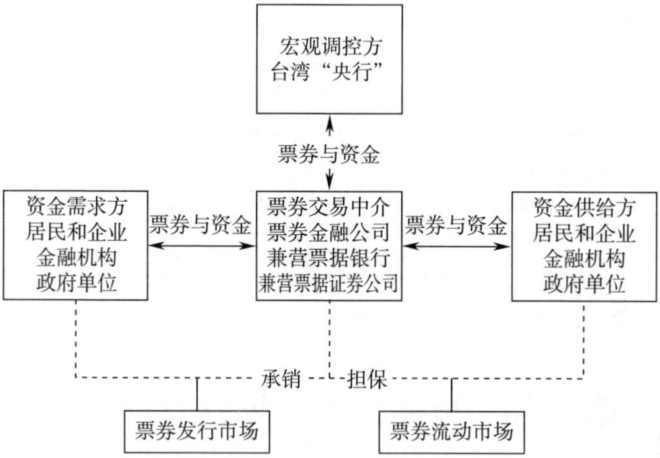

图 6－7 中国台湾地区票券市场体系

要业务是票据贴现和买卖。截至 2016 年末，台湾票券中介机构共计有 8 家票券金融公司专营票券业务，以及 40 家银行和 4 家证券公司兼营票券业务。最高时期台湾地区有 16 家专营票券业务的金融公司，具体名单参见表 6－4。目前兆丰票券规模最大，截至 2016 年末，兆丰票券总资产达到 2 643 亿新台币。

表 6－4 中国台湾地区票券专营金融公司名单

序号	名称	其他说明
仍然存在的票券金融公司		
1	兆丰票券金融股份有限公司	2006 年由中兴票券更名而来
2	国际票券金融股份有限公司	
3	中华票券金融股份有限公司	
4	大中票券金融股份有限公司	
5	台湾票券金融股份有限公司	1999 年由宏富票券更名而来
6	万通票券金融股份有限公司	
7	大庆票券金融股份有限公司	
8	合作金库票券金融股份有限公司	2008 年由力华票券更名而来
因合并已不单独存在的票券金融公司		
9	联邦票券金融公司	2010 年并入银行
10	玉山票券金融公司	2006 年并入玉山银行
11	中国信托票券金融公司	2008 年并入银行

续表

序号	名称	其他说明
12	华南票券金融公司	2003 年由中央票券更名而来，2008 年并入银行
13	富邦票券金融公司	2006 年并入富邦银行
14	台新票券金融公司	2011 年并入银行
15	大众票券金融公司	2001 年并入大众银行
16	万泰票券	2002 年并入万泰银行

资料来源：台湾票券金融商业同业公会。

第六节　境外票据市场特点及启示

本节分为两个部分，第一部分总结境外票据市场的特点，第二部分则阐述境外票据市场发展对我国票据市场发展的启示。第一部分通过对前五节内容的总结，发现境外票据市场发展具有交易工具丰富且融资性商业票据占主导、市场参与主体广泛、信用体系和评级制度完善、交易结构完善等特点。第二部分进而总结了对我国票据市场发展的启示，包括丰富票据种类并开放融资性票据、多元化参与主体、发展信用体系和建立评级制度、打通货币市场的各子市场、规范发展票据中介等。

一、境外票据市场的特点

从本章前五节关于欧美（美国和英国）以及亚太地区（日本和中国台湾地区）票据市场发展情况可以发现，从票据市场结构来看，票据市场的发展可以分为兼营模式（美国）和专营模型（英国的贴现行、日本的短资公司以及中国台湾的票券金融公司）。无论何种票据经营模式，它们都有很多共性值得我国借鉴和学习，相对于我国现有的票据市场而言，境外票据市场的发展具有如下几个特点。

（一）交易工具丰富，融资性商业票据占有重要地位

我国自改革开放建立票据市场以来，一直以《票据法》的定义来界定票据市场工具，即包括本票、支票和汇票，而其中主要将企业签发的用于结算的票据看作是商业票据，即通常所说的商业汇票，其中又以银行承兑汇票为主。将该票据签发和流通的市场看作是商业票据市场。事实上，我国的商业票据与

境外的商业票据是有着本质区别的。

从前五节可以看到，无论是美国和英国，还是日本和中国台湾地区，票据市场上一个重要的工具都是商业票据，而这些国家和地区的商业票据实质上就是一种短期的无担保融资工具，一般由信誉好、实力雄厚的大公司和金融机构通过货币市场发行。

我国票据（主要是银行承兑汇票）的签发需要以真实交易为基础，而其他国家和地区商业票据的发行是不需要以真实交易为基础的，是一种纯粹的融资性票据，如果此种工具被界定为票据的话，在我国是被法律禁止的。

（二）票据市场参与主体广泛，多数有票据专营机构

如前五节所述，境外有代表的票据市场其市场参与者都非常广泛，例如，在美国，一方面发行人既包括大型非金融企业和 ABS 发行人，亦包括商业银行、外国金融类企业、融资公司等金融机构。另一方面商业票据购买主体多来自于银行、非金融企业、投资公司、养老基金以及个人等。

在英国、日本和中国台湾地区都一直存在着票据专营公司，且在整个票据市场起到了桥梁和中心的作用，例如，英国的票据贴现行、日本的短资公司以及中国台湾的票券金融公司等。票据专营机构的存在促进了商业票据市场健康有序地发展，提高了票据市场的运行周转效率。

在我国，票据市场的贴现和转贴现主体都是商业银行，而票据贴现和贷款具有一定替代，加之票据监管处于相对宽松和灰色地带，由此导致商业银行在需要时常常利用商业汇票来调节存贷规模，达到消规模的目的。

（三）商业信用体系和评级制度较为完善

与银行承兑汇票不同，商业票据的发行，背后本质上是基于大型企业和金融机构的商业信用，而银行承兑汇票则是基于真实交易，最后本质上由银行信用作为兜底。

因此，商业票据的发行与流通，是建立在完善、健全的商业信用体系之上的，只有这样才能保证和维护整个商业票据市场的正常流转和合理定价。商业信用的价值最后反映在合格的信用评级机构给予商业票据的信用评级。评级机构的评级是投资者是否持有以及以何种价格持有商业票据的关键。

例如依据美国 SEC 1940 年的《投资公司法案》Rule 2a－7 规定，只有属于 1 类和 2 类的证券才是货币市场基金可以投资的合格投资品种，而货币市场基金又是美国票据市场投资者的绝对主力。因此美国票据市场达不到 2 类以上

的票据几乎不可能成功发行。

（四）市场交易结构完善、开放程度高，有利于形成定价中枢

在大多数国家和地区，商业票据同国库券、银行承兑汇票以及可转让定期存单等其他货币市场工具一起构成了大货币市场体系。票据市场呈现出较高的开放性，既有国内大型机构参与，又允许合格的境外投资者参与，贴现利率几乎完全可以由市场供求关系决定。整个货币市场交易工具的定价往往依据类似的基准，活跃和统一的交易有利于更加快速形成市场认同的利率期限结构，有利于新发行工具的合理定价。

以美国为例，美国货币市场主要包括回购市场、商业票据市场、同业拆借市场以及国库券市场，参与者往往可以自由进入不同货币子市场进行交易，而投资者的自由交易和低成本套利活动使得他们一起构成一个统一的大货币市场。

如图6－8是1998年1月1日至2017年7月19日美国三个月AA级非金融企业商业票据与A2/P2级非金融企业商业票据的利差分布图。近20年中，绝大多数情况下该利差分布在100个基点以内，利差中位数为29个基点，平均利差40个基点。

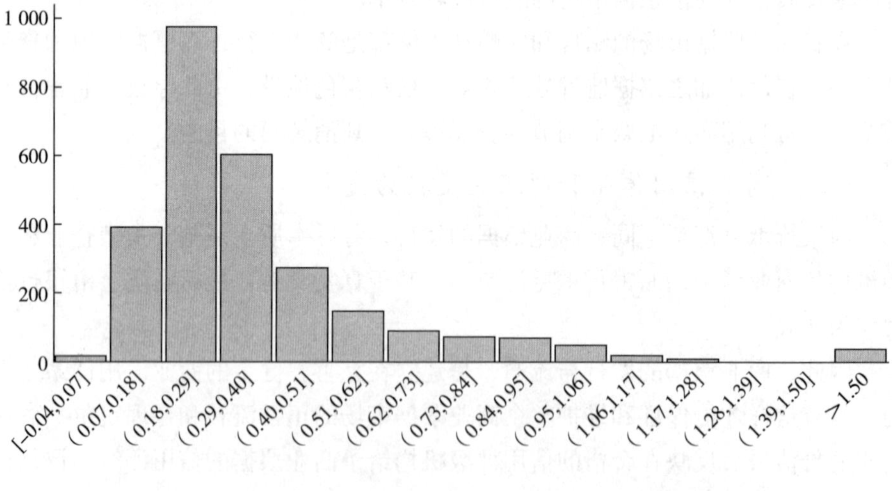

数据来源：Wind。

图6－8 美国三个月AA和A2/P2级非金融企业商业票据利差分布

而目前，我国的货币市场主要包括银行间同业拆借市场、国债回购市场，

票据市场却仍然处于较为分割和分散的状态，当然随着 2016 年 12 月 8 日上海票据交易所的开业运营，票据市场交易会日趋集中化、规范化和电子化。但是票据交易所目前汇集的业务仍然主要着眼于以银行承兑汇票为主的“真实票据”，而且与现有的其他货币市场工具的交易场所是分离的。未来如果票据交易所与银行间市场互通将有利于提升货币市场工具的定价效率。

二、境外票据市场发展对我国票据市场发展的启示

（一）丰富票据工具种类，放开融资性商业票据

受制于现行票据法律法规的约束，我国票据市场以商业汇票为主，其中又以银行承兑汇票为主导，商业承兑汇票仅占非常低的比重。我国《票据法》规定：“票据的签发、取得和转让，应当遵循诚实信用的原则，具有真实的交易关系和债权债务关系。”这一规定从法律上禁止了融资性票据的发展。但融资性票据又的确存在巨大的需求空间，由此导致：一是所签发的银行承兑票背后的交易是虚假的，二是基于虚假贸易不断进行的票据空转。

尽管我国金融体系本质上是有类似于商业票据的金融工具的，即银行间市场存在的非金融企业短融、超短融以及券商短融等。但一方面规模相对较低，仅有银行承兑汇票余额的 20% 左右，另一方面发行的企业绝大多数都是大型国有企业，中小企业被完全拒之门外。

因此，未来我国票据市场的一个重要发展方向就是放开融资性票据发行约束，适时推动中小企业发行资产支持票据和信用支持票据。而且可以发现，从中国人民银行 2016 年 8 月发布的《关于规范和促进电子商业汇票业务发展的通知》（银发〔2016〕224 号）来看，文件提出要增强商业信用，发展电子商业承兑汇票，形式上并不排除“融资性”票据，同时提到“增加电票交易主体、贴现去发票去合同、限制强制签发”等。此外，随着我国特色电票业务的发展及上海票据交易所的成立，未来可以加快创新票据种类，将票据同金融衍生品相结合，如将利率互换应用于票据市场等。

（二）多元化票据市场参与主体，分散票据市场风险

纵观世界各国和地区票据市场参与主体情况，可以发现不同参与主体参与票据市场，其目的和需求不尽相同。而正是由于各参与主体目的的差异性以及需求定位的不同，才进一步激发了票据市场交易的活跃度和流动性。

我国票据市场目前的参与主体主要还是商业银行，而商业银行本身在贷款

业务和票据贴现业务上就天然存在一定矛盾。现阶段我国票据市场银行承兑汇票占绝大多数，而银行承兑汇票背后的支持来源于银行信用，由此导致银行信用的过度利用，大量的商业汇票经过银行承兑，这些风险汇集于银行体系。银行过度的信用利用，不仅对银行体系本身是巨大的风险，而且会增加整个金融市场的系统性风险，不利于票据市场的长远发展。

因此，我国票据市场有必要引入更多元化的参与主体，尤其是机构投资者的参与，包括保险公司、信托公司、基金公司、证券公司等，同时积极培育和发展票据专营公司。

（三）大力发展商业信用体系，建立票据市场评级制度

信用制度是建设商业票据市场的基础，商业信用基础薄弱是制约我国票据市场发展的重要因素。根据国务院下发的《社会信用体系建设规划纲要（2014—2020年）》（国发〔2014〕21号），社会信用体系诚信建设的重点领域包括政务、商务、司法等领域。其中的商务领域信用就是指日常经济活动中，各类机构以及企业之间的商业活动而形成的信用关系。商业信用是社会信用体系建设的重要组成部分。

因此，未来一方面要加强企业信用体系建设，另一方面要努力提升企业公司治理水平，提升企业对自身商业信用的重视程度，学会利用商业信用降低企业融资成本，提升融资效率。

在商业信用体系建立的基础之上，提升我国评级机构对商业票据的分析和评级能力，为市场对商业票据定价提供可靠的评级依据和投资参考。

（四）打通货币市场各子市场，形成统一定价中枢

我国由于种种原因货币市场各子市场被人为分割，形成的利率各异，无法形成有效统一的市场基准利率曲线结构。不同子市场之间的分割严重阻碍了交易信息的共享互通，进而阻碍了资金的自由流动和货币政策的有效传导。所以，未来我国票据市场的发展完善，应当建立在货币市场整体统一一致发展的基础之上，只有实现同一市场资金价格定价中枢一致，才能说是真正实现货币市场一体化，才能通过利率引导资金在各个子市场间有效流动，实现货币市场资金的合理配置，票据市场才可能真正成为最直接反映短期资金价格的有效市场。

随着上海票据交易所的建立，未来票据报价交易、登记托管、清算结算、信息服务等功能都将在票据交易所完成，票据交易所将成为我国票据领域的登

记托管中心、交易中心、创新发展中心、风险防控中心、数据信息研究中心。

但是票据交易所目前针对的票据基本是商业汇票。未来随着融资性商业票据的放开，票据交易所还应该与银行间市场打通，实现信息共享，甚至于将银行间市场中的非金融企业短融、超短融以及券商短融等本质上就是商业票据的金融工具，也划归到票交所系统进行发行和交易，真正实现票据市场的统一，形成统一的票据市场定价中枢。

（五）建立市场准入机制，规范发展票据经纪

国际票据市场，除美国外，都有专业化的票据经纪机构，在英国称为票据贴现行，在日本称为短资公司，在我国的台湾地区则称为票券金融公司。这些经纪机构发挥着市场组织者的作用，在票据市场中经营批发、经纪等业务，便利了票据的发行和流通，活跃了票据市场交易，促进了商业票据市场健康、有序的发展。

实际上，由于制度建设和环境因素，我国票据市场一直存在着无牌的民间票据经纪。尽管法律上的监管空白使得它们的存在有着巨大的风险隐患，但同时也限制了它们的发展壮大。但是，不可否认，我国现阶段银行兼营票据的机构，以及整个票据市场制度建设和基础设施建设还不够完善，导致整个票据市场的流转还不够顺畅，民间票据经纪的存在其实一定程度上对正规票据金融机构是有益的补充，活跃了票据流转，促进了我国票据市场的快速发展。

因此，对于民间票据经纪宜疏不宜堵，我国应鼓励专业化的票据经纪发展，以信息和规模优势，促进票据的跨区域流通，压缩非法民间经纪的地下经营活动空间，为各类票据市场投资者提供专业化的服务，加快资金流动，起到激活市场的做市商的作用。

未来可以考虑探索和建立票据经纪服务机构准入标准，规范发展和培育票据专营公司。与此同时，随着票据专营机构的建立，商业银行应该同时转变在票据市场的定位，努力转变成为票据市场的承销商、推荐商或托管商，为企业发行商业票据提供便利制度和产品设计，甚至是企业整个短期融资解决方案。

第二篇

票 据 业 务

第七章　票据承兑业务

第一节　银行承兑汇票业务

一、银行承兑汇票业务概述

银行承兑汇票承兑业务，是指银行为满足客户基于真实、合法交易产生的支付需求，以约定的、可预见的销售收入和其他合法收入等作为兑付资金来源，对其签发的银行承兑汇票进行承兑的业务。办理银行承兑汇票承兑业务应遵循“严格审查业务背景、综合考虑风险因素、审慎落实还款来源”的原则。

二、银行承兑汇票业务的作用

银行信用的出现使商业信用进一步完善，现代企业信用得到快速发展。银行承兑汇票业务是在银行结算基础上发展的，是以真实贸易交易背景为基础的银行信用活动。作为一种传统通用信用结算支付工具，银行承兑汇票在我国经济活动发展中越来越重要。银行承兑汇票在增强银行服务功能，扩大商业银行的经营活动范围，提高产品附加值竞争力等方面发挥了积极作用，在促进企业发展、市场融通、经济繁荣以及社会信用发展等方面具有重要作用。

1. 有利于丰富企业支付手段，降低财务成本，提高资金效益。企业使用银行承兑汇票，不仅可以灵活支付货款，避免运送大量现金的烦琐，减少风险，还能够有效提高资金使用效率，降低资金使用成本，节约资金运输与使用费用，避免资金的积压。

2. 有利于缓解企业间货款拖欠，维护交易秩序，活跃市场经济。以往，企业之间货款支付以“白条”居多，拖欠情况屡有发生，容易陷入法律纠纷，影响市场经济秩序。而银行承兑汇票具有延期支付功能，期限最长可达一年。同时，根据《票据法》规定，大力发展以真实商品交易为背景的银行承兑汇票，使资金能较好地与商品购销活动在时间上进行匹配，促进资金向实体经济特别是中小企业流通，增强企业活力，从而活跃商品市场交易。

3. 开展银行承兑汇票业务可以降低经营风险，提高资产质量。一方面银行承兑汇票业务是以真实的商品交易为基础的，这种授信方式便于承兑行监督企业的经济行为，避免了贷款授信方式下因企业挪用资金而使银行遭受损失的可能性；二方面由于承兑业务通过票据及承兑协议约束有关当事人的权利和义务，一般来说，承兑申请人大多数都能在汇票到期日之前将票据款项存入承兑行备付；三方面银行经营的风险和它对企业授信的期限、额度上是成正比的，承兑业务授信期限一般一年度，因而被授信的企业在较短的授信期间遭受意外损失或经营风险的可能性大为减少，从这个意义上也降低了银行的信用风险。可见，银行承兑汇票业务作为银行的表外资产业务，它不仅可以增进银行多种经营模式，改变资产结构单一的状况，更可以从总体上提高银行的资产负量，降低经营风险。

4. 有利于提高商业信用，促进企业经营活动发展。长期以来，由于企业的信用观念比较淡薄，相互拖欠货款的现象时有发生，导致企业之间形成“债务链”，致使整个经济活动呈现恶性循环。而银行承兑汇票业务的开展，使信誉程度高的银行信用取代了脆弱的商业信用，债权人的合法权益得到保障，对于债务人（买方企业）而言，则可通过承兑票据的法律关系来约束其行为，促使债务人严格履行责任，有效地避免了商品购销过程中的债务拖欠，把商业信用活动纳入银行信用活动的管理之中。

5. 有利于促进商品流通，加速社会资金的循环和周转。资金只有在不断运动中才能产生效益。由于银行承兑汇票业务是一种银行信用活动，它可以促使商品购销活动的顺利进行。对于卖方来说，其产品的社会价值可以顺利地得到实现，从而可以促进其商品资金向货币资金转化。对于买方来说，它可以顺利地购买到自己所需的产品，从而使货币资金实现向生产资金或商品资金的转化。因此，银行承兑汇票业务的开展有利于促进社会再生产过程中价值运动和实物运动的统一，加快社会资金的周转。

三、银行承兑汇票的业务要求

目前，企业承兑申请人需要具备以下相关条件要求。

（一）承兑申请人的条件

1. 必须是经工商行政管理部门核准注册、依法从事经营活动，并按规定办理纳税登记和年检手续的企事业法人或其他组织。

2. 已在承兑银行开立基本账户或一般存款账户，并有一定结算往来的。

3. 符合国家产业、环保、安全生产等政策和银行信贷政策，生产经营正常，产品质量和服务较好，具有持续经营能力。

4. 资信状况良好，无不良信用记录，具有到期支付汇票金额的可靠资金来源。

5. 具有真实、合法的商品交易关系或债权债务关系，同收款人签订购销贸易合同，并在合同中注明以银行承兑汇票作为结算工具和方式，严禁办理无真实交易背景的票据承兑业务。

6. 与承兑银行有真实的委托付款关系。

7. 申请办理有授信风险敞口的承兑申请人，必须符合银行一般风险授信审批和信用评级条件要求，与银行建立信贷关系，具有一定比例的保证金或提供银行认可的保证人或财产担保。

8. 承兑行要求的其他条件。

（二）申请承兑业务时，要求向开户银行提交下列资料

1. 银行承兑汇票申请书，主要内容包括汇票金额、期限和用途以及承兑申请人承诺汇票到期无条件兑付票款等；

2. “三证合一”证（营业执照、组织机构代码证、税务登记证）或法人执照复印件、法定代表人身份证明；

3. 上年度和当期的资产负债表、损益表和现金流量表；

4. 商品交易合同原件及复印件；

5. 增值税发票原件及复印件；

6. 按规定需要提供担保的，提交保证人有关资料［包括“三证合一”证或法人执照复印件，当期资产负债表、损益表和现金流量表或抵（质）押物的有关资料（包括权属证明、评估报告等）］；

7. 银行要求提供的其他资料。

四、银行承兑汇票业务的承兑特点

1. 承兑业务是一般授信业务、低风险业务、票据业务等多条业务线的延伸和交叉，特点较为综合。

2. 票据承兑业务应纳入客户统一授信管理范畴。

3. 办理承兑通常应收取一定比例的承兑保证金。

4. 不符合信用授信条件的敞口部分必须提供有力的担保，还可以收取敞口承诺费。

5. 对于纸质银行承兑商业汇票，期限最长不得超过 6 个月，对于电子商业汇票，期限最长不得超过 1 年。

6. 必须具有真实、合法的交易背景，需要提供真实的商品交易合同和税务发票。

7. 承兑金额不得超过对应交易项下的应付未付金额。

8. 银行一旦承兑即成为主债务人。

9. 销货方持有的银行承兑汇票可以有 3 种选择：在汇票付款期内可以背书转让，作为支付工具用于购买货物；持有到期后委托银行收款；需要资金时申请质押或贴现。

10. 只用于法人单位之间的交易。

五、银行承兑汇票的业务流程

目前，商业银行一般做法是：

（一）客户提出申请

申请办理银行承兑汇票时，承兑申请人应向开户行提交以下资料：

1. 银行承兑汇票承兑业务申请书。主要内容包括要求办理承兑业务的书面申请报告和申请人及保证人的基本情况介绍、汇票金额、期限和用途，以及承兑申请人对汇票到期无条件支付票款的承诺等。申请书中还应详细说明与收款单位间的商品交易情况、申请原因及到期日资金来源情况。

2. 申请人董事会同意办理信贷业务的证明或具有同等效力的证明文件。

3. 申请人经年检的“三证合一”证（营业执照、组织机构代码证、税务登记证）、法人证照复印件、法定代表人身份证明、公司章程、验资报告等。

4. 申请人上年度和当期的资产负债表、损益表和现金流量表（无法提供财务报表的小企业除外)。成立不到 1 年的企业可提供自成立以来的财务资料。

5. 注明以银行承兑汇票作为结算方式的真实商品交易或服务合同原件及复印件、申请承兑的银行承兑汇票及其税务发票原件及复印件。特定商品需授权经营的，要提供授权证明。购销双方长期合作、有商务协议的，要提供商务协议。

6. 按规定需要提供担保的，提交保证人有关资料（包括“三证合一”证或法人证照复印件以及当期资产负债表、损益表和现金流量表)。以抵（质）押担保方式的，需要提交有关资料（抵（质）押物清单、抵（质）押物权利证书、抵（质）押物评估报告、有权处分人同意抵（质）押的证明文件)。抵押人或出质人为第三人的，必须出具第三人同意抵（质）押的决议或具有同等效力的证明，以及第三人基本资料及其保证人同意保证的有关证明文件(包括保证人同意作连带保证的法人证明书，或具有同等效力的证明和保证人基本资料)。

7. 承兑银行要求提供的其他资料。

对频繁办理银行承兑汇票承兑业务的客户、可适当简化对客户整体经营情况的调查内容，重点分析单笔业务情况。

（二）授信前调查

客户经理收到申请人提交的上述资料后，客户经理开展对申请人的调查，调查的主要内容包括：

1. 申请人生产经营情况（主要是财务状况分析、主要资产负债构成、主营产品结构、收入来源和经营现金流量)、抵（质）押或保证人情况、资信状况（信用等级及是否拖欠银行利息）和支付能力（到期日前是否有足够可靠的资金来源保证票款的支付)。了解客户及其主要股东和高级管理人员的信誉状况、主要关联关系、主业变迁情况。

2. 承兑业务是否有真实的交易背景，商品交易是否合法，是否签订符合《合同法》有关要求的商品交易合同，客户与其合同交易对手（收款人）的业务往来及本笔业务情况。

3. 商品交易合同所载明的商品的交易价格是否与市场价格大致相符，合同要素与承兑申请、申请人经营特点是否相符，合同是否具有真实性。

4. 申请承兑金额与企业的性质、经营范围以及经营状况是否相符。

在认为有必要时，可要求承兑申请人提供有效担保，并调查客户抵（质）押物的权属、价值和变现难易程度以及保证人的资质和能力等情况。此外，对须提供保证金的，还应调查保证金的来源。

为使调查结果尽可能详尽可靠，可采取如下方法：一是仔细审核交易背景资料，对照承兑申请书判断交易背景。对申请人及其担保人、关联企业非财务资料的审核，可重点关注行业背景、产品的市场行情和前景，对申请人及其关联企业财务报表的审核，可重点关注其应付票据规模、应收账款及票据的规模和方向、债务规模、非现金资产科目等指标。二是通过信贷档案和历史记录，调查客户及其集团关联企业客户在银行的历史授信情况。三是对于同一客户连续办理银行承兑业务，将有关合同与以前办理的核对，检查是否为同一合同下重复办理承兑业务。

（三）授信审批

调查完毕后，客户经理应填制银行承兑汇票承兑业务审批表，提出意见报信贷管理部门审批。银行承兑汇票业务纳入统一授信管理。银行承兑汇票业务的审批权限按照各家银行授权文件规定执行。

第二节　商业承兑汇票业务

一、商业承兑汇票业务概述

商业承兑汇票是作为传统结算方式、信用工具和融资手段的票据之中的一种汇票。由商业信用产生的汇票为商业承兑汇票，由银行信用产生的汇票为银行承兑汇票。中国人民银行 1997 年 9 月 19 日印发的《支付结算办法》第七十三条规定，商业汇票分商业承兑汇票和银行承兑汇票。商业承兑汇票由银行以外的付款人承兑。因此，商业承兑汇票可以定义为法人以及其他组织签发的，银行以外的付款人承兑的，由付款人在指定日期无条件支付确定的金额给收款人或者持票人的票据。商业承兑汇票是建立在商业信用基础上的信用支付工具，具有权利义务明确、可约期付款、可转让贴现等特点。

二、商业承兑汇票业务的作用

商业承兑汇票作为一种传统通用信用支付工具，在我国经济活动发展中越来越重要。开展商业承兑汇票业务在促进企业发展、银行经营、市场流通、经济繁荣以及社会信用发展等方面具有重要作用。

1. 有利于促进银行信用和企业商业信用的有机结合，加快资金融通，缓解融资矛盾。商业承兑汇票与银行承兑汇票相比，其签发和流转都是依靠企业的商业信用，采用票据支付的企业可获得延期支付的信用，从而获得一定期限内的资金融通，而收款企业可以通过银行贴现提前获取资金。尤其是一些银行推出的商业承兑汇票保贴业务，能在银行给予企业授信额度范围内予以保证贴现，使商业承兑汇票将商业信用与银行信用有效结合，增强了其流动性，有效缓解了中小企业融资难的问题。

2. 有利于促进商业信用票据化，丰富票据市场工具，促进票据市场发展。目前，银行承兑汇票广泛使用，但其融资方式不仅占用银行的经济资本，也对资本充足率较低的商业银行具有较大的压力。票据业务发展过多地依赖于银行信用，票据风险过分集中于商业银行，不利于票据市场的发展和金融市场的风险控制。发展商业承兑汇票业务，不仅可以改善目前单一银行承兑汇票的现状，使票据工具多元化发展，而且能够有效地推动企业之间的直接融资，促进企业利用自身商业信用融资，减轻商业银行的承兑信用风险和承兑压力，为票据市场的发展注入更多活力。

3. 有利于完善货币政策传导机制，促进利率市场化，改善宏观金融调控。由于票据市场是直接作用于实体经济的货币市场子市场，商业承兑汇票不仅能增加商业银行的高流动性资产，改善金融服务手段，还能直接扩大企业融资，增加企业融资总量。同时，央行可以通过票据市场进行再贴现操作，从而增强货币工具选择的灵活性，并促进利率市场化。发展商业承兑汇票，既能促进票据完善和货币市场的深化，也为提高公开市场操作的政策效果创造了条件，有助于金融调控的灵活性和时效性。

4. 有利于建立和完善良好的信用机制，增强社会信用意识，提高社会信用程度。商业汇票作为一种有价证券，对收款人而言是一种债权凭证，对付款人而言是一种债务凭证，所有票据当事人都必须依法行使票据权利，依法履行票据责任。商业承兑汇票对企业信用提出了更高的要求，一家企业诚实守信，其签发的商业承兑汇票在市场上就会被广泛接受。商业承兑汇票的发展使企业依赖商业信用行为，促进企业规范信用行为，建立诚实守信的市场环境，对于市场主体增强信用观念和完善社会信用制度都将发挥积极的促进作用。

三、商业承兑汇票的业务要求

汇票承兑人须具备的条件：

（1）银行开立结算账户、资信状况优良、产供销关系稳定。

（2）信用等级在AA级（含）以上。

客户需要银行为其承兑的汇票提供贴现服务的，应向其开户行提出申请，并提供以下资料：

基本情况说明，包括基本生产经营情况、产供销情况、主要客户关系和结算方式、办理汇票业务的主要用途以及汇票的计划使用规模等；

注册登记或批准成立的有关文件及其最新年检证明、法人代码证、税务登记证、贷款卡；

近3年年度和最近一期经依法成立的中介机构审计的资产负债表、损益表、现金流量表等财务报表（成立不到3年的，提供成立以来的年度和最近期财务报表）；

银行要求提供的其他资料。

第八章　票据贴现业务

第一节　票据贴现业务概述

贴现是票据的收款人或被背书人，在票据到期之前，为获得现款，将未到期的商业汇票经过背书后，向银行贴付一定的利息，而把商业汇票的债权转让给银行的一种票据转让行为。票据贴现是融通资金的方式之一。银行按照国家的产业政策和信贷政策，经过审查同意后，即以票面金额扣除从贴现日起到汇票到期日止的利息后的票款，付给申请贴现的收款人。

一、贴现业务的作用

商业银行办理票据贴现，虽然与一般性贷款一样，都是银行向企业融通资金的一种行为，但两者对银行的经营却有着不同的影响。其一，两者在到期款项收回时的决定权不同。一般性贷款到期时，商业银行在款项的收回上往往处于被动地位，即贷款能否按期足额收回不是取决于银行自身，而是取决于企业。而票据贴现由于收款人或被背书人在取得贴现资金时即转让了票据，商业银行在办理贴现放款时即成了票据的被背书人，拥有该笔票据款项到期无条件收回的权利，因而，银行在票据贴现款的收回上占有主动权。其二，两者的风险度不同，掌握的松紧程度也不同。一般性贷款由于风险度较高，发放时必须审查借款人的资格、信誉程度，应具备的基本条件以及必须符合的基本要求，而且一般还要担保，手续比较烦琐，放款的掌握控制较为严格。而票据贴现风险较低，办理贴现时主要是审查票据的合法性以及贴现申请人的一些基本条件，手续相对简便，掌控较为宽松。正因为票据贴现不同于一般性贷款，因而，在商业银行经营管理中具有十分重要的作用，主要表现在以下几个方面。

（一）有利于调整信贷结构，提高资产质量

有利于实现商业银行资产的多元化。商业银行资产的多元化，是商业银行规避经营风险，提高效益的要求。商业银行除办理信用贷款外，还可以进行各类资产投资、票据贴现、抵押放款、担保贷款等形式，实现资产的多元化。而票据贴现是实现资产多元化的一个重要形式。

（二）有利于提高资产的流动性，拓宽融资渠道，平衡信贷资金

商业银行及其分支机构每天的信贷资金余缺情况不同，就存款方面而言，销货款的集中回笼，其他外来资金的增加，都能引起存款的增长；反之又能引起存款的下降。从贷款方面而论，企业对贷款的需求受季节性因素的影响，必然会出现信贷资金的余缺。在没有提供资金流动场所特别是在同业投资受到限制情况下，为有效地提高信贷金的使用效率，必须大力发展票据贴现。正因为票据贴现具有流动性，因而，拥有一定量的贴现票据对于平衡信贷资金、信贷规模，调节资金头寸具有十分重要的作用。当信贷资金头寸规模紧张时，即可以通过转贴现的形式，抛出票据，取得资金，降低已使用的规模；而当信贷资金头寸或规模比较宽裕时，又可以以贴现的形式取得票据，提高资产的流动性。因此，票据贴现俨然成为商业银行平衡和融通资金的一种有效手段。

（三）有利于提高销售资金抵用率，加速企业资金周转

银行贴现业务的开展，解决了企业拥有的银行承兑汇票只能持有不能变现的矛盾，大大促进了商业信用票据化程度，保证了货款的按时回笼。企业在生产和经营过程中，由于受宏观经济形势支付能力的影响，购销双方的商品交易不一定都能够采取现款结算的方式。对购方而言，它可以通过向银行申请签发银行承兑汇票，并以给付销货方银行承兑汇票的方式，实现在没有现款支付的情况下，获取所需物品的目的。对销货方而言，不拘于现款结算，而通过以银行承兑汇票方式进行结算，不但促进了企业生产经营和销售，而且取得的银行承兑汇票又可以通过贴现的方式加以变现，大大降低了企业应收账款的比例，提高了企业销售资金的抵用率，加速了企业资金的周转。

（四）有利于降低生产成本，提高经济效益

银行承兑汇票可贴现的功能，促进了银行承兑汇票的推广和使用。对购货方而言，由于以银行承兑汇票方式代替现款结算，大大降低了其生产经营环节

的资金成本。对销货方面言，银行承兑汇票的贴现功能既促进了销售，又能及时取得生产经营所必需的资金。且由于票据贴现利率市场化，直接降低了企业的融资综合成本。

（五）有利于缓解企业资金紧张的矛盾，规范企业间的信用

长期以来，企业间相互拖欠资金的矛盾已成为制约经济发展的一大障碍。究其原因一方面是企业信用观念淡薄，拖欠有理、拖欠有利的思想作祟，另一方面，企业资金紧张的矛盾难以缓解。银行承兑汇票业务的开办，消除了销货方取得票据不能及时变现的矛盾，缓解了购销双方资金紧张的矛盾，同时，也有利于把无约束的商业信用行为变为一定期限的有约束的票据信用，实现商业信用票据化，规范了企业间的信用活动。

二、票据贴现业务要求

（一）办理贴现业务的要求

（1）贴现对象，即贴现的申请人，必须是具有法人资格或实行独立核算，在申请贴现的商业银行开设账户，并依法从事经营活动的经济单位。

（2）贴现银行：办理贴现的金融机构必须加入人民银行大额支付清算系统，并且内部管理完善，制度健全。

（3）贴现投向：贴现资金的投向必须符合国家产业政策和信贷政策。

（4）贴现期限：从贴现之日起到汇票到期日止，不超过 1 年。

（5）贴现额：不能大于银行承兑汇票票面金额。

（6）贴现利率：贴现基准利率由 Shibor + 点数。Shibor 报价是由 18 家商业银行发布的。

（二）办理贴现业务时应审查下列资料

1. 申请人营业执照副本原件或正本复印件、企业代码证复印件（首次办理业务时提供）。

要求：判断贴现申请人是否具有真实法人或法人授权经营的资格，营业执照及企业代码证是否已过时效，注册资本与商业汇票、合同金领及财务报表是否相适应。

2. 经办人授权申办委托书。

要求：经办人授权申办委托书加盖公章及法定代表人私章，代理人已签章。

3. 经办人身份证原件及经办人、法定代表人身份证复印件，经办人工作证（或提供介绍信）。

要求：首次办理业务时应提供经办人工作证并复印留存（或提供介绍信），日后在经办人无变化的情况下，无须提供，但在档案中应注明工作证留存的交易批次号，在经办人变化的情况下仍应提供。法定代表身份证复印件上姓名与申办委托书、贴现申请书及贴现协议上的签章一致；经办人身份证姓名与申办委托书一致。

4. 贷款卡（原件或复印件）及其密码。

要求：通过“银行信贷登记咨询系统”查询企业概况、贷款卡的状态和贴现申请人的情况。贷款卡状态必须有效，对贷款卡无效、被注销、暂停或不能提供者，不得办理贴现业务。

三、票据贴现业务的特点

对银行而言，银行承兑汇票贴现与银行一般性质的贷款业务一样，都是银行的授信业务，是银行的资金运用。对企业而言，都是从银行取得所需资金。但是，银行承兑汇票贴现是以银行承兑汇票为对象，而一般性的贷款则是以借款人为对象，因此，银行承兑汇票贴现有着不同于银行一般性贷款的特点。

（一）银行承兑汇票贴现是一种票据的交易行为

银行承兑汇票贴现是以票据形式的货币索取权转换为现实的货币，实质上是未到期的票据提前实现兑现。从办理贴现的银行来说，相当于发放一笔以商品交易为基础的自偿性贷款，是把已经发生的商业信用转化为银行信用。马克思指出：“开出汇票是把商品转化为一种形式的信用货币，而汇票贴现是把这种信用货币转化为另一种信用货币即银行券。”票据贴现“只是促成货币索取权由一种形式转化为另一种形式，或转化为现实的货币”。恩格斯则更明确地指出：“汇票贴现，只是一种纯粹的买卖。汇票通过背书转为银行所有，货币则转为顾客所有，顾客方面已没有偿还的问题。如果顾客方面用一张汇票或类似的信用工具来购买现款，那么，这就像他所用其他商品如棉花、铁、谷物来购买现款一样。”因此，只要银行承兑汇票是以现实的商品交易为基础，贴现则是原有信用的延伸。

（二）贴现是以票据为对象，涉及多个关系人

银行承兑汇票贴现是以票据为对象，是一种票据的买卖，它不像一般贷款

那样，以借款人为对象或以信用担保或以物品抵押。银行承兑汇票贴现涉及银行、贴现人以及票据上背书的各个关系人，而一般性贷款只涉及银行、借款人及其保证人。

（三）银行承兑汇票贴现期限短，流动性强，变现快

中国人民银行《商业汇票办法》《电子商业汇票管理办法》规定，商业票据纸票期限最长不超过6个月，商业票据电子票据期限最长不超过1年，这就决定了商业汇票贴现贷款的最长期限只能是在1年之内。票据贴现的短期性，有利于提高银行信贷资产的流动性。同时，票据贴现有着不同于一般性贷款的灵活性。银行一般性贷款发放后，一般在贷款到期后才能收回，而票据贴现则不同。作为商业银行持有的票据贴现资产，在其资产流动性不足时，可向人民银行申请再贴现或在商业银行之间转贴现，以使票据贴现资产随时变现，弥补资金头寸的不足，并在月末、季末、年末时点上调节信贷规模。

（四）以银行承兑汇票办理贴现，风险较小

由于银行承兑汇票是由银行承兑，银行负有到期无条件付款的责任，因此，用于办理贴现的银行承兑汇票，一般不存在到期不回票款的问题。正因为银行承兑汇票贴现的风险较小，银行对票据贴现的掌握要比对一般贷款的掌握相对宽松，企业向银行取得贴现贷款比取得信用贷款要容易得多。

第二节　票据贴现业务流程

一、银行承兑汇票贴现业务流程

1. 贴现业务受理

（1）市场营销岗位客户经理根据客户提出的业务类型结合自身的贴现业务政策决定是否接受客户的业务申请。

（2）客户经理依据客户的业务类型、期限、票面情况结合本行制定的相关业务利率向客户作出业务报价。

（3）客户接受业务报价后，客户经理正式受理业务，通知客户准备各项办理业务所需的资料。贴现行对贴现申请人资格及资料进行严格审查，审查重点如下：

①贴现申请人资格的合法性。

②票据是否真实，票面要素是否齐全、有效，背书是否连续，签章是否规范。

③贴现申请人与出票人或直接前手之间是否具有真实的商品、劳务等交易关系，票据交易合同和税收发票的日期、金额等要素是否相互对应。

（4）贴现行清算岗位须向承兑银行办理票据查询。票据查询应采用人民银行同城票据交换、人民银行现代化支付系统、传真和实地查询方式之一或人民银行、总行规定的其他有效查询方式。查询应包括以下内容；

①汇票票面要素是否真实相符。

②他行是否已办理查询和贴现。

③是否挂失止付和公示催告。

对于向贴现行出具具有有效法律效力的风险承诺函并经有权机构批准的优质客户，可在发出有效查询的同时办理贴现业务。

（5）经审查无误，由审查部门提出审查意见，送有权审批人审批。对银行承兑汇票及相关资料应坚持双人审查。收到会计部门提供的承兑人查复信后，市场营销岗位通知贴现企业，持贴现所需的资料和已背书完整的承兑汇票前来办理业务。

（6）首次办理业务的贴现企业，客户经理须带领客户持开户资料（申请主营业执照副本或正本复印件、企业代码证复印件）至本行会计部门办理开户手续。

（7）客户经理检查银行承兑汇票背书是否完整、交易文件和资料是否齐全，审核完毕后陪同客户将银行承兑汇票移交给票据审核岗位；票据审核岗位在核对票据原件和票据收执后，在票据收执上加盖票据收讫章，交由客户保管。

（8）客户经理对客户提供的票据交易文件进行初审，填妥“商业汇票贴现申请审批书”并签字。营销主管进行复审并在审批书中签字确认。如有特殊情况，则需客户经理在特殊事项说明一栏中注明，并由营销主管签字确认。营销主管复审完毕后，客户经理将各项跟单资料移交至风险审核岗位，并办理交接手续。

2. 资金申报。客户经理测算业务资金需求，提前向资金营运部门申报预约资金。

3. 票据审查。票据审核岗位对贴现票据进行票面审查。审查完毕后，及时通知客户经理票据瑕疵情况和退票情况，由客户经理负责与客户进行沟通，商量对瑕疵票据是否出具说明，票据审查岗位在审批书中签字，并在票据系统中审批。

4. 票据交易文件审查。风险审核岗位对票据交易文件和资料进行审查，并对企业贷款卡进行查询。审查完毕后，及时通知客户经理票据跟单资料瑕疵情况和退票情况，由客户经理负责与客户进行沟通，商量对跟单资料瑕疵的处理方法。风险审核岗位在审批书中签字，并在票据系统中审批。

5. 数据录入、贴现凭证制作。由总行确认的特别关注客户信息系统查询员或有权查询人员对拟买入的票据进行“公示控制信息审查系统”“企业信用信息查询系统”等查询。查询无误的情况下，客户经理在票据综合管理系统中录入贴现业务数据，打印制作贴现凭证，并在票据综合管理系统中审批。

6. 复核利息，计算实际划款金额。票据审核岗位剔除因票面因素和跟单资料因素无法办理贴现业务的票据后，对剩余的票据根据交易文件审核后均合格的票据的贴现凭证、经有权人签字确认的申请审批表等进行利息复核，并计算本次业务的实际划款金额。银行承兑汇票的贴现期限是从贴现之日起至汇票到期日止，实付贴现金额按票面金额扣除贴现日至汇票到期前一日的贴现利息计算，承兑人在异地的，贴现期限以及贴现利息的计算应另加 3 天的划款日期，计算完毕后中，票据审核岗位在审批书中签字，并在票据系统中审批。

7. 签批。客户经理将已填写完整的申请审批表交授权签批人或最高签批人（超过签批人授权的）签批，并在票据综合系统中审批。

8. 合同盖章。经审查、审批同意办理贴现的，应与贴现申请人签订“银行承兑汇票贴现协议”。客户经理将已填写完整的贴现协议书连同已签批的申请审批表交风险审核岗位盖章，并办理有关手续。

9. 支付流程。票据审核岗位向客户收回已加盖票据收讫章的票据收执。客户经理将已填写完整并经过最终签批的申请审批表和贴现协议书一并提交清算岗位，清算岗位根据资金调拨通知书填制会计凭证，并向客户划付资金，划付贴现资金时，要认真审查贴现凭证上的贴现申请人名称与银行承兑汇票持票人名称是否一致，贴现资金应通过会计核算系统直接划入贴现协议中指定的贴现申请人账户，严禁使用银行汇票、本票、支票等支付工具划付票据款项。

10. 移交合同。业务办理完毕后，客户经理将已加盖核算事项证明章的贴现凭证第四联和一份已填写完整的交易合同交于客户。

11. 贴现后期管理

（1）贴现行会计结算部门发出委托收款后，应及时通过电话向承兑银行查询是否已签收，如在正常时限内未签收，应立即与邮政部门联系查找。

（2）在已贴现的票据中发现假票、公示催告和纠纷等风险票据，应及时向上级部门报告，同时采取有效的保全措施，保障票据资产安全。

（3）已贴现的银行承兑汇票不慎灭失，会计结算部门应立即向风险管理部告知，并通知承兑银行挂失止付。挂失止付后3日内，应向人民法院申请公示催告，或者向人民法院提起诉讼。

（4）会计结算部门收到拒绝付款的有关证明时，应对拒绝付款的事由进行审查，若拒绝理由不成立，应立即与承兑行联系协商解决。若拒绝理由成立，应向前手背书人追索或采取其他措施保全票据资产。

12. 办理贴现业务需要注意的风险

（1）严格执行票据审验制度，防范伪假票据风险，严格审查银票基本要素及背书，对票面存在微瑕的汇票必须补齐说明后方可办理贴现，严禁买入不符合《票据法》《支付结算办法》规定的票据重点审核流转地域跨度链条长、出票贴现间隔短、贴现金额大、批量银票背书人基本相同、贴现申请人根底不清的银票，必要时还应进行实地检查。

（2）加强对增值税发票真实性的审核。新发生的贴现业务，有条件的分行必须通过当地税务系统（网站、电话等方式）查询增值税发票是否为贴现申请人申领，并与交易合同、银票等资料记载的全部（收付费方、日期等）要素进行核对，防范申请人虚构交易背景；对尚不能通过税务系统查验税票真伪的地区，贴现行须对贴现申请人进行实地调查，审查交易背景真实无误后方可办理。

（3）强化贴现申请人持票逻辑合理性分析。对单张票面金额100万元人民币（含）以上，特别是贴现申请人名称中带有“贸易”“咨询”“科技”“实业”“发展”等字段的汇票，应要求贴现申请人提供其最近年度和季度的财务报告（表），以便对其注册资本、营业收入、经营范围等经营情况与贴现金额的匹配性进行审查，严防申请人虚构交易背景套取、骗取银行资金。

（4）银票贴现资金划付时，贴现行要将贴现凭证所记载的贴现申请人名称、账号、开户行、汇票金额和实付贴现金额等内容与贴现协议记载的信息进行核对，确认无误后将贴现资金通过资金汇划系统转入贴现申请人在银行开立的银行存款账户，并及时通知承兑行。贴现行要认真核对贴现协议与贴现资金划付相关的贴现申请人名称、账号等信息是否一致，确保账务处理的准确性。

二、商业承兑汇票贴现业务流程

1. 承兑行管理

（1）汇票承兑人必须由总行或经总行授权的一级（直属）分行核定汇票承诺贴现专项授信额度。

（2）对符合银行汇票承兑人条件的，开户行须对客户提出的申请和相关资料进行调查，在此基础上综合分析其资信状况、现金流量、产供销情况以及对汇票的需求等，对符合条件的客户合理确定其汇票承诺贴现专项授信额度并提出书面申请，逐级报送至有权审批行审批。确因市场竞争或其他特殊原因无法与客户签署“合作协议”的，可说明原因，申请免签“合作协议”，一并报审批行审批。

（3）有权审批行为客户核定汇票承诺贴现专项授信额度，并将核定的授信额度和有效期录入业务系统，授信有效期内原审批行可根据情况在权限内对汇票承诺贴现专项授信额度进行调整。

（4）签约行根据审批行核定的汇票承诺贴现专项授信额度和有效期与客户签订“合作协议”，并将“合作协议”复印件送承兑人开户行备查。

（5）承兑人应以在开户行预留印鉴作为汇票专用印鉴，并将所承兑的汇票复印件签章后逐笔送交开户行，开户行将复印件签章与承兑人预留印鉴进行核对，经审核一致的保留备查。

2. 贴现业务受理

（1）市场营销岗位客户经理根据客户提出的业务类型结合自身的贴现业务政策决定是否接受客户的业务申请。

（2）客户经理依据客户的业务类型、期限、票面情况结合本行制定的相关业务利率向客户作出业务报价。

（3）客户接受业务报价后，客户经理正式受理业务，通知客户准备各项办理业务所需的资料。贴现行对贴现申请人资格及资料进行严格审查，审查重点如下：

①贴现申请人资格的合法性；

②票据是否真实，票面要素是否齐全、有效，背书是否连续，签章是否规范；

③贴现申请人与其直接前手之间是否具有真实的交易关系和债权债务关系，汇票、交易合同和税务发票的日期、金额等要素是否相互对应；

④申请贴现金额是否超过承兑人汇票承诺贴现专项授信额度余额。

（4）贴现行在办理票据贴现时必须进行查询，并对查询情况逐笔登记查询内容。应包括汇票票面要素是否真实、相符；他行是否已办理查询；是否挂失止付或公示催告。查询的方式可分为两种方式；一种是通过实时清算组系统查询；另一种是在实时清算系统查询的基础上追加实地查询。

通过系统内实时清算系统查询主要是贴现行将汇票的复印件传真至承兑人开户行作为核对依据，并通过实时清算系统向开户行查询。承兑人开户行接到贴现行的查询后，应按照有查必复、复必详尽的要求，认真核对查询内容和传真的汇票，并回复贴现行，同时将事先留存的汇票复印件（或传真件）传真至贴现行供其核验。对已有他行办理查询或已办理挂失止付、公示催告的，应明确提示贴现行。承兑人开户行未从承兑人处取得汇票复印件（或传件）的，应在接到贴现行的查询后与承兑人联系，索取贴现行所查汇票的复件（或传真件），若仍无法取得，开户行应将相关情况及时告知贴现行。

通过系统内实时清算系统查询后，贴现行认为有必要进一步了解汇票情况的，可进行实地查询。实地查询时，贴现行须派双人与贴现申请人至承兑人所在地向承兑人查询相关内容，贴现申请人不愿前往的，应与其办理交接手续，明确责任。实地查询后，贴现行应取得承兑人财务部门填写并加盖预留银行印鉴的查询证实书，其中经核对票面一致的，承兑人在查询证实书上的签章应与汇票“承兑人签章”处的印章一致。

经查询有下列情况之一的，贴现行不得为持票人办理汇票贴现业务；汇票票面要素不真实或有不符点；已办理挂失止付或公示催告。

（5）对审查无误的汇票，由审查部门提出审查意见，送有权审批人审批。对汇票及相关资料应坚持双人审查。

收到会计部门提供的承兑人查复书后，市场营销岗位通知贴现企业，持贴现所需的资料和已背书完整的汇票前来办理业务。

（6）首次办理业务的贴现企业，客户经理需带领其持开户资料（加盖公章的“三证合一”证、人民银行开户许可证等）至本行会计部门办理开户手续。

（7）客户经理检查汇票背书是否完整、交易文件和资料是否齐全；审核完毕后陪同客户将汇票移交给票据审核岗位；票据审核岗位在核对票据原件和票据收执后，在票据收执上加盖票据收讫章，交由客户保管。

（8）客户经理对客户提供的票据交易文件进行初审，客户经理填妥“商业汇票贴现申请审批书”并签字。营销主管进行复审并在审批书中签字确认。如有特殊情况，则需客户经理在特殊事项说明一栏中注明，并由营销主管签字确认。营销主管复审完毕后，客户经理将各项跟单资料移交至风险审核岗位，并办理交接手续。

3. 资金申报。客户经理测算业务资金需求，提前向资金营运部门申报预约资金。

4. 票据审查。票据审核岗位对贴现票据进行票面审查。审查完毕后，及时通知客户经理票据瑕疵情况和退票情况，由客户经理负责与客户进行沟通，商量对瑕疵票据是否出具说明。票据审查岗位在审批书中签字，并在票据系统中审批。

5. 票据交易文件审查。风险审核岗位对票据交易文件和资料进行审查，并对企业贷款卡进行查询。审查完毕后，及时通知客户经理票据跟单资料瑕疵情况和退票情况，由客户经理负责与客户进行沟通，商量对跟单资料瑕疵的处理方法。风险审核岗位在审批书中签字，并在票据综合系统中审批。

6. 数据录入、贴现凭证制作。由总行确认的特别关注客户信息系统查询员或有权查询人员对拟买入的票据进行“公示控制信息审查系统”“企业信用信息查询系统”等查询。查询无误的情况下，客户经理在票据综合管理系统中录入贴现业务数据，打印制作贴现凭证，并在票据综合系统中审批。

7. 复核利息，计算实际划款金额。票据审核岗位剔除因票面因素和跟单资料因素无法办理贴现业务的票据后，对剩余的票据根据交易文件审核后均合格的票据的贴现凭证、经有权人签字日至汇票到期日前二日的贴现利息计算。承兑人在异地的，贴现期限以及贴现利息的计算应另加 3 天的划款日期。计算完毕后，票据审核岗位在审批书中签字，并在票据系统中审批。

8. 签批。客户经理将已填写完整的申请审批表交授权签批人或最高签批人（超过授权签批人授权的）签批，并在票据综合系统中审批。

9. 合同盖章。经审查、审批同意办理贴现的，应与贴现申请人签订“商业承兑汇票贴现协议”。客户经理将已填写完整的贴现协议书连同已签批的申请审批表交审核岗位盖章，并办理有关手续。

10. 支付流程。票据审核岗位向客户收回已加盖票据收讫章的票据收执。客户经理将已经填写完整并经过最终签批的申请审批表和贴现协议书一并提交清算岗位，清算岗位根据资金调拨通知书填制会计凭证，并向客户划付资金。划付贴现资金时，要认真审查贴现凭证上的贴现申请人名称与汇票持票人名称是否一致，贴现资金必须通过实时清算系统划入贴现合同中指定的贴现申请人账户，严禁使用银行汇票、本票等支付工具划付票据款项。

11. 贴现凭证移交。业务办理完毕后，客户经理将已加盖核算事项证明章的贴现凭证第四联和一份已填写完整的交易合同交于客户。

12. 贴现后期管理

（1）贴现后的汇票及汇票档案资料必须按规定保管，建立和完善票据及档案资料的交接登记制度，确保票据及档案的安全。

（2）已贴现的汇票到期，贴现行应按照《支付结算办法》的有关规定将持有的已贴现汇票向汇票上注明的付款人开户银行办理委托收款。贴现行发出委托收款后，应及时向付款人开户银行查询是否已签收，如在正常时限内未签收，应立即与邮政部门联系查找。

（3）承兑人开户行收到贴现行通过委托收款寄来的汇票，应及时通知承兑人兑付票款，和承兑人签署了“合作协议”的，要根据“合作协议”的约定，从承兑人账户中直接扣划相应款项。承兑人不按期付款时，承兑人开户行填制付款人未付票款通知书，连同汇票邮寄贴现行，并积极协助贴现行对承兑人进行追索。

（4）贴现行在收到付款人未付票款通知书后，按照贴现合同约定立即从贴现申请人的存款账户扣收票款，对尚未收回的部分依法向贴现申请人及其前手行使追索权。

（5）承兑人开户行应对承兑人的经营状况、财务状况、货款归行率以及结算账户现金流量等进行日常监控，如发现承兑人有下列情况之一的，需立即通知原授信审批行，授信审批行在业务系统中通过将汇票承诺贴现专项授信额度设置为“0”的方式停办该客户承兑汇票的贴现业务：承兑人不按期兑付汇票款项，或出现贷款逾期、欠息以及表外业务垫款等违约情况；和银行签署了“合作协议”的承兑人出现“合作协议”规定的违约行为，或出现影响按时兑付银行已贴现票据款项的风险因素。

（6）业务停办后，承兑人开户行应尽快将对承兑人的分析报告、相关资料及处理建议上报原授信审批行，原授信审批行在承兑人开户行上报资料的基础上对承兑人的整体情况进行综合分析。决定调减或恢复承兑人汇票承诺贴现专项授信额度的，要在业务系统中重新录入授信额度。和银行签署了“合作协议”的，授信审批行根据情况决定是否通知签约行宣告银行已贴现的承兑人承兑的汇票项下的债权提前到期。签约行宣告银行已贴现的承兑人承兑的汇票项下的债权提前到期后，贴现行要通过开户行从承兑人存款账户直接扣收相关票据款项，对尚未收回的部分在开户行配合下进行清收。

（7）贴现行在已贴现票据中发现假票、克隆票或其他票据欺诈行为的，应立即采取有效的资产保全措施，同时按照贴现合同约定直接从贴现申请人存款账户扣收票款，对未收回部分按约定计收利息。

（8）已贴现的汇票不慎灭失，贴现行应立即通知承兑人挂失止付，并在通知挂失止付后3日内向承兑人所在地人民法院申请公示催告，同时将相关情况告知承兑人开户行。挂失止付及公示催告手续按《票据法》《票据管理施办法》《支付结算办法》等法律法规的规定办理。

第九章　票据转贴现业务

企业由于短期资金的需求可以将其持有的未到期汇票向开户银行申请办理贴现，而办理贴现的银行亦可以因为资金运营需求或更高收益的投资需求。利用其持有的企业已贴现票据到短期金融市场进行短期资金融通，这就是商业汇票的转贴现。商业汇票转贴现是金融机构之间融通资金的一种方式，也是商业银行调节资金平衡和保证正常营运的重要手段。

第一节　转贴现业务的基本概念与作用

一、转贴现业务的概念

转贴现是指商业银行在资金或规模不足时，将已贴现且未到期的商业汇票交给其他金融机构给予贴现，以取得资金融通的一种票据行为。通俗来讲，就是一家商业银行持有已贴现而未到期的票据，因业务或规模的需要，为了立即取得资金，将未到期票据向另一家商业银行以贴现的方式转让，从而获得资金。为获得资金而转让票据资产的商业银行为贴出人或出票方，为获得票据资产而付出资金的商业银行为贴入人或资金方。

随着金融市场的发展及票据业务模式的不断创新，目前根据转贴现业务中票据权利是否转移，市场将转贴现业务分为买断式和回购式两种。

（一）买断式转贴现业务

买断式转贴现业务是指资金方买入票据后，票据所有权发生转变，到期由资金方负责托收的票据行为。在传统的纸票业务中，票据转贴现业务的买卖双方需要在线下进行实物交割，根据买断交割地点不同可分为买入地交易和卖出地交易。随着电票业务的发展及上海票据交易所的上线，转贴现票据业务的交易基本上能全部在线上处理，买入地交易和卖出地交易的概念逐渐退出市场，线上交易也进一步防范了交易风险，降低了交易成本。

在买断式转贴现业务中，资金方作为贴入行办理买断式买入业务，要审核票据贴出行有无资格、承兑人是否有授信额度、票据是否有贴现凭证等合法证明以及票据背书材料的真实、齐备等要素，确保交易的合法合理性。贴出行办理卖断式卖出业务，要配合贴入行，按照要求填写并提供相关交易合同、申请审批书等材料，并做好票据交接及资金入账手续。

（二）回购式转贴现业务

回购式转贴现业务是指商业银行出现临时性资金周转困难，需要资金周转而又不希望完全放弃已持有未到期的票据权益时，为解决临时性资金周转困难，将其持有的已经贴现并未到期的票据以不改变票据权利人的方式转让给其他商业银行，确定在未来某一日期购回的融资行为。

在回购式转贴现业务中，资金方办理买入返售式转贴现（逆回购），购买交易对手所持有的未到期的票据，但需要在约定的时间和按约定的价格将该票据再赎回；出票方办理卖出回购式转贴现（正回购），将票据转让给其他商业银行，但是约定在某特定的时间和按约定的价格购回购票据。办理回购式转贴现业务，交易双方都要认真审查交易合同，确保合同与交易内容一致，按照已签订的合同进行票据的交易交割。

商业银行在票据业务操作上，又将回购式转贴现分为质押式回购和买断式回购两种。质押式回购和买断式回购的不同点在于质押式回购在存续期间无法嵌套其他交易品种，买断式回购存续期间还可以再次嵌套质押式回购，可以对标的票据进行二次利用，增强票据市场流动性。

（三）买断式转贴现业务和回购式转贴现业务的区别

1. 二者的根本区别在于交易票据的所有权是否转移。二者均为商业银行转贴现业务，买断式转贴现业务在票据交易后票据的所有权就进行了转移，票据到期后由购买方直接发起托收；回购式转贴现业务在票据交易同时还约定了回购日期，票据所有权不随交易行为而即时转移。

2. 二者的功能有所不同。商业汇票转贴现业务是金融机构之间融通资金的一种方式，也是商业银行调节资金平衡和保证正常营运的重要手段，有利于资金、规模、资产结构的调整，而买断式转贴现业务和回购式转贴现业务二者的功能各有侧重：买断式转贴现业务更能优化商业银行资产结构，调节商业银行信贷规模，而回购式转贴现业务重点解决商业银行资金头寸问题，提高商业银行资金利用率。

3. 二者占用授信有所区别。根据上海票据交易所提供的《票据交易主协议》要求，在票据交易过程中，买断式转贴现业务中的资金方可以占用票据承兑行或直贴行的授信；回购式转贴现业务中的资金方则占用票据承兑行或交易对手行的授信。

二、转贴现业务的作用

转贴现业务是金融市场高度发展的产物，其对商业银行的作用随业务的发展、规模的扩大、金融市场的成熟而逐渐得以发挥。

1. 聚集资金的作用。与单纯的银行间同业拆借相比，转贴现动员资金范围比较广阔，风险较小，方式灵活，可以更及时地满足商业银行的资金需求，具有高度的时效性和选择性。

2. 促进资金横向流通的作用。通过商业汇票的转贴现，在同业间形成了资金运动的纵横交叉，对推进横向经济联系和资金协作是一个巨大促进，从而又促进了资金在商业银行间的横向融通。

3. 高效能运用资金的作用。商业银行转贴现业务的开展使信贷资金能够得到充分的利用，一方面解决了需要办理转贴现银行的资金不足问题，另一方面使资金宽松的银行实现了更多的效益，有利于整个社会资金使用效益的提高。

4. 改善调控手段的作用。商业银行通过办理转贴现调整上、下级机构的信贷资金余缺时，就改变了过去的单一依靠系统内拆借资金进行调控的方法，使上下级行之间的市场经济关系得到了充分体现，下级机构的信用水平也得到了提高，有利于理顺商业银行的整个资金经营关系。

5. 提高备付的作用。转贴现的特点在流动性上表现尤为突出。商业银行在资金不足时，可以随时将已贴现或转贴现的银行承兑汇票向同业申请转贴现，由于流动性强，变化快，因此起到了第二准备金的作用，具有备付功能。

6. 为经济活动提供信息的作用。转贴现是银行同业间的融资活动，其发展规模、利率税票的高低，直接影响到资金的供求状况。商业银行间的融资活动，可以作为国家和人民银行进行金融决策的参考。

7. 促进票据业务发展的作用。票据作为流通证券，它的活力就在于流通，票据的流通质押与市场机制相结合，它的功能才能得到充分发挥，而转贴现就提供了流通渠道和市场。

（一）买断式转贴现业务的作用

1. 提高资产质量，优化信贷结构。商业银行资产的多元化，是商业银行规避经营风险，提高效益的要求。按照商业银行评定资产风险度的一般规定，类似贷款这样的一般性风险业务的风险权重为100%，而转贴现商业汇票的风险权重最高为25%，仅为贷款类业务的1/4。因此，商业汇票是商业银行实现多元化经营的重要内容，并且转贴现业务对于商业银行降低整个信贷资产的风险权重，提高信贷资产质量具有重要的意义。

2. 提高资产流动性，调节信贷规模。票据资产是标准的交易型资产，可以在票据市场快速地、频繁地进行交易。而银行的贷款需求具有不稳定性，受存款起伏变化影响，所以票据转贴现业务对于金融机构调节信贷规模具有非常重要的意义。当信贷规模紧张时，可以通过转贴现形式卖断票据，腾出规模，而当信贷资金头寸或规模比较宽裕时，又可以以转贴现的形式，在市场买入票据，填充规模。

（二）回购式转贴现业务的作用

1. 解决商业银行资金头寸，缓解资金压力。商业银行资金头寸管理非常严格，每日资金业务必须平。商业银行在资金管理中，回购式转贴现业务承担很重要的角色，当商业银行资金紧缺时，可以通过票据卖出回购的形式在市场融得资金。

2. 调节资金结构，降低资金成本。商业银行的每笔资产业务都需要匹配一笔资金，但是不同期限的资金价格不一。一般来说期限越长，资金价格越高。一笔长期限的票据资产，可以通过进行短期卖出回购的业务，从而达到调节资金结构，降低资金成本的目的。

第二节　转贴现业务的要求与流程

一、转贴现业务的要求

转贴现业务实付金额为按汇票票面金额扣除转贴现日至汇票到期日前一日

（节假日顺延）的利息来计算。上海票交所成立之前，纸质商业汇票交易中如承兑人在异地的实付金额计算还需要另加3天的在途日期，上海票交所成立之后以及随着电票系统的发展，票据交易基本上不需要再考虑异地因素。一般商业银行办理转贴现业务的要求有：

1. 交易主体的要求。根据《商业银行法》《票据法》的相关规定，转贴现业务交易主体必须是经人民银行审查批准，并有权经营办理商业汇票业务的金融机构及其分支机构。

2. 交易对象的要求。商业银行办理转贴现业务应该遵循《票据法》《支付结算办法》和中国人民银行的相关规定，转贴现业务的对象为已办理贴现且未到期的商业汇票。

3. 资金方对交易票据的要求。资金方买入票据时都会审慎审查票据的背书是否连续，是否无瑕疵，并根据业务模式的不同查看票据承兑行、直贴行或交易对手行是否在本行授信范围内。

二、转贴现业务的流程

一般商业银行的转贴现业务主要有询价、定价、签订合同、系统操作及资金清算几个业务流程。

1. 询价。询价过程通常由金融机构的交易员根据自身机构的需求在票据二级市场寻找合适的交易对手，商定交易清单、交易金额和利率等具体条件。2017年6月以前，官方的报价平台为人民银行下设网站“中国票据网”，2017年7月1日开始，“中国票据网”停止运营，官方报价平台移至上海票交所系统内。除此之外，主要的业务信息获取方式为微信群、QQ群和一些非官方的报价平台。目前市场上主要的业务交流方式包括微信、电话和QQ，后期将逐步转移至上海票交所平台进行业务交流。

2. 定价。定价是转贴现业务的核心，一般来说，转贴现业务的价格都是由总行票据中心负责人制定。作为转贴现业务定价人员首先应该熟悉票据市场各参与者的业务特点及经营策略，对大型国有银行和绝大部分农商行来讲，买卖票据主要是为了填补信贷规模并多以持票到期为主，偶尔也会出现卖票的情形。对于股份制银行和城商行来讲，主要以快进快出创造利润为目标，其追求的是买卖间的价差。其次应多关注票据市场利率变动，熟知国内当前主要票据交易市场的成交价格和银行间同业拆借价格以及其他货币市场价格。最后应充分运用本行FTP定价，在业务定价中应结合考虑FTP成本。在本行FTP较高时，应提高转贴现买入价格，在本行 FTP 较低时，应降低转贴现买入价格。

3. 交易前材料准备。在确定交易清单及价格后，业务人员首先应审核交易对手的资格限定，确定其是否持有经中国人民银行和中国银保监会核定的金融许可证，是否有上级行或者管理部门完整的授权文件；其次对于有签订合同要求的应严格审核合同要点，防止合同中出现不利于我方的条款；最后应根据交易清单计算出实付金额，提前进行资金头寸预报，做好资金头寸管理。

4. 系统操作及资金清算。在一切准备就绪后就是系统操作及实物票据的交接和审验。票交所上线以前的转贴现业务模式要考虑纸票的交割，可以是贴出方上门送票，抑或是贴入方上门收票，这中间风险很大，主要为票据遗失风险和假票风险。电票业务则是在人民银行 ECDS 电票系统操作，业务的资金清算则包括票款兑付和线下清算两种。票交所上线以后，在全国统一的交易平台票交所内，纸票业务无须实物交割，可直接清单交易，彻底杜绝了 2016 年发生的“克隆票”“一票多卖”等情况，大幅提升了交易效率，减少了交易成本，资金清算方式可选择纯票过户和线上清算两种。

第十章　再贴现业务

第一节　再贴现业务的概念

商业银行通过贴现业务持有未到期票据后，对该票据通常有三种处理方式，一是不再做其他处理，等待票据到期后向承兑人发出托收；二是将票据转让给其他商业银行；三是将票据转让给人民银行。将票据转让给其他商业银行的行为称作转贴现业务，转让给人民银行的行为称作再贴现业务。

再贴现政策是人民银行三大货币政策工具之一，是央行实施宏观调控的重要手段。随着社会主义市场经济的发展和金融体制改革的不断深化，以及多年的实践，再贴现政策作为货币政策工具在控制和调节货币供应量、影响国民经济、实现货币政策的最终目标中起着越来越重要的作用。

一、再贴现业务的含义

再贴现业务是指商业银行或其他金融机构将持有的已贴现但尚未到期的商业汇票向人民银行进行转让，从而获得融资的一种行为。当商业银行资金不足时，除了将已贴现票据向其他金融机构进行转贴现业务外，还可以通过将已贴现票据向人民银行通过再贴现业务取得融资。人民银行则通过再贴现业务买进商业银行持有的票据，从而达到投放货币，扩大货币供应量的目的。再贴现过程实质是商业银行和人民银行间票据转让和资金融通的过程。

二、再贴现业务的特点

1. 再贴现业务是人民银行向商业银行融通资金的一种手段。人民银行向商业银行提供贷款，以弥补商业银行备付金头寸不足或短期资金不足，再贴现业务的增加使得商业银行备付金总量增加，从而达到整个信贷规模扩大和货币供应量增加，而当人民银行收回再贴现，则会导致货币供应量的收缩。

2. 再贴现业务是人民银行传导货币政策意图的一种方式。人民银行能够通过对商业银行贴现票据的选择，重点地对部分行业和企业的承兑汇票进行再贴现，可以达到传导货币政策意图，对商业银行的信贷资金投向起到导向性作用。

3. 再贴现业务是人民银行调节金融市场利率的重要手段。人民银行根据市场利率变动情况，通过调整再贴现利率而对市场利率产生“告示作用”，从而影响商业银行调整对企业的贷款利率。

三、再贴现政策的运用

由于再贴现业务具有较强的政策工具特点，人民银行通过制定相应的再贴现业务政策，从而影响利率市场和货币市场。一般来说，包括如下内容：

1. 调整再贴现利率。当市场利率趋升，高于再贴现利率，商业银行就会增加向人民银行的贴现，这种增加若对控制货币供应量不利时，人民银行就调高再贴现利率，反之，则会降低再贴现利率。

2. 调整再贴现业务对象。人民银行可以对参与再贴现业务的对象进行规定，有的国家仅允许商业银行办理再贴现，有的国家允许除商业银行外的其他金融机构也可以办理再贴现。在我国，早期只允许中国工商银行、中国农业银行、中国银行、中国建设银行和交通银行五家银行办理再贴现业务，而随着金融市场的发展，目前我国允许商业银行和其他金融机构，包括财务公司等向人民银行进行再贴现业务。

3. 调整再贴现业务的资金投放范围。人民银行可以通过规定再贴现资金的用途来调整货币资金流向，如可用于涉农企业或者小微企业等实体经济，而不得用于房地产买卖和投机需求，从而引导商业银行加大对涉农企业和小微企业等实体经济的支持力度。

四、再贴现业务的要求

结合《中国人民银行法》《票据法》《票据管理实施办法》以及《支付结算法》等法律法规，目前中国人民银行对再贴现业务做了一些具体规定及要求。

1. 再贴现的对象是在中国人民银行及其分支行机构开立存款账户的商业银行、政策性银行及其分支机构。对非银行金融机构，须经中国人民银行批准。

2. 申请再贴现的票据必须符合法定要式且经过贴现尚未到期的商业汇票，付款人具有到期兑付的资金能力。

3. 再贴现的投向和利率要符合人民银行结合当期货币政策目标、引导资金投向及调整产业结构而制定的具体要求。

4. 再贴现票据从再贴现之日起到汇票到期日止，纸质票据最长不超过六个月，电子票据最长不超过一年。

五、再贴现业务的作用

再贴现政策作为人民银行的货币政策工具在调节货币供应量，引导信贷资金投向国家支持产业，实施宏观金融调控方面发挥了重要作用。同时再贴现业务在商业银行经营效益的提高和经营机制的转换上起到了积极作用。随着再贴现业务在票交所系统的上线，其政策的传导力度和准度得到了进一步的提升。

（一）对金融市场的作用

1. 传导货币政策。再贴现利率作为央行基准利率之一，其调整起到了告示市场、引导预期的重要作用。再贴现利率的或升或降，预示着货币当局政策走向的或紧或松，与公开市场操作利率、存贷款基准利率的调整一起，互相强化引导公众预期和调节资金供求的政策效果，影响金融市场参与者的经济行为，并直接调节货币供应量。

2. 调节信贷投向，促进产业结构调整。再贴现可以根据国家或地方产业政策的要求，调节商业银行行业信贷投放方向，抑制商业银行对落后产能、受限行业等领域的信用扩张欲望，引导信贷资金理性投放，实现调节社会整体信贷结构的目的。

（二）对商业银行的作用

1. 提高资产流动性，增强资金头寸的统一调度能力。流动性原则是商业银行经营管理必须遵循的基本原则之一。银行资金流动性表现在资产和负债两个方面。资产的流动性要求银行所持有的资产应有较大程度的变现能力。再贴现业务较好地解决了流动性不足的问题，再贴现业务申请简单，期限通常以短期为主，可以很大程度增强资金的流动性，提高资金使用率。

2. 降低融资成本，提高经营效益。商业银行经营的最终目的是获得最佳经营效益。一方面，商业银行在办理再贴现时，贷款利息扣收在前，票据到期收回本金，可以有效防止企业欠息情况的发生。另一方面，商业银行将已贴现的票据申请办理再贴现，其再贴现利率低于贴现利率。如此不仅解决了临时头寸问题，还降低了融资成本。

第二节　再贴现业务的办理

再贴现业务的办理分为申请、审批、放款和到期还款四个环节。具体操作如下。

一、再贴现业务的申请

商业银行或者其地市行票据主办部门向人民银行资金计划部门填报申请清单，内容包括：申报单位、票据承兑银行、票据贴现利率、票据签发日期、申请再贴现金额、票据到期日、票据号码等。

当地人民银行资金计划部门对商业银行提供的清单进行初审，并初步确定其中的合格票据和办理再贴现的额度，通知商业银行办理再贴现。

二、再贴现业务的审批

商业银行或者其地市行票据主办部门将再贴现申请书及相关文件提交人民银行资金计划部门审查，具体审查内容如下：

1. 再贴现申请书所填列的内容与清单内票面要素是否一致。

2. 再贴现资金投向是否符合国家产业政策要求和银行信贷政策要求。

3. 再贴现凭证所记载再贴现金额、期限、利率、账号户名等是否正确。

对于审核未通过的，人民银行资金计划部门会将再贴现申请书及所附文件资料退还再贴现申请银行，并说明不办理再贴现的理由。

三、再贴现业务的放款

商业银行或者其地市行票据主办部门在接到资金计划部门下达的再贴现额度通知书及所附文件资料后，将上述材料转交至人民银行会计部门进行审核，人民银行会计部门依要求对文件资料进行审核，具体内容包括：

1. 汇票内容是否完整，要素是否齐全，金额是否相符。

2. 再贴现凭证与汇票、再贴现申请书的有关内容核对是否相符。再贴现凭证上加盖的印鉴与预留印鉴是否一致。

在审核一切无误后，人民银行会计部门将再贴现资金发放至商业银行再贴现账户。

四、再贴现业务的到期还款

再贴现到期日，商业银行到当地人民银行取回票据，电票直接在系统签收，确保商业银行在人民银行备付金账户上资金充足，人民银行会直接在贴现银行的账户上收回再贴现资金。

第十一章　电子商业汇票

第一节　电子商业汇票的概念

一、电子商业汇票的相关概念

（一）电子商业汇票的定义

电子商业汇票是指出票人以数据电文形式制作的委托付款人在指定日期无条件支付确定的金额给收款人或者持票人的票据。

电子商业汇票必须具备以下条件：

1. 必须依托电子商业汇票系统签发和交付。

2. 为定日付款票据。

（二）电子商业汇票系统的定义

电子商业汇票系统是经中国人民银行批准建立，依托网络和计算机技术接收、存储、发送电子商业汇票数据电文，提供与电子商业汇票货币给付、资金清算行为相关服务的业务处理平台。

为适应人民银行对电子商业汇票系统建设及推广的要求，银行在票据综合管理系统基础上相应开发建设了一套完善的行内结算票据管理系统，作为银行各业务系统与人民银行电子商业汇票系统分层交互的接口系统。主要用于接收、登记、转发电子商业汇票数据电文，实现银行各业务系统与人民银行电子商业汇票系统、大额支付系统的信息交互，以满足银行对电子商业汇票业务的管理、查询、统计等要求。

（三）电子商业汇票相关业务行为及日期的定义

1. 业务行为

（1）票据交付是指票据当事人将电子商业汇票通过电子指令发送给受让人，并由受让人签收的行为。出票人签发电子商业汇票，应将其交付收款人。经背书的电子商业汇票，背书人应将电子商业汇票交付被背书人。电子商业汇票质押解除，质权人应将电子商业汇票交付出质人。

（2）票据签收是指票据当事人同意接受其他票据当事人的行为申请，签章并发送电子指令予以确认的行为。

（3）票据驳回是指票据当事人拒绝接受其他票据当事人的行为申请，签章并发送电子指令予以确认的行为。

2. 相关日期定义

（1）电子商业汇票的出票日是指出票人记载在电子商业汇票上的出票日期。

（2）电子商业汇票的赎回开放日是指办理回购式贴现赎回、回购式转贴现赎回和回购式再贴现赎回业务的起始日期。赎回截止日是指办理回购式贴现赎回、回购式转贴现赎回和回购式再贴现赎回业务的截止日期，该日期应早于票据到期日。自赎回开放日起至赎回截止日止，为赎回开放期。

（3）电子商业汇票的提示付款日是指提示付款申请的指令进入中国人民银行电子商业汇票系统的日期。

（4）电子商业汇票的拒绝付款日是指驳回提示付款申请的指令进入中国人民银行电子商业汇票系统的日期。

（5）电子商业汇票追索行为的发生日是指追索通知的指令进入中国人民银行电子商业汇票系统的日期。

（6）承兑、背书、保证、质押解除、付款、追索清偿等行为的发生日是指相应的签收指令进入中国人民银行电子商业汇票系统的日期。

二、开展电子商业汇票业务应具备的条件

目前，企业和商业银行开展电子商业汇票具备以下要求和条件。

（一）交易主体

1. 企业。客户办理电子商业汇票业务必须使用证书进行数字签名，数字签名是客户在开户行办理电子商业汇票业务的唯一有效签章。

2. 银行。办理电子商业汇票业务的分支机构必须具备中国人民银行现代化支付系统行号，并遵守银行纸质商业汇票业务管理制度中对经营机构管理的要求。

（二）业务开通流程

1. 客户申请通过企业网上银行办理电子商业汇票业务的，应先向其开户行申请注册成为银行企业网上银行证书客户。

2. 客户申请开通企业网上银行电子商业汇票业务，应提供以下资料：(1)“银行电子银行企业客户注册申请表”或“银行电子银行企业客户变更（注销）事项申请表”，以及“银行电子商业汇票业务信息表”，申请表上加盖的印鉴应与企业网上银行主申请账户的银行预留印鉴相符。(2) 组织机构代码证原件及其复印件，组织机构代码证应有效，并与银行主机系统中的信息一致。(3) 开户行要求的其他材料。

3. 开户行应审核客户提交资料的真实性、完整性、合规性，并按照银行相关规定审查客户商业信用，开户行审核同意后，应与客户签署电子商业汇票业务服务协议。

4. 业务代理网点应根据审核通过的客户申请资料在网上银行内部管理系统中为客户开通电子商业汇票业务功能，维护办理电子商业汇票业务账号的组织机构代码证号码，设置客户证书操作权限。

第二节　电子商业汇票业务管理基本规则

一、业务办理原则

1. 电子商业汇票的出票、承兑、背书、贴现、质押、提示付款、追索、信息查询及其相关业务必须通过银行业务系统及中国人民银行电子商业汇票系统办理。

2. 电子商业汇票业务的客户办理条件、资料审核、账务处理按照纸质商业汇票相关管理规定执行。

3. 电子商业汇票各类票据行为的必须记载事项按照中国人民银行《电子商业汇票业务管理办法》相关规定执行。

二、业务办理时间

商业银行电子商业汇票系统的运行时间与中国人民银行电子商业汇票系统

运行时间保持一致，实行 7 天 ×12 小时运行，每日系统运行时间为 8：00 至 20：00。

三、业务管理规定

1. 电子商业汇票以人民币为计价单位。

2. 电子商业汇票付款期限自出票日起，至到期日止，最长不得超过 1 年。

3. 出票人或背书人在电子商业汇票上记载了“不得转让”事项的，电子商业汇票不得继续背书。

4. 票据当事人作出行为申请，行为接收方未签收且未驳回的，票据当事人可撤销该行为申请。中国人民银行电子商业汇票系统为行为接收方的，票据当事人不得撤销。

5. 客户办理电子商业汇票业务的最终确认结果，以中国人民银行电子商业汇票系统记录的信息为准，商业银行系统为客户提供电子查询渠道。通过商业银行系统查询并打印的电子商业汇票业务确认结果记录，可作为客户办理电子商业汇票业务的辅助证明。

6. 对于电子商业承兑汇票，在票据责任解除前不得为承兑人办理账户销户手续。对于电子银行承兑汇票，在票据责任解除前不得为出票人及申请人办理账户销户手续。

7. 商业银行作为承兑人时，应及时足额支付电子商业汇票票款。故意压票、拖延支付，影响持票人资金使用的，按相关管理规定处理。

8. 电子银行承兑汇票的出票人于票据到期日未能足额交存票款时，商业银行作为承兑人除向持票人无条件付款外，对出票人尚未支付的汇票金额转入逾期资本处理，并按相关管理规定处理。

9. 商业银行应严格按照规定办理电子商业汇票业务。对于存在下列情形之一，影响电子商业汇票业务处理或造成其他票据当事人资金损失的，应依据本行相关管理办法进行处理：

（1）为客户提供电子商业汇票业务服务，未对客户基本信息尽审核义务的。

（2）为客户提供电子商业汇票业务服务，未对客户电子签名真实性进行认真审核，造成资金损失的。

（3）因人为原因未及时转发电子商业汇票信息，给票据当事人造成损失的。

（4）电子商业汇票债务解除前，为承兑人撤销账户的。

（5）其他违反《票据法》、中国人民银行《票据管理实施办法》等相关规定的行为。

四、适应的法律制度

电子商业汇票适应的法律制度包括：

1. 法律法规有《票据法》《中华人民共和国电子签名法》《票据管理实施办法》。

2. 商业银行制定的《电子商业汇票业务管理办法》。

3. 商业银行制定的规范性文件如《电子商业汇票业务处理手续》《电子商业汇票再贴现业务处理手续》《电子商业汇票系统管理办法》《电子商业汇票系统运行管理办法》《电子商业汇票系统危机处置预案》《电子商业汇票业务服务协议指引》等。

第三节　电子商业汇票出票、承兑和转让背书业务

一、出票业务

（一）出票的定义

电子商业汇票的出票，是指出票人签发电子商业汇票并交付收款人的票据行为。出票人必须满足以下几个条件：

1. 出票人和收款人都必须为除银行、财务公司以外的法人或其他组织。

2. 出票人应在承兑银行开立人民币银行结算账户。

（二）电子商业汇票出票必须记载事项

1. 表明“电子商业承兑汇票”或“电子银行承兑汇票”的字样。

2. 无条件支付的委托。

3. 确定的金额。

4. 出票人名称。

5. 付款人名称。

6. 收款人名称。

7. 出票日期。

8. 票据到期日。

9. 出票人签章。

（三）出票业务规定

1. 电子商业汇票票据号码由电子商业汇票系统统一分配，共由30位数字组成。第一位表示票据种类，1代表商业承兑汇票，2代表银行承兑汇票，第二位到第十三位表示出票人开户行行号，第十四位到第二十一位表示出票信息登记的日期，格式为yyyymmdd，第二十二位到第二十九位表示系统票据流水号，第三十位为校验码。如一张银行承兑汇票的票据号码为1 100058407859 2011012812345678 5。

2. 出票人签发电子商业汇票，应将其交付收款人。出票人在电子商业汇票交付收款人前，可办理票据的未用退回。出票人不得在提示付款期后将票据交付收款人。

3. 出票人可在电子商业汇票上记载自身的评级信息（不包括贴现行对客户的信用评级信息），并对记载信息的真实性负责，但该记载事项不具有票据上的效力。评级信息包括评级机构、信用等级、评级到期日。

二、承兑业务

（一）承兑的定义

电子商业汇票的承兑，是指付款人承诺在票据到期日支付电子商业汇票金额的票据行为。

按承兑人的不同，电子商业汇票分为电子银行承兑汇票和电子商业承兑汇票。电子银行承兑汇票由银行或财务公司承兑，电子商业承兑汇票由银行、财务公司以外的法人或其他组织承兑。电子商业汇票的付款人为承兑人。

（二）承兑人承兑电子商业汇票，必须记载下列事项

1. 表明“承兑”的字样。

2. 承兑日期。

3. 承兑人签章。

（三）承兑业务规定

1. 电子商业汇票交付收款人前，应由付款人承兑。承兑人应在票据到期日前承兑电子商业汇票。

2. 办理电子银行承兑汇票承兑业务必须具有真实交易关系或债权债务关系。出票人应向银行提交真实、有效的交易合同或其他证明材料，并在电子商业汇票上做相应记录。客户经理应对相关材料进行审核。

3. 电子银行承兑汇票由真实交易关系或债权债务关系中的债务人签发并交由银行或财务公司承兑。电子银行承兑汇票的出票人与收款人不得为同一人。

4. 电子商业承兑汇票的承兑有以下几种方式：

（1）真实交易关系或债权债务关系中的债务人签发并承兑。

（2）真实交易关系或债权债务关系中的债务人签发交由第三人承兑。

（3）第三人签发，交由真实交易关系或债权债务关系中的债务人承兑。

（4）收款人签发，交由真实交易关系或债权债务关系中的债务人承兑。

5. 承兑人可以在电子商业汇票上记载自身的评级信息（不包括贴现行对客户的信用评级信息），并对记载信息的真实性负责，但该记载事项不具有票据上的效力。

三、转让背书业务

转让背书是指持票人将电子商业汇票权利依法转让给他人的票据行为。

（一）转让背书必须记载下列事项

1. 背书人名称。

2. 被背书人名称。

3. 背书日期。

4. 背书人签章。

（二）转让背书业务规定

1. 转让背书应当基于真实、合法的交易关系和债权债务关系，或以税收继承、捐赠、股份分配等合法行为为基础。

2. 经背书的电子商业汇票，背书人应将电子商业汇票交付被背书人。

3. 票据在提示付款期后，不得进行转让背书。

第十二章　票据利率及票据指数

第一节　票据市场利率形成机制

一、票据利率形成机制

票据利率作为商业汇票的价格，按照票据贴现类型可以分为回购利率、贴现利率和转贴现利率。票据利率是我国利率市场化起步最早、市场化发展程度较高的市场利率之一，在货币市场上一定程度发挥了基准利率的作用，又因为票据资产兼具资金产品和信贷产品的双重属性，票据利率是反映实体经济资金融通需求和金融机构货币信贷供给的重要价格，因此研究票据利率走势的趋势性和规律性既有理论意义，更有现实意义。

在我国恢复办理票据贴现和转贴现业务后，伴随着我国金融体制改革和利率市场化进程的不断深化发展，传统票据贴现利率生成方式越来越不能适应票据业务发展的需要，票据贴现和转贴现利率定价机制表现出日趋市场化的趋势，并形成相对稳定的票据市场利率形成方式。

1998 年 3 月，人民银行改革再贴现利率和贴现利率的生成机制，规定商业汇票贴现利率在再贴现利率的基础上加点生成，即票据贴现利率生成模式可以表示为贴现利率 = 再贴现利率 + 加成利率。自人民银行将再贴现利率作为货币政策调整工具基准利率以来，在较长时期内再贴现利率处于较低水平，同时由于在相当长一段时期内按照再贴现利率加点生成票据贴现利率，因此票据贴现和转贴现利率较长时间均处于高位，一般都会高于再贴现利率。在货币政策出现大幅调整时，曾一度出现贴现利率和再贴现利率倒挂的背离现象，这反映出再贴现利率加点生成贴现利率存在缺陷，也表明当时票据贴现利率生成方式未能全面涵盖票据贴现业务办理的影响因素，尤其是市场环境因素。主要原因在于，在金融市场深化改革和利率市场化进程中，再贴现利率的生成市场化程度不高，缺乏对票据市场供求关系变化的敏感性和较强的相关性，不能真实、完全反映市场资金的供求关系状况，从而使得票据贴现利率被动地受到宏观经济周期再贴现利率频繁调整的影响而产生周期性波动。同时，由于票据业务兼具信贷和资金业务的特点，票据融资规模的快速增长不可避免产生价格竞争等因素，使票据贴现利率的市场波动更趋显著，而在货币政策调整等特殊时期，票据贴现利率与再贴现利率甚至多次出现“倒挂”的背离现象。

随着宏观经济的快速发展，企业票据融资需求大量增加，票据市场规模迅速扩张。同时，随着利率市场化进程的加快，各类型票据市场主体在业务办理中开始尝试更市场化的票据贴现利率定价模式。在人民银行决定上海银行间同业拆放利率（Shibor）作为货币市场基准利率予以培育之后，票据市场逐步形成了以 Shibor 为基准的贴现、转贴现利率生成机制。

2007 年 7 月 4 日，中国人民银行外汇交易中心发布了《关于开展以 Shibor 为基准的票据业务、利率互换报价的通知》，授权在货币市场基准利率网上开发以 Shibor 为基准的票据转贴现、票据回购和利率互换报价信息发布界面，并于即日正式运行，由报价机构每日对规范品种进行报价，为市场交易提供定价基准。在 Shibor 试运行期间，2007 年 4 月，工商银行票据转贴现、回购利率在业界首推 Shibor 加最小加成利率的定价、交易系统，引导了票据市场定价的转型。从 Shibor 推出后的市场反映看，票据转贴现、回购业务初步建立了以 Shibor 为基准的市场化定价模式。此后，先后有 13 家报价行以 Shibor 为基准进行票据转贴现、回购业务报价，并按传统模式基本实现了 Shibor 与票据业务定价的联动。在基于再贴现利率基准的定价模式之外，越来越多的商业银行开始推广基于 Shibor 为基准加点生成票据贴现利率的定价模式，即票据贴现利率 = Shibor + 加成利率，其中不同的商业银行根据票据市场供求状况、银行自身流动性程度、交易对手风险状况、货币政策环境等因素确定具体业务的加成利率。在此期间，随着票据业务的快速发展和央行取消了对再贴现利率加点上浮的限制，金融机构也基本采用了市场化的方式确定贴现利率和转贴现利率。

2013 年 7 月，人民银行放开贷款利率和贴现利率管制，实施完全由金融机构自主确定的市场化生成票据贴现和转贴现利率的定价机制。至此，票据市场利率完成了定价机制的最终变革，票据贴现和转贴现利率实现完全市场化定价后更能真实、全面反映市场因素对票据业务定价的影响。

从票据业务定价机制的历史演变来看，金融机构票据贴现和转贴现利率定价方式表现出趋同性，从而形成的票据市场利率能够较好反映金融机构票据业务经营的市场环境及相关影响因素。根据金融机构票据业务经营的收益成本分析，金融机构把已贴现的票据无论是以买断式或是回购式转卖出去，均属于同业融资，需要在贴现收益的基础上支付融资成本，目前普遍采用的定价方法是：转贴现利率 = 贴现利率 - 利差。利差主要体现了不同经营主体的运作成本差异、融资期限差异、转让类型差异和预估因素。由于票据在转让时，买断式转贴现和回购式转贴现分别具有更强的信贷业务和资金业务属性，前者在定价中更突出考虑“规模溢价”。

根据贴现利率定价公式，转贴现利率定价公式还可以表示为

$$\text{转贴现利率} = \text{Shibor3M} + \text{加成利率} - \text{利差}$$

从贴现利率和转贴现利率定价公式可以概括出票据市场利率的两大主要构成部分，即票据利率 = Shibor3M + 加成利率。

二、影响票据利率走势的因素

我国《票据法》明确规定票据业务的开展必须遵循“真实票据原则”，即票据的签发和转让需要当事人之间具有真实的交易关系或债权债务关系。作为较为便利的结算工具和交易融资工具，票据的承兑和使用明显受实体经济的繁荣程度影响。在经济增速回升时，企业间贸易往来和短期融资需求增加，票据的出票会随之增加，一级市场的活跃增加了票源，从而促使票据利率升高。从某种程度上说，实体经济增长主要由投资、消费和进出口这三大引擎构成，而与票据业务密切相关的实体行业主要有工业、批发和零售业等。

票据利率作为票据资产的价格反映，其走势不仅受供给方影响，更容易受金融机构需求方的影响。金融统计制度规定，票据资产纳入银行信贷规模管理，同时因为票据资产兼具流动性、盈利性和安全性的特点，往往发挥着调控信贷规模的“蓄水池”作用，因此影响票据需求的主要因素是信贷规模。在信贷额度宽裕时，银行往往增加票据资产来扩充规模、赚取盈利，票据利率会随之下行；而在规模紧张时会减持票据融资余额，为普通贷款腾挪空间，票据利率开始回升。与信贷规模密切相关的因素主要包括货币供应量、信贷新增量、新增票据融资余额等。

票据回购业务作为一种资金业务，随着票据资金化态势的不断加强，市场

资金面状况也必将影响票据价格的变化。票据市场在资金充裕时往往比较活跃，信息更加充分，价格竞争也会比较激烈，因此票据利率会有所下行，反之亦然。影响市场流动性的因素主要有外汇占款、新股和债券发行、财政收支差额等。虽然我国资本账户还没有开放，但人民币汇率的变化能一定程度反映国际资金在我国的流动情况。

票据利率作为一种重要的货币市场价格，其必受宏观货币政策影响。目前货币政策的三大法宝包括法定存款准备金率、再贷款再贴现率和公开市场操作。存款准备金率和公开市场操作政策是通过调节市场资金面进而作用于票据利率，使用也比较频繁；而再贷款再贴现率在2004年调整后再未使用，在此不予讨论。

另外，票据业务量的增减既受票据价格高低的影响，同时也会反过来影响票据价格的变化。

第二节　票据市场利率运行情况

一、票据利率运行情况

2003年之前，我国票据市场还属于区域化的票据市场，市场交易方式属于点对点形式，未能形成全国统一的票据市场，在2003年中国票据网没有建立前，我国票据市场交易价格比较零散，不具有统计意义。在2003年中国票据网建设成为全国统一的票据报价平台后，中国票据市场交易利率变动的全国性特征日趋增强。2003年央行探索多种货币政策调控手段——实施了央行票据发行、存款准备金率调整、贷款利率浮动区间扩大、超额准备金存款利率下调等系列措施。尤其是存款准备金率上调，对包括票据市场在内的货币市场产生巨大影响。

2003年初，票据市场利率一路下滑，至4月、5月达到最低点，市场买入票据报价一度跌破2.16%。8月23日，央行发布自2003年9月21日起提高存款准备金率1个百分点的消息一经传出，货币市场利率大幅攀升。全国银行间债券回购市场交易加权利率由7月末的2.2%飙升至9月末的2.93%，增幅达33%。10月全国银行间同业拆借和债券回购市场月加权利率分别达到2.86%和3.11%的最高值，中国票据网买入票据利率报价也一度维持在3.84%的高位。部分中小商业银行出现流动性困难，一度将手头持有票据利率倒挂转卖。11 月以后，货币市场利率逐渐走低，12 月同业拆借和债券回购两市场利率已接近 2.17% 的较低利率水平，说明货币市场资金面趋向宽松。但由于年末各家商业银行控制贷款规模和加大票据业务风险防范力度等原因，票据市场利率仍居高不下，与同业拆借和债券回购两市场利率出现背离。

2004 年，为配合国家宏观调控需要，央行分别在 4 月和 10 月实行了差别存款准备金率、存款准备金率提高、存贷款利率提高等货币政策调整，但票据市场参与主体普遍提高对央行货币政策的预期，反应更为理性，票据市场利率波幅相对 2003 年有所减小。从票据网利率报价来看，全年最高点和最低点波幅仅为 30.55%，相对 2003 年 76.80% 的波幅大为收窄。从市场实际交易利率来看，2003 年 5 月最低时为 2.11%，年底最高时达 3.96%，波动幅度为 87.68%。而 2004 年 3 月最低时为 2.58% 左右，6 月最高时也只有 3.62%，波幅仅为 40.31%。

2005 年，受我国宏观调控和货币政策实施影响，我国金融市场整体表现出明显的“宽货币、紧信贷”特征。商业银行存贷差继续扩大，达 9.25 万亿元。外汇储备创 8189 亿美元的历史最高水平，“热钱”流入出现加速迹象，外汇储备增长过快直接加剧了商业银行当时的资金宽裕状况。在资金供给不断增加的同时，银行的信贷资金投放使用却增长缓慢。商业银行出于规避风险和追求利润考虑，将大量存差资金积聚到银行间市场和票据市场，资金供需失衡导致市场利率持续走低。自年初以来，除春节前的五个交易周票据转贴现市场利率维持在 2.7% ~2.8% 的相对高位以外，转贴现市场利率一路下行，尤其是 3 月 17 日央行宣布将金融机构超额准备金存款利率下调到 0.99% 后，票据市场利率会同同业拆借和国债回购等其他货币子市场利率呈现快速下行态势。转贴现市场利率屡创历史新低，至 11 月中旬最低时一度跌至 1.5% 以下，较年初跌去 130 余个基点，已突破很多中小商业银行融资成本，与同业拆借市场几无利差空间，个别时间市场成交价格甚至低于同业拆借利率。转贴现利率充分市场化，一度陷入非理性低位。转贴现市场竞争加剧的同时，贴现市场竞争也日趋激烈，贴现利率在部分地区屡有突破央行所规定的 3.24% 底线。年末受央行公开市场操作和货币市场流动性趋紧影响，票据市场利率止跌回升，12 月票据转贴现加权平均利率回升至 2.2% 以上。

2006 年，票据市场利率整体水平有较大幅度抬升。贴现利率反应灵敏，5 月以后就基本在人民银行再贴现利率之上波动；转贴现市场利率大幅抬升，当年“工银票据转贴现价格指数”平均水平较上年上涨了 254.88 点，受信贷规模和时段性资金供求因素影响，转贴现利率曾一度高于贴现利率。

2007 年，票据市场利率稳步上行，其波动与信贷规模调控和市场资金供求变化高度相关。部分金融机构流动性紧张特别是时点性的资金短缺凸显，票据市场的价格波动区间进一步增大。中国工商银行票据营业部和中国农业银行票据营业部率先实施了以 Shibor 为基准利率的票据交易定价方式，受到市场认可，票据市场与相关市场的联动性进一步提高。但进入第四季度后，信贷规模成为影响票据市场利率的首要因素，票据市场利率脱离相关货币市场利率走势，出现快速攀升的独立行情。从贴现利率走势看，全年前 4 个月票据贴现利率运行基本平稳，5 月后利率随着贷款利率的不断上调逐步上升，并出现加速上涨趋势。银行承兑汇票月加权贴现利率从年初的 3. 33% 一路上行至 11 月末的 9% 。全年，个别地区个别业务甚至出现 13% 的贴现交易利率。从转贴现利率走势看，经过春节期间的小幅回落后，转贴现利率一直处于上升通道，年末随着信贷规模进一步趋紧带动市场利率加速上扬，直至 12 月底才小幅回落。

2008 年，票据市场利率全年累计跌幅较大，从工商银行票据营业部监测的转贴现价格指数看（下称转贴现价格指数），12 月末，转贴现价格指数报 769 点，较年初下跌 2 207. 42 点，降幅高达 74% 。年初，票据市场利率呈现疲软下行态势，前 4 个月，转贴现指数从年初的 2 976. 42 点下跌到 2 240. 07 点，下跌了 736. 35 点，跌幅为 23. 74% 。进入 5 月后，票据市场利率开始企稳，当月中国票据网加权平均利率在 5. 03% ~5. 43% 震荡。6 月，票据市场利率有小幅上涨，6 月末，票据市场利率回升到 3 月时的水平，当月转贴现指数从 2 210 点附近上升到 2 410 点附近。进入下半年后，票据市场利率便一路走低，转贴现指数呈现逐级回落态势。第四季度，随着央行连续降息，票据交易利率出现较大降幅，转贴现指数跌幅高达 63% ，为各季度之最。中国票据网报价系统显示，在此期间，部分商业银行贴现利率报价已低于再贴现利率，在央行 11 月 27 日利率调整后，仍有部分商业银行的贴现利率报价低于调整后的再贴现利率 2. 97% 的水平。票据贴现利率的走低，使得商业银行持有票据的收益空间收窄，几近为零。银票转贴现利率也下探至 1. 8% 左右。

2009 年，票据市场利率可分为在低位区间徘徊和震荡回升两个阶段。上半年，从中国票据网报价利率变动走势看，买断、卖断、正回购和逆回购四大类票据市场交易利率呈现在低位区间（1. 3% ~1. 6%）震荡整理的运行态势。年初，受上年末票据市场利率走低惯性延续，1 月票据转贴现利率继续下探至 1. 3% ~1. 4% 的历史低位水平，并在此区间震荡后企稳。进入 2 月，转贴现利率持续小幅走高，从月初的1.38%上升到月末的1.5%左右。3月票据利率略有回落。4月、5月，票据市场利率仍旧维持低位震荡整理走势，期间转贴现利率或重新下探到自年初以来最低水平的1.3%~1.4%。第三季度，由于票据市场买方意愿不强，交易活跃程度下降，加之新股IPO重启和央行货币政策微调等因素影响，Shibor等主要货币市场利率均有不同程度上升，票据市场利率在有利的金融市场环境下走出了自年初以来在低位徘徊不前的态势，开始出现较为明显的上升动向。自6月中旬开始，票据利率逐级震荡走高。7月，票据利率上升幅度加大，运行至1.6%~2%，至8月中旬利率小幅回落后，呈现横向整理态势。9月下旬，受金融机构信贷规模调控因素影响，市场利率再次大幅走高。经过连续攀升后，与年初相比，买断、卖断、正回购和逆回购四大类票据交易报价利率均呈现明显上升走势。11月，四大类票据交易报价年利率上涨幅度均超过了50个基点，其中，票据买断利率于11月达到2.35%，较年初上升了约70个基点。

2010年，票据融资利率持续上升，升幅明显快于一般性贷款利率，后升幅有所放缓，下半年涨幅稍落后于一般性贷款利率。人民银行信息披露，9月份，贷款加权平均利率为5.59%，比年初上升0.34个百分点，前三季度分别上涨了0.26个、0.06个和0.02个百分点。其中，一般贷款加权平均利率为6.09%，比年初上升0.21个百分点，前三季度分别上涨0.16个百分点、下降0.05个百分点和上涨0.10个百分点；票据融资加权平均利率为3.86%，比年初上升1.12个百分点，前三季度分别上涨了0.81个、0.22个和0.09个百分点。第四季度，自央行上调贷款基准利率至年末，在信贷规模和资金双重紧张压力下，票据市场利率快速上行，贴现利率在12月达到并一度超过7%的年内最高水平，与同期限贷款利率形成“倒挂”。

2011年，票据市场交易利率呈现波动运行态势，票据市场利率在前三季度逐季上涨至历史高位水平，后于第四季度小幅回落，整体利率水平明显高于上年同期。1月和2月，受中国人民银行于年初连续两次上调法定存款准备金率和年内首次加息影响，票据市场整体利率水平较上年末有所上升。2月，中国票据网转贴现买入和卖出利率报价分别为7.35%和6.02%，分别比上年12月增加了79个和75个基点。3月，票据市场利率重新回落至上年末水平。4月和5月，金融机构买票意愿有所增强，中国票据网买入利率报价连续两月下降，环比分别下降53个和12个基点。第三季度，在自年初以来中国人民银行逐月上调存款准备金率和三次加息后，市场资金明显趋紧，推动了票据市场利率波动走高并于9月大幅飙升后涨至年内高点，9月，票据加权平均买入利率达到12.06%，分别比上年末和6月末高550个和470个基点。第四季度，受货币政策微调和监管加大作用，票据市场利率开始震荡回落。11月，中国票据网转贴现买入利率、卖出利率、正回购和逆回购利率报价分别为8.97%、8.25%、5.36%和6.14%，比上年12月分别增加了241个、298个、78个和87个基点，比9月末分别下跌了309个、147个、13个和41个基点。

2012年，票据市场利率波动运行，整体呈现先震荡回落后平缓回升态势。第一季度，受经济增速回落、企业实体信贷需求不足影响，年初银行信贷规模相对较为充裕，而央行加大公开市场逆回购操作和连续降准释放流动性，同时两次降息降低了企业融资成本，金融机构买票意愿明显增强，回购交易大幅增加，买断式和回购式票据交易利率加速回落。第二季度，随着年中票据交易量的大幅增加，票据市场利率降幅有所减缓。第三季度，随着市场降息预期的减弱，货币市场利率企稳回升，票据交易利率趋于稳定，9月略有回升。年末虽然财政存款、外汇占款等释放了流动性，资金面整体宽松，但实体经济开始复苏，加上年末信贷规模减少，成为银行票据市场的主要制约因素，市场利率继续震荡小幅上涨。12月中国票据网转贴现买入、卖出、正回购和逆回购加权平均报价利率分别为5.51%、5.29%、4.64%和4.95%，分别同比下降304个、303个、93个和140个基点。2012年末工银票据贴现价格指数报于2 835点，相当于年利率6.66%，较年中最低点上升了152个基点，但较年初高位下降了290个基点。

2013年，随着银行资金和信贷规模由年初宽松向年中趋紧变化，票据市场利率走出了先降后升的行情，年中受银行间资金面陡紧的影响，快速拉升后回落，下半年票据利率在高位震荡运行。第一季度，银行规模和资金均较为宽松，除了因春节期间票据利率短暂出现上涨外，在大部分时期票据利率逐月下行。第二季度，受财政性资金上缴、债市风波和银行间市场传言引起的流动性恐慌等因素影响，资金面趋紧，加之适逢年中规模调控和政策调整的关键时点，资金和规模由年初的宽松转向“双紧”，票据利率跌幅趋缓后走出反弹行情。利率自4月企稳后开始呈上行态势，由4月末的4%左右一路上行至5月末的4.4%附近；6月票据利率继续维持上涨行情，下旬受到银行间市场流动性陡然紧张和违约传闻影响出现“钱荒”，票据利率剧烈波动，快速拉升至8%~9%，后在监管层维稳政策引导下于7月初震荡回落。第三季度，在央行政策引导下，银行间资金紧张的市场情绪有所缓解，票据转贴现利率维持高位震荡运行态势，

7—10月，中国票据网加权票据转贴现买入利率在6.20%～6.35%窄幅波动运行，年末11月和12月，银行间市场资金面再度趋紧，票据利率小幅上扬，市场流动性趋紧使得下半年票据利率整体水平明显高于上半年。

受稳健偏松宏观货币政策和有效信贷投放不足的双重影响，2014年票据市场利率震荡下跌，跌幅逐季收窄年末小幅回升，全年呈现U形走势。2014年一季度，在银行信贷、资金均宽松和年初业务较为集中办理的背景下，票据利率除春节假期前和季末短暂小幅上升外总体震荡较快下跌。第二季度，央行两次定向降低存款准备金率释放信贷资金，票据利率在资金面利好的带动下以下行趋势为主，其间受市场资金面结构性紧张和同业业务规范监管等因素影响，略有小幅反弹，各类票据交易利率跌幅均比第一季度明显收窄。第三季度，受IPO重新开闸和央行加大定向宽松政策操作等因素影响，资金面前紧后松，票据利率先升后降，季末略有反弹，当季跌幅进一步收窄。第四季度，受时点因素及贷款投放等因素影响，商业银行逐渐压缩票据资产规模，票据利率呈现较大幅度反弹。2014年末，工银票据贴现价格指数、转贴现价格指数和回购价格指数分别报于2 485点、2 435点和2 417点，相当于年利率5.84%、5.72%和5.68%，分别较前一年同期水平下降了212个、173个、155个基点，利率中枢整体下行。

受央行降准、降息货币政策驱动以及IPO周期性资金波动，2015年票据市场利率呈现台阶式震荡下跌，半年末时点货币市场、资本市场及资金面的共同影响下票据利率出现短暂的快速反弹。受年初资金面相对宽松和上年降息驱动，年初票据利率即回落走低，票据转贴现买入加权平均利率和转贴现卖出加权平均利率分别由上年12月的5.9%和5.5%左右下跌至1月的5.4%和5.05%左右，分别下跌了约50个和45个基点。2月和3月，在流动性宽裕和较为稳定的基本面下，其间央行再次降息并放宽存款利率浮动上限，但受火爆牛市资金聚集影响，票据利率维持窄幅波动走势。随着第二季度资金面持续宽松以及银行信贷投放谨慎导致规模相对富裕，票据市场活跃度明显上升，利率步入下行通道，在央行于4月实施全面降准和定向降准后，转贴现利率再下一个台阶。4月中国票据网转贴现买入报价加权平均利率为4.84%，环比下降了64个基点。5月，票据转贴现利率持续震荡下跌。6月，受IPO节奏加快、大盘股发行以及临近半年末证券市场波动加大等因素的叠加影响，票据转贴现利率快速回升。下半年两次降准降息，且其中一次性降准0.5个百分点，促进票据利率大幅下行，年末已降至3%以下。

2016年票据市场资金化特征显著，票据利率走势整体呈现稳中趋降走势但在年初年尾波动较大。货币政策总体保持稳健，一改前期多次降准降息“大水漫灌”的刺激方式，但仍通过“MLF+逆回购”公开市场操作模式向市场累计注入约2万亿元流动性，维持市场资金面相对宽松。票据利率自年初春节高点一路走低，8月达到年内最低2.5%，往年在季末、月末等信贷重要时点会明显起伏的现象也已然不明显，票据资金化趋势越来越显著，票据利率波动较大的两个时间段分别为春节前备付金等导致市场资金稀缺以及年末债券市场“钱荒2.0”，二者也均为资金因素。随着票据利率的快速下降以及利差水平持续收窄，获利空间不断压缩，市场整体盈利水平有所下降。

二、票据市场利率运行特点

1. 票据利率整体下行且利差收窄。伴随着利率市场化进程的不断加速和票据运作资金化态势的不断显现，各经营机构对票据产品的定位也由单纯的规模调节工具向资产负债管理和盈利创收工具转变。票据市场各经营机构更加注重票据的交易获利的经营理念，票据周转速度加快，激烈的同业竞争也使得近两年来票据转贴现买卖利差和票据回购利差水平不断缩窄，票据整体利差呈现趋势性减小。中国票据网显示，2012年、2013年、2014年、2015年、2016年转贴现报价加权平均利率分别为5.43%、5.47%、5.33%、4.21%和3.16%，转贴现买卖平均报价利差分别为57个、20个、23个、27个和10个基点；同期回购报价加权平均利率分别为4.65%、5.29%、5.26%、4.1%和3.21%，正逆回购的平均报价利差分别为63个、38个、28个、24个和21个基点（见图12-1）。

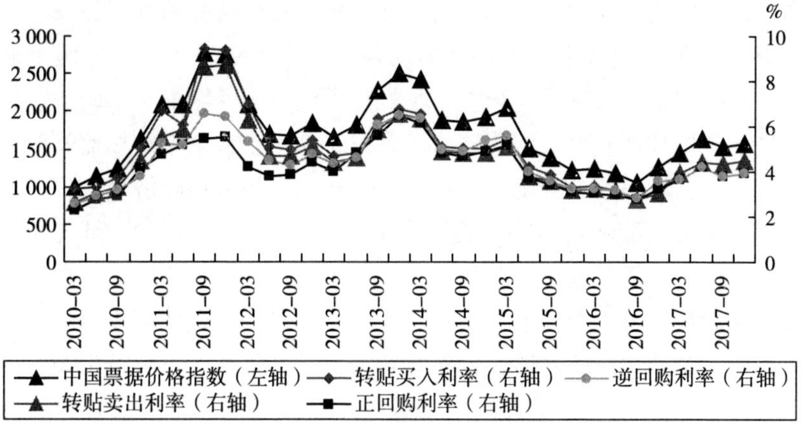

图12-1 2010—2017年中国票据价格指数走势图

2. 不同种类票据业务的价差不断缩窄。随着我国票据市场的深化发展，市场竞争程度和信息透明度逐渐提高，票据资金化趋势不断增强，导致票据转贴现规模业务和回购资金业务、票据直贴和转贴现等不同种类业务的报价逐渐趋同。2012 年到 2016 年票据转贴现业务和回购业务报价平均差异分别为 78 个、18 个、7 个、11 个和 -5 个基点，二者的价差在不断缩窄，甚至在 2016 年下半年由于银行贷款投放谨慎而信贷规模相对宽裕，出现了票据转贴业务报价短暂低于资金业务报价的“倒挂”情况。

3. 票据利率的阶段性波动和实体经济的周期性紧密相关，在 GDP 增长速度上升时票据利率上行速度往往加快，而在 GDP 增速回落时则相反。2005—2016 年，我国经济增长以 2009 年为界大约经过了两个短周期：一是自 20 世纪 90 年代末开始我国经济进入一个平稳的增长期，GDP 增长率逐步提高，在 2007 年第二季度达到峰值 14.5%，随后受次贷金融危机影响 GDP 增长率逐步回落至 2009 年第一季度的 6.6%；同期票据利率也完成了一个周期的运转，波峰大约在 2007 年年末，回购平均利率达到 7.30%，转贴平均利率达到 8.14%，波谷是在 2009 年第二季度，回购和转贴平均利率均回落至 1.4% 左右。二是从 2008 年末政府推出四万亿刺激政策后，经济迅速回暖，GDP 增长率在 2010 年初达到峰值 12.1%，随后政府逐渐淡出刺激政策并开始进行结构性调整，GDP 增速也进入了回落阶段；同一时期票据利率走势与实体经济基本保持同步但略有滞后，峰值出现在 2011 年的下半年，这主要因为 2010—2011 年央行加大货币政策调整力度，共调整存款准备金率 15 次，调整存贷款基准利率 7 次，同时银监局也加大了对票据业务的监管，助推了票据利率的不断走高。综上所述，票据利率基本与实体经济走势保持一致（见图 12-2）。

4. 货币政策的调整能较大程度影响票据利率走势。在央行实施上调存款准备金率、存贷款基准利率、公开市场操作回笼资金等紧缩货币政策，国际经济环境进行宽松政策收缩等情况时，以及监管部门出台票据市场监管政策或管理措施时，票据利率通常会随之上扬，反之亦然。为保持经济金融平稳健康发展，央行根据宏观经济运行周期性变化和实际情况，适时调整和实施了“稳健”“从紧”或“适度宽松”等相适应的货币政策，我国票据市场在波动中快速发展。期间大体可以分为七个阶段，在每个阶段，我国票据市场利率都表现出深受货币政策调整影响的阶段性运行特征，尤其是在货币政策出现方向性调整期间呈现大幅波动（见表 12-1）。通过对票据转贴利率和法定存款准备金进行 Granger 因果检验，两者存在显著的相互影响关系，因此构建两者的向量

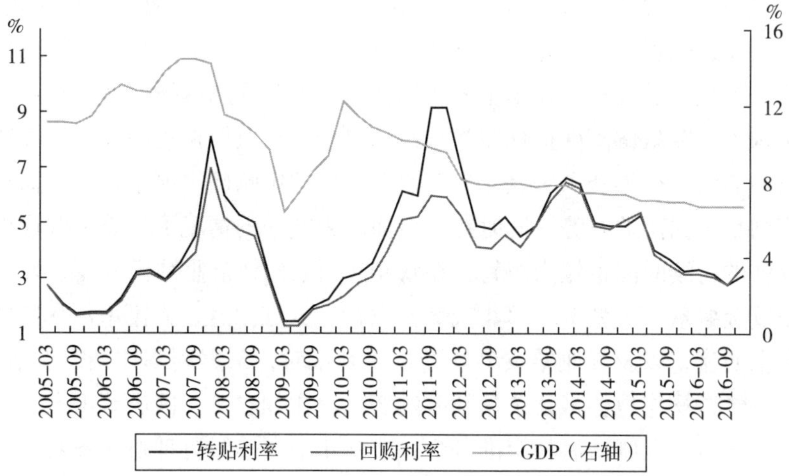

图 12－2　2005—2016 年票据利率与 GDP 走势图

自回归（VAR）模型及脉冲响应，发现法定存款准备金率对转贴利率具有持久的正向响应，但当期却没有，大约需经过两个月达到最大值，此后保持在这个水平上。这主要因为法定存款准备金率首先影响的是银行流动性，进而制约其信贷投放，最后再传导到转贴利率。

表 12－1　2000—2016 年中国人民银行货币政策执行及调整情况

期间	货币政策	票据利率走势
2000 年至 2005 年	稳健政策：延续 1998 年亚洲金融危机后稳健的货币政策适时调整	票据利率整体呈现出震荡下跌运行态势
2006 年至 2008 年 6 月	从紧政策：货币政策逐步从“稳健”转为“从紧”	票据利率走出低谷并逐级攀升
2008 年 7 月至 2009 年 6 月	适度宽松政策：央行为应对国际金融危机实施适度宽松的货币政策	票据利率快速大幅震荡下跌
2009 年 7 月至 2011 年 9 月	稳健政策：引导货币条件向常态水平回归，有序推进稳健的货币政策	票据利率逐级震荡走高
2011 年 10 月至 2012 年 7 月	稳健偏宽松政策：应对内外部严峻经济形势，采取稳健货币政策并适时适度预调微调	票据利率整体呈现出震荡下跌运行态势
2012 年 8 月至 2014 年 10 月	稳健政策预调微调：经济增速放缓压力加大，实施稳健货币政策并定向宽松地预调微调	票据利率高位震荡并逐步回落
2014 年 11 月至 2016 年	适度宽松政策：虽然名义上仍实施稳健货币政策，但实质是适度宽松，分别 5 次下调存款准备金率、6 次下调存贷款基准利率	票据利率呈现较大幅度回落

5. 特殊时点票据利率波动明显。通过对票据利率季度数据进行比较发现，票据利率往往呈现年中回落、年末升高的 U 形走势，这与银行信贷规模控制相吻合，同理，票据利率在季末考核时点往往会有翘尾现象。但 2014 年 9 月监管机构关于存款偏离度指标监管政策的出台，导致票据利率波动幅度减小和波动时期前移，往年季末时点因素对票据利率的影响已提前至月中，而季末票据利率则呈现回落的态势，同时在资金面较为宽松的情况下，季末效应引导的利率反弹的持续时间也较为短暂。在每年 4 月、5 月企业纳税入库、发行国债或央票资金缴款、大型 IPO 募集或债券发行、分红派息、人民币汇率贬值预期国际资金回流，以及其他导致市场资金面紧张时，票据利率往往会有所上升。银行自身经营操作也会带动票据利率的变化，比如春节、国庆等重大节日巨量备付金，银行存款剧增后补交准备金，非标化债权等银行理财业务收紧，期限错配或杠杆交易后资金链断裂等情况。

6. 票据利率走势与货币市场利率相关程度不断提高。在票据业务发展初期，影响票据市场利率走势的主要因素是规模稀缺性，资金属性影响较小。但随着近几年金融市场的发展和金融机构经营理念的转变，市场资金面状况对票据利率走势的影响越来越大，特别是每年春节、6 月末和年末，外汇占款、公开市场投放、节假日备付金、补交存款准备金、上缴所得税等资金因素加大了票据利率的波动性。从转贴现利率和 Shibor（三个月）走势来看，两者在期初吻合程度较差，而从 2014 年开始两者走势基本相似。从相关系数上也可以印证此点，2011—2015 年两者的相关关系分别为 0. 553、0. 926、0. 743、0. 926、0. 948（2013 年由于“钱荒”事件导致利率走势出现极端变动，相关系数异常），可见票据利率资金化趋势越来越显著。

7. 票据利率的走势与贴现业务密切相关，但与承兑业务量的关联程度不高。自 2000 年以来，我国宏观经济总体保持平稳较快增长，带动承兑业务持续快速发展。2016 年，全国商业汇票累计承兑量 18. 1 万亿元，商业汇票未到期金额 9 万亿元，分别比 2001 年同期增长了 14 倍和 17. 6 倍，承兑业务的增长较为平稳，这与票据利率的波浪式震荡走势明显缺乏一致性。相反，虽然贴现业务近年也快速增长，2016 年累计贴现量为 84. 5 万亿元，贴现余额 5. 5 万亿元，分别比 2001 年同期增长了 46 倍和 16 倍，但贴现业务量的变化与票据利率的走势明显呈现反向关系，特别是在 2007 年末和 2011 年中时，伴随着贴现业务量的下行，票据利率不断飙升。同时，近两年累计贴现量与票据利率的反向关系出现了变化，这主要是因为随着市场的发展，票据资金化态势日益显著，金融机构通过加大票据转贴周转力度赚取差价，带动了累计贴现量迅速增加，机构交易方式的转变促使累计贴现量与票据利率走势脱节，但贴现余额始终与票据利率保持反向关系，说明信贷规模仍是影响票据利率走势的重要因素（见图 12－3）。

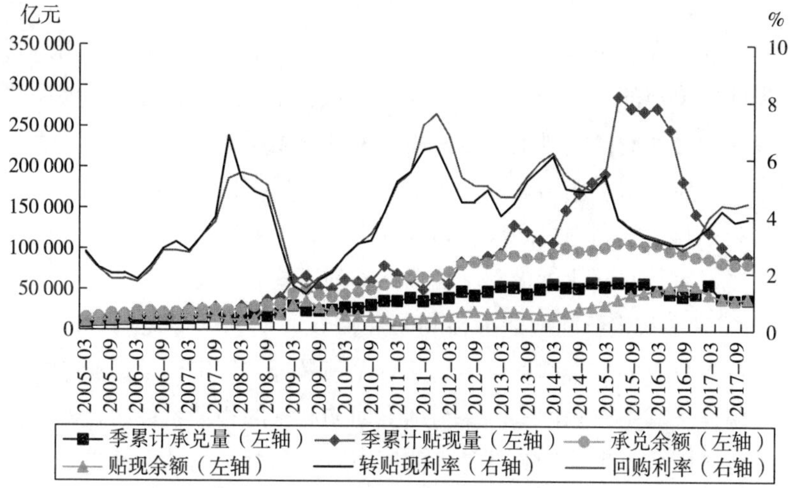

图 12－3　2005—2017 年票据利率与票据业务情况示意图

第三节　票据利率与其他市场利率的关系

一、票据利率与相关利率

通过对 2012—2016 年期间票据利率与银行间同业拆借利率、银行间质押式债券回购利率的加权平均利率、6 个月和 1 年期的国债和国开行金融债收益率进行比较和分析发现：

1. 对于商业银行来说，票据业务与货币市场短期资金业务、债券业务和贷款业务形成梯次有序且相对稳定的资产收益梯队。一般情况下，贷款业务收益率最高，其次是票据业务，再次是国债和金融债等债券业务，最后是短期货币市场资金业务。原因在于：（1）贷款利率是由商业银行根据借款企业的整体经营状况和风险水平来确定的，尽管存在抵押物等，但依然反映的是企业的信用水平，而票据在承兑和出票时已通过承兑费用和承兑保证金等形式涵盖了银行信用，整体风险水平低于贷款，因此整体上对于贷款的利率收益应当高于票据的利率收益。（2）国债和政策性金融债的信誉度高，而票据市场三分之二是由中小型企业签发的，整体风险水平明显高于债券市场，因此票据产品的回报和收益水平也应当高于债券产品。但如果是一般企业作为债券发行方和票据出票人，那么债券的利率水平应当高于票据利率水平，原因在于目前我国票据市场90%以上的票据为银行承兑汇票，票据具备一定的银行信用，其风险水平应当低于单纯的企业风险水平。（3）银行间同业拆借利率主要反映的是金融机构同业之间的信用风险溢价，而票据利率则涵盖了出票企业、承兑行等多种因素，其风险水平应当远远高于单纯的金融机构信用风险，因此，银行间同业拆借利率与票据利率之间应当始终存在一定的差距，通常银行在票据利率定价中也多以银行间同业拆借利率加上点差的模式为主。

2. 票据利率与银行间同业拆借利率和债券回购利率等短期货币市场资金利率在运行趋势上的契合程度越来越高，尤其是近几年来，票据业务的资金化趋势愈加明显。其中票据回购利率与债券回购利率的相关系数明显高于其他利率，这主要是因为票据回购和债券回购同属具有质押标的的回购市场，因此在利率走势上契合度更好；而在利率水平上，银行间债券回购利率和银行间同业拆借利率在风险水平上相当，利率水平更为接近。票据业务作为短期的货币市场业务产品，已经成为商业银行短期资产负债配置和调节的重要业务和工具。

3. 虽然票据利率水平在理论上低于贷款利率水平，但由于银行通过加快周转、业务创新、期限错配、杠杆经营等操作使得银行票据收益率也存在许多时期高于贷款收益率的现象。通过上市银行年报估算，票据业务收益已在部分银行利润占比中超过10%，越是中小银行占比往往也越高。票据业务已经成为商业银行提升综合收益和产品贡献的重要途径和抓手。

4. 票据回购利率与1月期的Shibor、1月期的同业拆借利率、3月期的债券回购利率相关性要高于其他期限；票据转贴利率与1月期的同业拆借利率、3月期的Shibor和债券回购利率相关性要高于其他期限。原因可能在于：（1）票据回购业务的期限往往较短，以一个月居多；而转贴业务期限平均在三个月左右；（2）同业拆借多集中于短期，拆借利率对短期利率价格有较强引导作用；（3）债券期限往往较长，因此债券回购利率对长期利率价格有较好的参考价值；（4）Shibor是由16家信用等级较高的商业银行自主报出的人民币同业拆出利率的算术平均价格，报价的期限结构可能更为合理。

二、票据利率可以似同当前货币市场的基准利率

随着我国利率市场化的不断推进，Shibor 报价在设立之初即赋予成为一个公认、权威基准利率的历史使命，但由于报价的可靠性、真实性和完整性等方面的缺陷，很多研究表明目前 Shibor 仍没有完全得到市场认可。研究发现，Shibor 对票据利率的解释程度有限，而票据利率又能单方面引起同业拆借利率和债券回购利率，通过方差分解发现票据转贴卖出利率可以作为当前货币市场的基准利率。

1. 初步分析。一个性能良好的基准利率必须具备一定的特性和标准，虽然目前没有统一的认识和规定，不同研究者的标准也各有不同，但基本特征主要包含三个属性：市场性、基础性和稳定性。市场性是指基准利率能及时准确反映市场资金、信贷等供需情况，票据利率的市场特征已在第二部分详细论证，此处不再赘述；基础性主要指基准利率能显著影响其他利率，是货币市场中其他各种利率的方向标，主导其他利率变动；稳定性则指基准利率受其他利率的影响较小。将票据市场利率和 Shibor、同业拆借利率、债券回购利率建立 VAR 模型，并通过方差分解确定基准利率。如果某利率对其他利率的影响显著，则具有基础性；如果其他利率对其影响较小，自身的变动主要由自身引起（变量自身对其方差分解比重达到 50% 以上），则其具有稳定性。同时具有基础性和稳定性，则说明此利率即是基准利率。

2. 方差分解。方差分解结果（见表 12 - 2）表明，在预测期第 1 期：(1) 票据转贴卖出利率对其他票据利率的影响均超过 60%，对其他市场利率的影响均在 30% 左右，具有较强的基础性；票据利率中转贴买入利率、逆回购利率和正回购利率对其他利率的影响均小于 20%，完全不具备基础性；1 月期同业拆借利率和债券回购利率对其他利率的影响均为 0（或接近于 0），也完全不具备基础性；1 月期 Shibor 对票据利率的影响为 0，对同业拆借利率和债券回购利率的影响在 35% 左右，也不具备基础性。(2) 从稳定性看，仅票据转贴卖出利率和 1 月期 Shibor 对其自身的影响超过 50%，因此具备稳定性；其他利率对自身的影响均不到 20%，因此并不具备稳定性。

随着预测期的延长，在预测期第 12 期：(1) 票据转贴卖出利率对其他利率的影响有所增加，均超过了 50%，完全具备基础性；1 月期 Shibor 对同业拆借利率和债券回购利率的影响均降到 20% 以下，对票据利率影响仍为 0，因此仍然不具备基础性；其他利率对自身的影响均接近于 0，完全不具

备基础性。（2）从稳定性上看，票据转贴卖出利率对其自身的影响虽有所下降，但仍超过80%，稳定性非常显著；而1月期Shibor对自身的影响从52%下降到21%，不具备较好的稳定性，其他利率对自身的影响均未超过50%，不具备稳定性。

3月期的基准利率方差分析结果基本与1月期相似，通过上述分析可知，现阶段我国货币市场比较具备基准利率特性的是票据转贴卖出利率，其稳定性和基础性明显优于其他票据利率、Shibor、同业拆借利率和债券回购利率。

表12－2　　基准利率（1月期）方差分解　　单位：%

预测期	票据卖断	票据买断	逆回购	正回购	1月期 Shibor	1月期 同业拆借	1月期 债券回购
票据卖断的方差分析							
1	100	0	0	0	0	0	0
12	80.4943	4.9152	0.1698	5.7027	5.9473	0.8674	1.9033
票据买断的方差分析							
1	84.1756	15.8244	0	0	0	0	0
12	79.4435	6.2340	0.2850	6.2234	5.1893	0.9596	1.6652
逆回购的方差分析							
1	67.2769	6.0184	26.7047	0	0	0	0
12	75.6764	2.6588	4.9250	10.1630	4.8178	0.4845	1.2745
正回购的方差分析							
1	68.1801	0.0987	17.3190	14.0326	0.0087	0.2787	0.0823
12	74.7815	1.5931	5.0470	13.1747	3.6483	0.7133	1.0422
1月期Shibor的方差分析							
1	28.4118	7.9316	11.7461	0	51.9105	0	0
12	58.8725	6.7332	3.4295	7.6865	21.2869	0.8586	1.1328
1月期拆借利率的方差分析							
1	33.2054	3.6437	6.6212	0	34.2500	22.2798	0
12	65.5661	4.7239	2.2645	7.6512	13.8358	4.6010	1.3577
1月期债券回购利率的方差分析							
1	28.8393	5.4867	7.7454	0	36.6128	12.0613	9.2546
12	62.4231	5.5338	2.1680	7.6750	15.7940	3.3153	3.0909

第四节　票据价格指数

一、指数及票据价格指数的概念、意义及现状

统计学上，指数是反映由不能直接相加的多种要素所构成的总体数量变动状况的统计分析指标。比如所熟知的股票价格指数或债券价格指数就是用来衡量股票市场或债券市场的价格波动情形。票据价格指数就是对票据利率进行采样并计算出来的用于衡量票据市场价格波动的指数。

构建票据价格指数的意义主要有：一是可以综合反映票据市场价格总体的变动方向和变动幅度。目前我国还没有形成统一的票据市场，任何单一机构的票据利率都无法综合代表整个票据市场的价格变动情况，因此构建票据价格指数来反映整个市场票据利率的变化情况和发展趋势，可以方便票据市场参与者及时准确地了解市场价格变化。二是分析和测定各个因素对票据价格变动的影响方向和程度。票据业务兼具资金和信贷双重属性，影响票据利率的因素主要是资金面和信贷状况，因此可以根据二者的内在联系建立票据价格指数体系，从而测定各构成因素的变动对市场价格的影响情况。三是分析研究票据市场价格在长时间内的发展变化趋势。票据价格指数的综合性和代表性较强，能够反映票据市场价格的总体变化，通过对指数的长期跟踪和分析从中找出规律，并结合自身经验对未来票据价格的走势作出预判，从而减少买卖票据的盲目性，可以获得更多的收益。四是对市场进行综合评价和测定。票据利率作为市场化时间最早、程度较高的利率品种，部分发挥了基准利率的作用，因此反映票据利率变化的票据价格指数既可以代表票据市场的供需情况以及市场资金和信贷状况，一定程度上也能成为货币市场乃至金融市场的“晴雨表”。

目前市场中已经存在的票据价格指数主要有长三角票据贴现价格指数和工银票据价格指数，但都有各自的局限。长三角票据贴现价格指数是根据长三角样本金融机构最近两周买入全部贴现票据的加权平均利率计算而来，并接受当地人民银行和监管机构的监督，因此其代表性和公信性比较高，缺陷是只能代表区域性的票据市场情况。工银票据价格指数是由工商银行票据营业部收集全国重点金融机构样本报送的交易价格统计计算得出，其全国性和代表性是不言而喻的，但由于没有监管部门的监督，样本机构的报价未必是本机构的加权平均利率，其公信性要略打折扣。同时，虽然两种价格指数包含了贴现、转贴现

以及回购价格指数，能够反映出相应票据业务种类价格的波动情况，但没有反映出票据市场的综合情况以及影响票据价格的各个因素情况。本书力求建立一个票据因素价格指数体系，既能体现票据价格的总体走势情况，又能反映票据市场资金松紧程度和信贷状况。

二、票据价格指数的编制及其应用

影响票据利率的因素主要是资金和信贷规模，而不同业务种类的票据价格反映的信息侧重也不尽相同。直贴业务与一般贷款业务非常相似，都将直接导致信贷规模的增加，因此直贴利率更能反映信贷的宽松状况；回购业务不会导致规模的变化，因此是一种资金业务，回购利率也更能反映资金面的情况；转贴现业务介于二者中间，既与信贷有关，也涉及资金。根据不同业务的特点，本书建立了票据资金价格指数、票据信贷价格指数和票据综合价格指数，票据资金价格指数是由回购利率和转贴利率构成，票据信贷价格指数是由直贴利率和转贴利率构成，而票据综合价格指数不仅包含了票据利率，还考虑了报价金额。

价格指数必须具有全国性、代表性和公信性三大特点，因此票据价格的样本选取了中国票据网以及其他网站的报价。中国票据网是经中国人民银行批准由中国外汇交易中心暨全国银行间同业拆借中心承办的为票据市场提供交易报价、信息查询和监管服务的专业网站，于 2003 年 6 月 30 日正式启用，截至 2016 年末票据网成员涵盖了包括 5 家国有银行、17 家股份制银行、3 家政策性银行、多家城商行、农商行、农信社等金融机构在内的 2 855 家机构。因此中国票据网涵盖了全国各个区域及绝大多数的银行业机构，具有较强的市场代表性和公信性。本书建立的指数是通过对票据利率进行计量建模确定一个比较稳定的系数比例关系，从而形成票据因素价格指数，因此需要一个能够准确反映市场资金面和信贷规模状况的核心指标，本书选取了银行间同业拆借加权平均利率（月）和金融机构贷款加权平均利率（季）。

（一）票据资金价格指数

票据资金价格指数是指通过对中国票据网的回购利率报价和转贴现利率报价进行系数确定而计算得出的指数，旨在反映票据市场的资金状况和变化趋势。样本数据选择为 2005 年 1 月至 2017 年 2 月的中国票据网报价及银行间同业拆借加权平均利率，变量之间的相关系数和模型详见表 12 - 3。可以看出回购利率的系数要远远大于转贴利率，这符合票据资金价格指数更注重资金价格的变化，回购是纯资金业务，而转贴还包含信贷的因素。

表 12 -3 票据资金价格指数的系数表

	正回购利率（ZHG）	逆回购利率（NHG）	买入利率（MR）	卖出利率（MC）	银行间同业拆借利率（TY）
与 TY 相关系数	0.8023	0.8178	0.7924	0.8045	1
系数确定模型	TY =0.0062 + 0.4943ZHG（R^2 =0.6665）	TY =0.0058 + 0.4560NHG（R^2 =0.6857）	TY =0.0092 + 0.3233MR（R^2 =0.5870）	TY =0.0092 + 0.3574MC（R^2 =0.5887）	—
系数	0.4943	0.456	0.3233	0.3574	—
票据资金价格指数的公式	即期票据资金价格指数 = $\frac{0.4943 \times 正回购利率 + 0.456 \times 逆回购利率 + 0.3233 \times 买入利率 + 0.3574 \times 卖出利率(即期数)}{0.4943 \times 正回购利率 + 0.456 \times 逆回购利率 + 0.3233 \times 买入利率 + 0.3574 \times 卖出利率(基期数)} \times 1\,000$				
与票据资金价格指数相关系数	0.9823	0.991	0.988	0.9864	0.8150

根据对历年各月银行间同业拆借利率进行简单平均，发现 2013 年 3 月比较接近该平均值，即将该时点定义为常态，因此本书也将该时间点选为票据资金价格指数的基期，并将基值定为 1 000 点，基期前后的指数则根据利率变化情况发生相应变动。通过统计可知，票据资金价格指数与票据平均报价的相关性都超过 0.98，说明指数能够反映票据市场价格的走势，同时银行间同业拆借加权平均利率与指数的相关性也在较高区域，表明指数能反映票据市场的资金价格走势情况。通过历史数据可以发现，当票据资金价格指数超过 1 400 点的时候表示市场资金面较为紧张，当超过 1 800 点的时候代表非常紧张；而指数低于 700 点的时候表示市场资金面较为宽裕，低于 350 点代表非常宽松（见图 12 -4）。

自 2005 年至今票据市场大约经历了 4 次资金紧张和 3 次资金宽松，分别为：

2005 年初到 2006 年上半年，资金面较为宽松。票据资金价格指数逐渐回落至低点 366，随后缓慢回升；1 天期银行间同业拆借加权平均利率基本维持在 1.1% ~1.9% 范围内震荡，平均值仅有 1.4%。主要原因为：（1）受宏观调

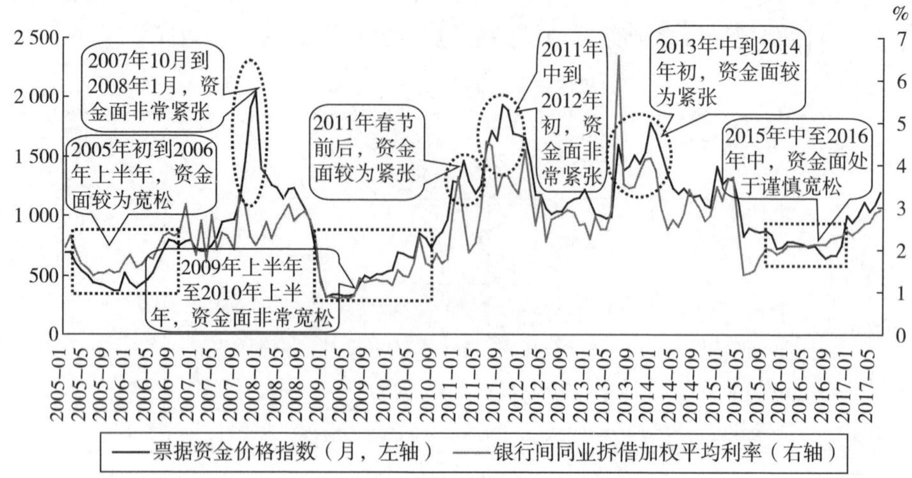

图 12－4　2005—2017 年票据资金价格指数走势图（月）

控和货币政策实施影响，市场整体呈现“宽货币、紧信贷”特征；（2）央行下调超额存款准备金利率，大量挤出资金进入市场；（3）外汇储备达到 8 189 亿美元高位，“热钱”加速流入迹象明显，导致市场资金面非常宽裕。

2007 年 10 月至 2008 年 1 月，资金面非常紧张。票据资金价格指数剧烈波动，从 1 000 点飙升至 2 034 点后迅速回落，Shibor 隔夜利率一度高达 8.52%，2 周期限的 Shibor 最高达到 13.58%。这一时期经济运行呈现出由偏快转向过热的迹象，央行加大了货币政策的从紧力度，无论是货币政策工具、种类还是出台频率都是前所未有的。2007 年央行连续 10 次上调法定存款准备金率，最后一次直接提高 1 个百分点，同时 6 次上调存贷款基准利率，这对市场资金面和信贷规模都产生重大影响，同年票据利率也已完成了以 Shibor 为基准的市场化进程，因此伴随资金价格一路走高。

2009 年上半年至 2010 年上半年，资金面非常宽松。票据资金价格指数在 350 点以下震荡，Shibor 隔夜利率处在底部 0.8% 左右。由于 2008 年国际金融危机爆发，全球面临经济衰退，我国政府为应对危机于 2008 年末推出“四万亿”计划，信贷规模和资金大量投放，2009 年上半年开始显现，整个市场呈现出了资金、规模双宽裕的景象，资金价格创下了历史最低点。

2011 年春节前后，资金面较为紧张。票据资金价格指数攀升至 1 400 点左右，Shibor 隔夜利率最高达到 8%。原因主要有：（1）2010 年末存款环比大幅增加 1.55 万亿，因此 2011 年 1 月 5 日商业银行需补交存款准备金 2 000 多亿元；（2）季后 15 日前所得税预交，当月纳税入库 2 182 亿元，虽然当月央行为缓解春节资金压力投放基础货币 8 773 亿元，但存款准备金净冻结资金6 370 亿元，超额准备金更是减少 8 370 亿元，市场资金面出现紧张。

2011 年中至 2012 年初，资金面非常紧张。票据资金价格指数在1 464 ~ 1 940点之间震荡，其实资金紧张主要是 2011 年 6 月末和 2012 年初，Shibor 隔夜利率最高达到 8.1667%。主要原因是 2011 年 5 月企业所得税汇算清缴入国库 2 687 亿元，6 月末临近半点时点考核，央行又再次上调法定存款准备金率 0.5 个百分点，约冻结 3 700 亿元资金，市场预期相应发生剧烈变化，惜金情绪蔓延，导致资金价格上涨。2012 年春节前后的资金面骤紧情况与 2011 年非常相似，都是上年末存款大幅增加需补交法定准备金、企业纳税入库、春节备付金等因素导致市场流动性短期稀缺。然而除了这两个时点，2011 年下半年市场资金面整体较为平稳，资金价格也趋于正常水平，但票据利率在 9 月份突然“高歌猛进”一路飙升，这主要是受央行新规所致。央行要求从 2011 年 9 月开始将信用证、保函和银行承兑汇票保证金存款纳入存款准备金的缴纳范围，分批补缴，当月大约冻结资金 9 000 亿元，加上 9 月信贷规模紧张，票据资金价格指数飙升至 1 940 点。

2013 年中至 2014 年初，资金面较为紧张。票据资金价格指数在1 379 ~ 1 786点之间震荡，资金紧张主要集中在 2013 年中的“钱荒”时期：（1）资金方面，5 月份企业上缴所得税入库 4 691 亿元，当月新增存款 1.09 万亿元，6 月需补交存款准备金 1 000 亿元。（2）监管政策方面，央行加强了外汇资金流入管理，原虚假贸易导致的还汇需求增加，国内流动性减少；银监会 8 号文对商业银行非标化债权理财产品要求压缩达标，增加了流动性需求。（3）商业银行操作方面，部分商业银行通过期限错配和杠杆交易进行业务盈利，当资金趋紧时加剧了流动性压力。央行出手救市以后资金面有所缓解，但金融机构预期已经发生较大变化，市场惜金情绪浓厚，票据资金价格指数在较高位置延续震荡，年末受规模紧张影响再度冲高，详见票据信贷价格指数部分。

2015 年中至 2016 年中，资金面处于谨慎宽松，银行间同业拆借加权平均利率最低已至 1.42%，相当于 2005 年外汇占款大幅增加的宽松时期，但票据资金价格指数维持在 650 ~ 1 000 点震荡，基本相当于正常水平。一方面，我国经济处于“增长速度换挡期、结构调整阵痛期、前期刺激政策消化期”三期叠加新常态，货币政策总体保持稳健偏松总基调，共 6 次下调存款准备金率，引导市场利率适当下行，降低社会融资成本。另一方面，票据市场加强监管，表外票据业务回归表内，票据融资余额大幅增加，受规模限制制约了票据利率下行速度和空间。随着金融去杠杆政策影响，资金面总体处于紧平衡状态，利率中枢从底部不断上升，票据资金价格指数也已回至 1 000 点常态附近。

（二）票据信贷价格指数

票据信贷价格指数是指通过对转贴报价和直贴报价进行系数及时调整而建立的指数，旨在反映票据市场的规模状况和变化趋势。

由于央行公布的金融机构贷款加权平均利率是从 2008 年第三季度开始的，因此样本数据选取了 2008 年第三季度到 2016 年期间的数据，变量之间的相关系数以及系数确定模型详见表 12－4。票据信贷价格指数以 2013 年一季度为基期，基值亦定为 1 000 点，基期前后指数根据利率变化情况相应发生变动。通过统计可知，票据资金价格指数与票据平均报价的相关性都在 0.99 以上，说明指数能够反映票据利率的走势，同时金融机构贷款加权平均利率与指数的相关性也在较高区域，并高于单个票据业务品种报价与贷款利率的相关，表明票据信贷价格指数更能反映票据市场的规模稀缺程度。通过 12－4 可以看出，当票据资金价格指数超过 1 400 点的时候表示信贷规模较为紧张，而指数低于 700 点的时候表示信贷规模较为宽裕。

表 12－4　票据信贷价格指数的系数表

	直贴利率（ZHT）	转贴现利率（ZT）	金融机构贷款加权平均利率（DK）
与 DK 相关系数	0.9468	0.9772	1
系数确定模型	DK＝0.0412＋0.4633ZHT（R^2＝0.8965）	DK＝0.04＋0.5564ZT（R^2＝0.9549）	—
系数	0.4633	0.5564	—
票据信贷价格指数的公式	$即期票据信贷价格指数=\frac{0.4633\times 直贴利率+0.5564\times 买断式利率(即期数)}{0.4633\times 直贴利率+0.5564\times 买断式利率(基期数)}\times 1\,000$		
与票据信贷价格指数相关系数	0.9984	0.9969	0.9353

从图 12－5 可以看出，票据信贷价格指数要比金融机构贷款加权平均利率波动得更为剧烈，这比较容易理解，票据作为银行的信贷调节工具，“蓄水

池”作用显著，当规模紧张时银行首选卖断流动性较好的票据资产，同理当存在闲置资源时银行也会通过大量增持票据“撑规模”，因此票据利率的波动往往比贷款利率大。从2008年至今票据信贷价格指数大约经历了四个非常态阶段（见图12-5）。

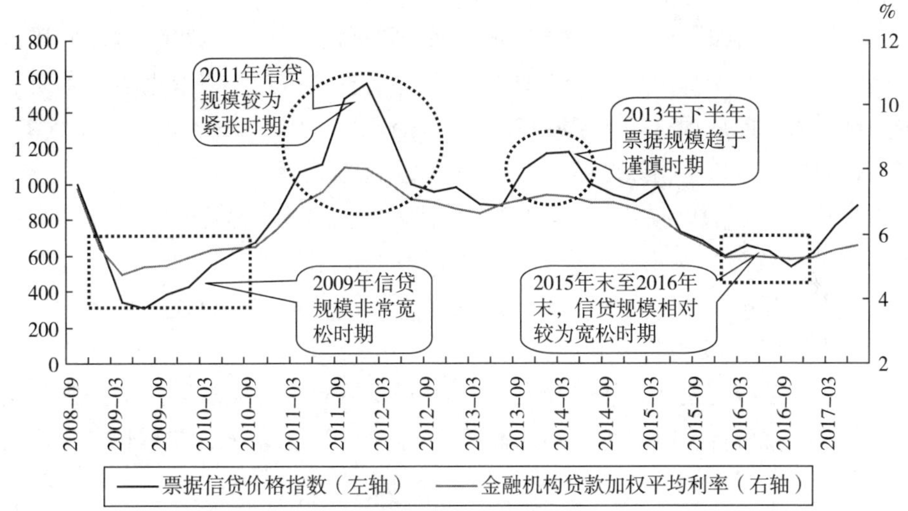

图12-5　2008—2017年票据信贷价格指数走势图

2009年信贷规模非常宽松时期，票据信贷价格指数在310~490点震荡。我国为应对国际金融危机推出四万亿经济刺激计划，2009年上半年新增贷款就达到7.37亿元，全年新增了9.59亿元，而2011年全年新增贷款还不到7.5亿元，贷款利率回落至年利率5%以下。规模的宽松迅速传导到票据市场，2009年上半年票据融资增加了1.7万亿元，占比新增贷款23%，票据利率也创下了历史最低点，2009年第二季度票据信贷价格指数仅为308点，相当于年利率1.52%，随后新增贷款下降明显，票据融资进入减持阶段，票据信贷价格指数逐渐升高。

2011年信贷规模较为紧张时期，票据信贷价格指数攀升至1 400点以上。为调控“四万亿”所产生的通货膨胀，央行先后7次上调法定存款准备金率，3次上调存贷款基准利率，并严格控制新增贷款的数量和投放节奏，全年新增贷款仅有7.47万亿元，比2009年的9.59万亿元和2011年的7.95万亿元都少，票据信贷价格指数随贷款利率逐渐走高。而9月新增贷款只有4 700亿元，是当年新增最少的一个月，同时监管机构加大了对票据市场的监管力度，对部分金融机构办理票据“绕规模”等不合规行为进行了检查，并要求金融机构开展票据业务自查，这都促使票据规模紧张，当月票据融资余额减少了200亿元，而上月却增加了近1 000亿元，票据信贷价格指数飙升至2 161点，相当于年利率10.65%。随后新增贷款有所增加，票据融资回归至正增长阶段，票据信贷价格指数开始慢慢回落。

2013年下半年票据规模趋于谨慎时期，票据信贷价格指数在1 400点附近震荡。由于6月份部分银行资金期限错配引起的“钱荒”以及上半年信贷投放力度过大，此后银行倾向于减持票据回笼资金，票据融资大幅减少了5 235亿元，票据信贷价格指数维持在1 400点以上逐渐走高。

2015年末至2016年末信贷规模相对较为宽松时期，票据信贷价格指数在600~700点震荡。为应对经济下行压力以及经济结构调整，央行采取稳中求进的政策总基调，适时5次下调贷款及存款基准利率，2015年和2016年新增贷款分别达到11.7万亿元和12.6万亿元，2015年票据融资新增分别为1.5万亿元，票据信贷价格指数不断下行。2016年受风险事件频发以及央行窗口指导控制票据规模等影响，当年票据融资新增降至0.6万亿元，票据信贷价格指数有所回升。

（三）票据综合价格指数

票据综合价格指数是指以中国票据网报价金额为系数权重对加权平均利率建立的综合指数，旨在反映票据市场的总体状况和变化趋势。实际上票据综合价格指数应该包含直贴报价情况，但由于目前中国票据网仅有转贴现和回购报价，因此暂不考虑直贴业务。票据综合价格指数公式为

$$\text{票据综合价格指数}=\frac{\text{买断式报价金额}\times\text{利率}+\text{回购报价金额}\times\text{利率(即期数)}}{\text{买断式报价金额}\times\text{利率}+\text{回购报价金额}\times\text{利率(基期数)}}\times 1\,000$$

样本数据选择为2005年1月至2017年2月的中国票据网报价，票据综合价格指数以2013年3月为基期，基值设定为1 000点，基期前后的指数则根据市场变化情况发生相应变动。通过统计可知，票据综合价格指数与票据平均报价的相关性都超过0.982，说明指数能够反映票据市场的总体趋势。通过历史数据可以发现，当票据综合价格指数超过1 400点的时候表示市场总体较为紧张，而指数低于700点的时候表示市场较为宽裕，当超过2 000点或低于350点时说明市场处于异常情况（见图12－6）。

从图12－6上可以看出，票据综合价格指数基本涵盖了票据资金价格指数和票据信贷价格指数的波动情况，自2005年至今票据市场大约经历了5次紧

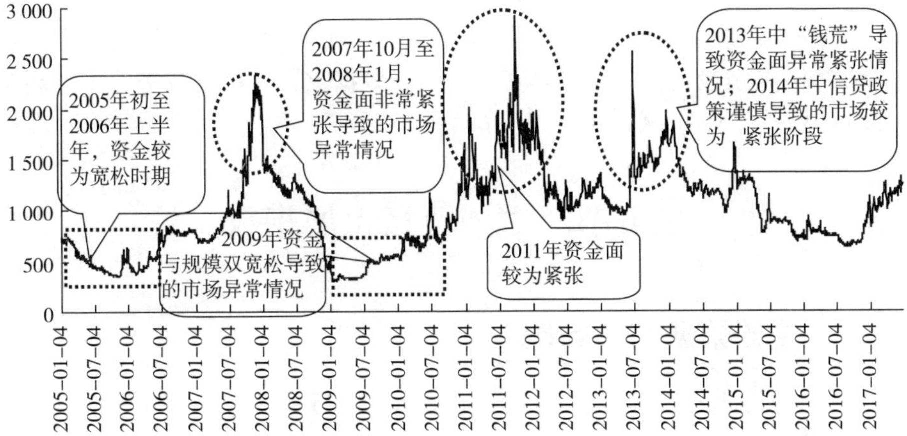

图 12－6　2005 年—2017 年票据综合价格指数走势图

张和 2 次宽松，按照导致原因可以分为四种情况。

情况一：资金起主导作用。2005 年初至 2006 年上半年，资金较为宽松时期，票据综合价格指数在 500～700 点震荡。

2007 年 10 月至 2008 年 1 月，资金面非常紧张导致的市场异常情况，票据综合价格指数最高达到 2 332 点，相当于年利率 9.67%。

2011 年春节前后，资金面较为紧张时期，票据价格不断走高，票据综合价格指数也一路冲高至春节前 2016 点后迅速回落。

2013 年中，“钱荒”导致资金面异常紧张情况，6 月末票据综合价格指数迅速飙升至 2 553 点，相当于年利率 10.58%，创历史次高水平。

情况二：信贷起主导作用。2013 年下半年至 2014 年春节，信贷政策谨慎导致的市场较为紧张阶段，票据综合价格指数在 1 400～2 000 点震荡。

情况三：二者共同起主导作用。2009 年上半年，资金与规模双宽松导致的市场异常情况，票据价格不断回落，票据综合价格指数在 350 点以下震荡，最低达到 297 点，相当于年利率 1.23%，创历史最低票据利率。

情况四：监管政策等其他因素起主导作用。央行将保证金存款纳入存款准备金范围以及银监会加大票据“逃规模”检查导致市场预期发生剧烈变化，2011 年中至 2012 年初，票据综合价格指数不断升高，并创出历史最高水平 2 906点或年利率 12.04%，随后保持高位震荡。

原因前面都已经详述，在此不再重复。2015 年以来，货币政策总体稳健偏宽松，票据综合价格指数在常态范围内逐渐下行；至2016年末政府采取去杠杆抑泡沫措施，票据交易回归理性，票据综合价格指数逐步回升至1 000点左右；2017年金融去杠杆与监管强化叠加，票据综合价格指数进一步走高至1 200点以上。

第五节　中国票据发展指数

一、中国票据发展指数的概念及意义

中国票据发展指数是通过对系列指标体系进行数量处理构建出一个旨在反映我国票据市场发展状况与结构变化情况的指数。它还至少包括了中国票据生态指数、中国票据金融指数、中国票据价格指数、中国票据创新指数和中国票据风险指数等二级指数。

构建中国票据发展指数的主要意义在于：一是可以量化我国票据市场的发展水平，科学合理地划分发展阶段，研究和评价历史的发展轨迹，进而规划市场未来发展方向并制定相应政策；二是票据业务对经济增长特别是中小企业融资具有重要作用，票据生态指数可以准确判断全国以及各个地区票据发展对经济的影响程度，以制定适合经济发展要求和区域发展特点的票据发展战略；三是票据市场作为市场化时间最早、程度最高的金融子市场之一，其活跃程度和参与度都已经成为货币市场乃至金融市场重要的组成部分，票据金融指数能够衡量票据市场化程度，以此判断金融市场化进程，从而为进一步推进票据市场化和金融体制改革提供理论依据；四是票据价格指数够衡量票据市场利率的总体走势，既可以帮助市场参与者判断当前市场价位以及未来走向，也能为政策制定者或研究者提供市场资金、规模紧缺与否的参考；五是票据市场的活跃度高，新产品新业务层出不穷，同时监管政策也频频出台，创新与监管的博弈较为激烈，票据创新指数既可以测量票据市场的创新程度和创新冲动，又能使监管机构清楚了解市场发展和创新情况，从而可以制定科学合理的监管政策引导票据创新走向健康可持续发展之路；六是票据的流动性较强，市场的参与主体多样，涵盖了企业、银行、财务公司、信托等，票据风险指数通过测度票据市场的风险因素，综合反映市场的信用风险、欺诈风险等状况，并能前瞻性地预判部分系统性风险。

二、中国票据发展指数的构建及实证分析

1. 中国票据生态指数。该指数用来衡量我国实体经济增长情况以及票据对实体经济的支持作用，因此选择了国内生产总值（GDP）、社会融资总量（SHR）指标以及承兑余额（CY）、票据累计承兑量（LC）、贴现余额（TY）、累计贴现量（LT）共6个变量。

本书采用主成分分析方法构建中国票据生态指数模型，并进行实证分析。主成分分析是利用降维的思想，将众多指标转化为一个或几个综合指标的多元统计分析方法。综合指标不仅保留了原始变量的主要信息，而且去除了彼此之间的相关部分，可以去粗取精，非常适合用于指数的构建。具体步骤如下：

（1）数据选取。考虑到数据的可得性和统一性，我们选择2002—2016年的GDP和票据年度数据，共有15期。同时进行主成分分析必须进行标准化处理：

$$X_{ij}^{*} = \frac{X_{ij} - \overline{X}_j}{S_j}, i = 1,2,\cdots,14; \quad j = 1,2,\cdots,6$$

其中，X_{ij}^{*} 表示第 i 期第 j 个指标的标准化值，$\overline{X}_j$ 和 S_j 分别表示第 j 个指标的平均值和标准差。进行标准化处理后每个变量的平均值为零，方差为1，以消除量纲的不同而带来的一些不合理的影响。

（2）数据检验。对变量进行相关性观察及KMO和Bartlett的检验（见表12－5），可以看出票据市场交易情况与GDP之间存在很高的相关性，且KMO和Bartlett的检验值均符合主成分分析的标准。

表12－5　　　　票据市场与实体经济相关性矩阵

变量	CY	LC	TY	LT	GDP	SHR
CY	1	0.9976	0.6430	0.9703	0.9871	0.9448
LC	0.9976	1	0.6746	0.9784	0.9899	0.9551
TY	0.6430	0.6746	1	0.6941	0.6974	0.7312
LT	0.9703	0.9784	0.6941	1	0.9653	0.9643
GDP	0.9871	0.9899	0.6974	0.9653	1	0.9539
SHR	0.9448	0.9551	0.7312	0.9643	0.9539	1
KMO和Bartlett的检验						
取样足够度的Kaiser－Meyer－Olkin度量						0.8542
Bartlett的球形度检验					近似卡方	135.7558
					df	15
					Sig.	0.0000

（3）主成分分析。通过 SPSS 软件对承兑余额（CY）、票据累计承兑量（LC）、累计贴现量（LT）和 GDP、社会融资总量（SHR）进行主成分分析，结果显示第一主成分的方差提取率（即累计贡献率）达到 90.31%，根据因子载荷矩阵计算出各标准变量的权重系数，由此计算出标准化的中国票据生态指数（BEI^*）：

$$BEI_j^*（标准化）= 0.421CY_j^* + 0.4245LC_j^* + 0.3288TY_j^* + 0.4224LT_j^* + 0.424GDP_j^* + 0.4199SHR_j^*$$

根据变量的平均值和标准差进行还原得出：

$$BEI_j^*（标准化）= -4.1088 + 0.1488CY_j + 0.0681LC_j + 0.6136TY_j + 0.0314LT_j + 0.0275GDP_j + 0.0728SHR_j$$

鉴于常规指数均为正数，因此假设将中国票据生态指数（BEI）基期定为 2002 年，并将基值定为 1 000 点，从而得出中国票据生态指数（BEI）公式为

$$BEI_j = \frac{BEI_j^* + 4.1088}{BEI_1^* + 4.1088} \times 1\,000$$

$$= \frac{0.1488 \times CY_j + 0.0681 \times LC_j + 0.6136 \times TY_j + 0.0314 \times LT_j + 0.0275 \times GDP_j + 0.0728 \times SHR_j}{0.1488 \times CY_1 + 0.0681 \times LC_1 + 0.6136 \times TY_1 + 0.0314 \times LT_1 + 0.0275 \times GDP_1 + 0.0728 \times SHR_1} \times 1\,000$$

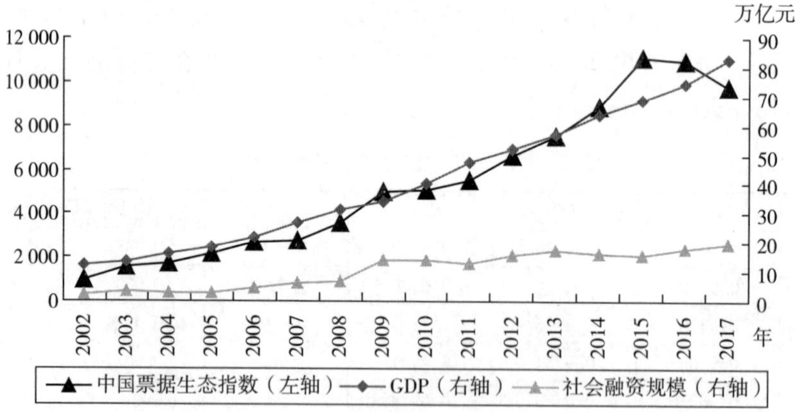

图 12－7　2002—2017 年中国票据生态指数走势图

从图 12－7 中可以看出：（1）我国票据生态指数和国内生产总值、社会融资规模走势保持较高一致性，它们的相关性都在 0.98 左右，说明中国票据生态指数能够代表票据市场经济环境的变化。（2）我国票据生态指数和国内生产总值的相关系数略高于和社会融资规模的相关系数（0.987＞0.977），表

明中国票据生态指数反映 GDP 更多一些，因为 GDP 代表我国总体经济情况，是票据业务的本源，而社会融资规模则代表了金融对实体经济资金支持的总量，涵盖的票据业务主要是新增票据余额和未贴现银行承兑汇票，但二者数据往往较小且不稳定。（3）2002—2015 年我国票据生态指数和国内生产总值、社会融资规模都在不断走高，表示随着 2002 年以来我国经济的快速增长以及金融支持实体经济力度的加大，票据市场的经济环境不断改善，2015 年达到 11 133点；2016—2017 年由于我国经济增速转轨，金融去杠杆，票据市场理性回归，中国票据生态指数回落至 9 788 点。

2. 中国票据金融指数。该指数用来衡量我国票据市场与金融市场发展的契合度，选择了代表信贷市场的贷款余额（DY）和代表货币市场的交易量（LHB），以及票据市场的承兑余额（CY）、票据累计承兑量（LC）、贴现余额（TY）、累计贴现量（LT）共 7 个变量。仍采用主成分分析方法构建中国票据生态指数模型，数据选取了 2002—2017 年的金融市场和票据年度数据，共有 15 期。通过表 12－6 可以看出，各个变量之间的相关程度都比较高，检验指标也非常适合进行主成分分析和指数的构建。数据处理过程与票据生态指数一致，在此不再赘述。通过 SPSS 软件对上述指标进行主成分分析，结果显示第一主成分的方差提取率（即累计贡献率）达到 90. 87%，根据因子载荷矩阵计算出各标准变量的权重系数，最终得出中国票据金融指数（BFI）：

$$BFI_j = \frac{0.1495 \times CY_j + 0.0683 \times LC_j + 0.5933 \times TY_j + 0.0314 \times LT_j + 0.0213 \times DY_j + 0.0053 \times LHB_j}{0.1495 \times CY_1 + 0.0683 \times LC_1 + 0.5933 \times TY_1 + 0.0314 \times LT_1 + 0.0213 \times DY_1 + 0.0053 \times LHB_1} \times 1\,000$$

表 12－6　　　　票据市场与金融市场相关性矩阵

变量	CY	LC	TY	LT	DY	LHB
CY	1	0. 9976	0. 6433	0. 9703	0. 9966	0. 9912
LC	0. 9976	1	0. 6748	0. 9784	0. 9985	0. 9908
TY	0. 6433	0. 6748	1	0. 6942	0. 6622	0. 6665
LT	0. 9703	0. 9784	0. 6942	1	0. 9824	0. 9767
DY	0. 9966	0. 9985	0. 6622	0. 9824	1	0. 9938
LHB	0. 9912	0. 9908	0. 6665	0. 9767	0. 9938	1
KMO 和 Bartlett 的检验						
取样足够度的 Kaiser－Meyer－Olkin 度量						0. 7676
Bartlett 的球形度检验					近似卡方	170. 0347
					df	15
					Sig.	0. 0000

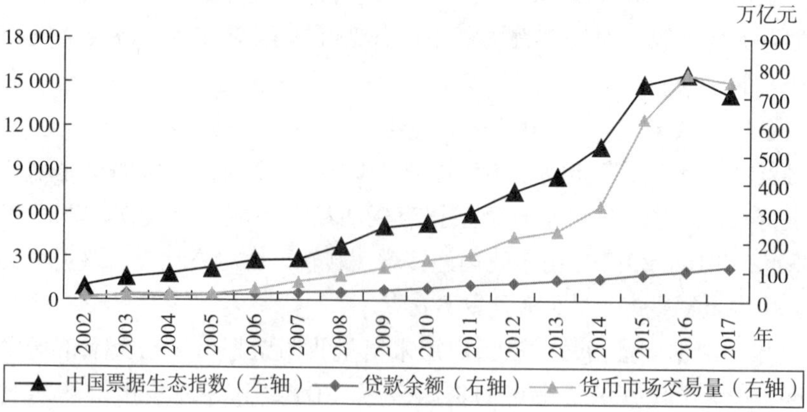

图 12－8　2002—2017 年中国票据金融指数走势图

同理，鉴于常规指数均为正数，假设将中国票据金融指数（BFI）基期定为 2002 年，并将基值定为 1 000 点，得到 2002—2016 年我国票据金融指数走势图，如图 12－8 所示。从图 12－8 中可以看出：（1）我国票据金融指数与贷款余额、货币市场交易量的走势非常温和，相关系数都超过了 0.99，说明票据金融指数可以代表我国金融市场的整体情况。（2）我国票据金融指数与货币市场交易量的相关系数略高于与贷款余额的相关系数（0.993 >0.990），表明票据资产虽然兼具信贷和资金双重属性，但偏向于资金属性，特别是随着近年来票据资金化趋势越来越明显，票据业务的货币属性和交易属性进一步增强；而贷款余额总体受央行管理，票据的信贷调节作用有所下降。（3）2002—2016 年我国票据金融指数和贷款余额、货币市场交易量都在不断走高，票据市场的金融环境不断提升，2016 年中国票据金融指数达到 15 624 点。随着金融去杠杆和监管强化，2017 年成为金融市场的转折点，货币市场和票据市场交易量均出现下滑，中国票据金融指数相应略回落至 14 084 点。

3. 中国票据价格指数。该指数用来衡量我国票据价格走势情况和趋势，由于没有官方发表的权威数据，因此选择了中国票据网的利率报价加权平均值，分别是转贴买入利率（MR）、转贴卖出利率（MC）、正回购利率（ZHG）和逆回购利率（NHG）共 4 个变量。数据选取时间段为相对较全且具有可比性的 2010—2016 年，由于时间短，因此使用了季度数，共有 28 期。仍采用主成分分析方法构建中国票据价格指数模型，通过表 12－7 可以看出，各个变量之间的相关程度都较高，检验指标（KMO 和球形度检验）也非常适合进行主成分分析和指数的构建。数据处理过程与上述一致。通过 SPSS 软件对上述指标进行主成分分析，结果显示第一主成分的方差提取率（即累计贡献率）达到 92.3325%，根据因子载荷矩阵计算出各标准变量的权重系数，可以得出标准化的中国票据价格指数（BPI^*）：

$$BPI_j^*（标准化）=0.4993\,MR_j^*+0.5076\,MC_j^*+0.4797\,ZHG_j^*+0.5128\,NHG_j^*$$

根据变量的平均值和标准差进行还原得出：

$$BPI_j^*（标准化）=-6.9087+27.2008\,MR_j+29.4656\,MC_j+42.1583\,ZHG_j+41.0791\,NHG_j$$

鉴于常规指数均为正数，因此假设将中国票据价格指数（BPI）基期定为 2010 年第一季度，并将基值定为 1 000 点，从而得出中国票据价格指数（BPI）公式为

$$BPI_j=\frac{BPI_j^*+6.9087}{BPI_1^*+6.9087}\times 1\,000$$

$$=\frac{27.2008\times MR_j+29.4656\times MC_j+42.1583\times ZHG_j+41.0791\times NHG_j}{27.2008\times MR_1+29.4656\times MC_1+42.1583\times ZHG_1+41.0791\times NHG_1}\times 1\,000$$

表 12－7　　票据价格相关性矩阵

变量	MR	MC	ZHG	NHG
MR	1	0.9909	0.7815	0.9103
MC	0.9909	1	0.8220	0.9326
ZHG	0.7815	0.8220	1	0.9448
NHG	0.9103	0.9326	0.9448	1
KMO 和 Bartlett 的检验				
取样足够度的 Kaiser－Meyer－Olkin 度量				0.7237
Bartlett 的球形度检验			近似卡方	113.0570
			df	6
			Sig.	0.0000

从图 12－9 中可以看出：（1）2010—2017 年我国票据价格指数与票据市场利率走势基本保持一致，相关性均在 0.92 以上，说明中国票据价格指数能够代表票据价格的整体走势。（2）中国票据价格指数与转贴卖出利率契合程度最高，二者相关性达到 0.976，这与转贴卖出利率实质是目前货币市场基准利率相一致，表明中国票据价格指数也能一定程度反映货币市场利率的走势情

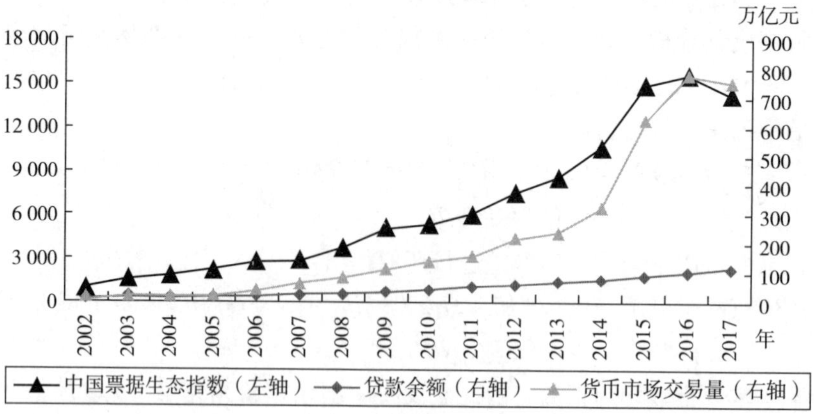

图 12－9　2002--2017 年中国票据金融指数走势图

况，可以作为资金紧缺与否以及紧缺程度的“晴雨表”进行参考。(3) 2015—2016 年在全球量化宽松和我国保增长政策背景下，中国票据价格指数不断走低，随着宏观政策逐渐收紧，2017 年中国票据价格指数开始有所回升。

4. 中国票据创新指数。该指数用来衡量我国票据业务和产品的创新情况，这可以从票据业务和产品的创新数量、交易量、总收入以及在票据传统业务中的占比等维度进行测评，通过中国票据创新指数的构建来反映不同时期票据市场的活力以及未来的发展趋势和持久力，同时也可以成为监管机构出台政策的依据和效果反映指标。但由于目前这三个指标均没有公开的官方统计数据以及其他权威性较强的替代数据，因此仅提出相关想法供探讨和完善，当然上海票据交易所、监管机构等建立票据创新统计制度体系及系统之后也可以取得。

5. 中国票据风险指数。该指数从票据承兑垫款率、票据贴现逾期率、票据案件发生率、票据资金损失率等维度进行评估，用来衡量我国票据市场的综合风险状况，可以成为票据经营机构把控风险、制定经营策略的重要参考指标。但是，目前这些指标难以搜集到适合的数据，票据承兑垫款率只有 2007—2009 年的季度数，缺少最新数据，据典型调查在 0.15% ~0.25%，但不够准确，因此此处仅提出相关想法供探讨和完善，当然如果上海票据交易所、监管机构等能建立票据风险统计制度和相关系统即可公开发布。

6. 中国票据发展指数。该指数用来衡量我国票据市场发展的总体情况，选择了代表票据市场的承兑余额（CY）、票据累计承兑量（LC）、贴现余额（TY）、累计贴现量（LT）、转贴买入利率（MR）、转贴卖出利率（MC）、正回购利率（ZHG）和逆回购利率（NHG）、未贴现银行承兑汇票（WYC），代表实体经济方面的GDP、社会融资总量（SHR），代表金融方面的贷款余额（DY）、代表货币市场的交易量（LHB），代表创新方面的票据理财产品占比（PLC），代表风险方面的票据承兑垫款率（PCD），共15个指标，虽然票据理财产品占比和票据承兑垫款率不能完全代表票据创新和风险情况，但限于公开可得数据考虑将其纳入指标体系。数据选择2003—2017年的季度数，共60期数据，但由于票据理财产品占比和票据承兑垫款率数据限制，实际自由度只有17个。对上述数据运用主成分分析方法进行计算，结果显示存在三个主成分，累计贡献率达到89.11%。通过合并转化计算综合主成分，即中国票据发展指数（BDI）。鉴于常规指数均为正数，假设将中国票据发展指数基期定为2003年第一季度，并将基值定为1 000点，得到2003—2017年各季度我国票据发展指数走势图，如图12－10所示。

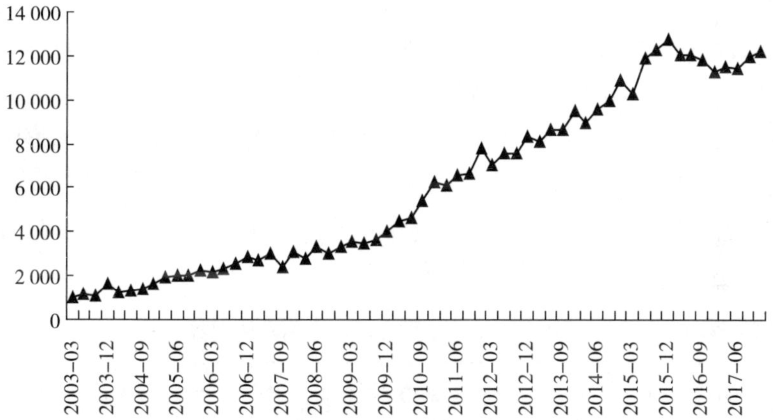

图12－10　2003—2017年中国票据发展指数走势图

通过分析可知：（1）随着近年来我国经济金融环境的不断改善，票据市场得到了迅猛发展，中国票据发展指数在2015年末达到了12 778点，比基期增长了近12倍，年均增长率超过21%。2016年末理性回归至11 305点，2017年逐渐回升至12 207点。（2）从图中可以看出中国发展指数自2009年之后增长明显加速，这主要归因于次贷危机爆发后政府实施四万亿刺激政策促使经济金融环境迅速改善所致。（3）图12－10显示中国票据发展指数存在明显的周期性波动，即年末迅速升高、年初回落的特点，这与GDP等经济金融指标存在周期性变化是相一致的。（4）构建的指标中与中国票据发展指数相关性较高的有票据承兑余额、累计承兑量、贴现量、GDP、贷款余额、货币市场的交易量、票据理财产品占比和票据承兑垫款率，而票据利率与发展指数相关程度相对较低，这主要是因为票据利率多跟市场资金、信贷规模等资源有关，与票据市场发展阶段和发展程度的关系相对较小。（5）与中国票据发展指数呈负相关的指标只有票据承兑垫款率和贴现余额，前者因为票据市场的发展与风险的发生比例往往呈反比，后者主要是票据贴现余额作为信贷调节工具受宏观政策影响巨大。

三、中国票据发展指数的应用

1. 区域票据发展指数的构建。中国票据发展指数除了可以用来衡量我国票据市场总体发展状况以外，也能够借鉴用来编制全国各个省市的区域票据发展指数，从而比较各地区票据市场的发展情况，进而有利于地方监管机构出台适合区域特色的票据发展政策，也方便各类型、各地区的市场参与主体制定相适应的经营策略、设计适销对路的票据产品。由于区域性数据比全国性更少，因此本书选择了承兑余额、承兑发生额、贴现余额、贴现发生额、GDP 和贷款余额 6 个指标，并假设 2006 年全国平均水平为基值，同样运用主成分分析法得出 2006—2016 年全国 31 个省、自治区和直辖市（香港、澳门、台湾地区除外）票据发展指数（见表 12－8）。

表 12－8　　2006—2016 年中国各区域票据发展指数

地区＼年份	2006	2007	2008	2009	2010	2011	2012	2013	2014	2015	2016
全国平均	1 000	1 795	1 822	1 925	1 902	1 969	2 064	2 010	1 985	1 882	1 907
江苏	3 272	5 607	5 734	5 356	6 132	6 420	7 088	7 252	7 167	6 695	6 515
广东	3 478	5 539	5 319	5 760	5 349	5 853	6 085	6 207	6 437	5 276	5 604
山东	2 808	4 804	4 687	4 958	4 677	4 885	5 269	5 220	5 108	4 820	5 077
浙江	2 561	5 753	5 868	5 873	5 590	5 470	5 464	4 981	4 999	5 309	4 873
河北	1 205	1 914	1 781	1 996	2 040	2 142	2 227	2 414	2 390	2 420	3 684
辽宁	1 451	2 587	2 614	2 928	2 600	2 554	2 707	2 720	2 540	2 583	3 019
北京	1 701	2 738	2 871	2 886	2 802	2 744	2 764	2 615	2 615	2 614	2 732
四川	1 044	1 815	1 687	1 912	2 041	2 018	2 240	2 162	2 031	1 923	2 448
湖北	857	1 631	1 104	1 381	1 268	1 519	1 617	1 997	1 950	2 036	2 137
上海	2 504	4 261	4 795	4 439	3 362	3 478	3 396	3 557	3 666	2 779	2 129

续表

年份 地区	2006	2007	2008	2009	2010	2011	2012	2013	2014	2015	2016
福建	770	1 546	1 544	1 707	1 777	2 056	2 155	2 192	2 179	1 769	1 957
河南	1 235	2 328	1 522	3 291	3 568	3 132	2 258	2 224	2 212	2 181	1 902
重庆	772	1 387	1 402	1 770	1 543	1 635	1 905	1 981	1 976	1 858	1 678
安徽	632	1 155	2 773	1 802	1 746	1 741	1 916	1 701	1 675	1 568	1 590
天津	635	1 182	1 266	1 491	1 660	1 791	2 015	2 026	1 864	1 741	1 469
湖南	562	1 095	153	714	920	847	960	1 423	1 470	1 199	1 367
陕西	507	1 066	1 092	1 148	1 109	1 156	1 159	1 171	1 172	1 327	1 268
山西	701	1 088	941	930	1 080	1 304	1 357	1 645	1 273	1 127	1 249
内蒙古	376	795	790	819	930	1 034	1 019	1 087	1 057	984	1 121
江西	405	767	766	877	968	1 090	1 114	1 122	1 185	1 438	1 037
黑龙江	529	898	911	934	875	912	1 055	909	716	884	962
云南	427	857	814	882	864	909	1 018	1 135	1 022	913	926
新疆	282	515	480	536	734	591	682	763	707	731	893
吉林	334	665	772	766	751	936	1 267	1 072	961	1 157	845
广西	312	617	1 044	193	174	203	218	867	982	970	713
贵州	196	397	370	403	456	481	517	628	707	631	510
甘肃	223	370	662	451	404	468	541	534	642	583	487
宁夏	94	186	178	206	228	283	292	285	298	267	317
海南	82	156	623	1 223	1 256	1 243	1 437	192	258	304	291
青海	45	120	107	119	153	179	186	203	221	216	270
西藏	—	—	—	—	—	—	—	38	68	39	32

（1）全国各地区历年的票据发展指数。对于全国各地区历年的票据发展指数，如表 12 -8 所示，我国的票据发展水平总体上呈现提高的趋势，特别是江苏、广东、山东、浙江、河北、辽宁等地上升幅度较大。从供给方看，随着近几年我国经济的飞速发展，企业通过票据的结算需求和融资需求都有了大幅提升；从需求方看，伴随我国金融改革的推进和利率市场化的提速，票据市场越来越受金融机构的青睐，参与主体和票据业务、产品不断丰富，市场活跃程度和条线收入占比都在快速提高。

（2）全国各地区票据发展指数的分析。2006—2016 年全国各地区票据发展指数的差距情况如表 12 -9 所示，从中可以看出，全国各地区全距与标准差正在逐步增大，极差由 2006 年的 3 433 点增加到 2016 年的 6 483 点，标准差由 2006 年的 974 点增加到 2016 年的 1 661 点。票据发展状况在不同维度上并不均衡，地区之间的差距正在逐步加大，东部经济发达地区的票据发展指数明显高于西部欠发达地区，形成东西部之间较为明显的区域差异，即一个地区票据市场的发展情况基本与该地区的经济总量和贷款总规模是相一致的。同时，我们也发现近几年中部地区票据市场的增长速度较快，经济发达的东部地区增长速度反而较慢，这与我国整体经济结构调整、中西部经济金融发展速度加快是相辅相成的。

表 12 - 9　　2006—2016 年全国各地区票据发展指数差距表

年份	地区数	极小值	极大值	全距	均值	标准差
2006	30	45	3 478	3 433	1 000	974
2007	30	120	5 753	5 633	1 795	1 700
2008	30	107	5 868	5 761	1 822	1 731
2009	30	119	5 873	5 754	1 925	1 731
2010	30	153	6 132	5 979	1 902	1 666
2011	30	179	6 420	6 241	1 969	1 702
2012	30	186	7 088	6 902	2 064	1 768
2013	31	38	7 252	7 214	2 010	1 769
2014	31	68	7 167	7 099	1 985	1 776
2015	31	39	6 695	6 656	1 882	1 622
2016	31	32	6 515	6 483	1 907	1 661

2. 区域票据发展指数的聚类分析。本书采用聚类分析方法对我国各地区历年的票据发展指数进行归类，通过对输出结果的分析，按照地区来确定票据发展指数的类别，并研究票据发展指数对各个地区的影响。

在聚类方法上，选择组间连接法，即当两类合并为一类后，使所有的两项之间的平均距离最小。同时，运用标准差标准化方法（Z - Scores），把数值标准化到 Z 分布，标准化后变量均值为 0，标准差为 1。最后，输出结果的树状聚类图如图 12 - 11 所示。由树状聚类图可以得出，当把距离设定为 7 时，全国各地区可以明显分为四大类。

第一类：江苏、广东、山东、浙江。这四个省份在 GDP 和贷款规模上均是全国前四名，它们的共同特点主要是东部沿海地区经济发达，企业贸易结算和融资需求旺盛，票据资源和金融资源丰富，市场交易活跃，创新能力强，因此该地区从票据承兑、银行直贴到金融机构的转贴现都很活跃，因此票据发展指数在全国遥遥领先。

第二类：河北、辽宁、北京、四川、湖北、上海、福建、河南。这些地区属于经济金融发展第二梯队，经济基础相对较好，金融活跃度相对较高，票据在企业间的支付结算需求和金融机构间的周转融资需求均较为旺盛，因此这些地区各类票据业务均处在全国的中上游。

第三类：重庆、安徽、天津、湖南、陕西、山西、内蒙古、江西、黑龙江、云南、新疆、吉林、广西。这些省份（直辖市）大多位于中部地区，经

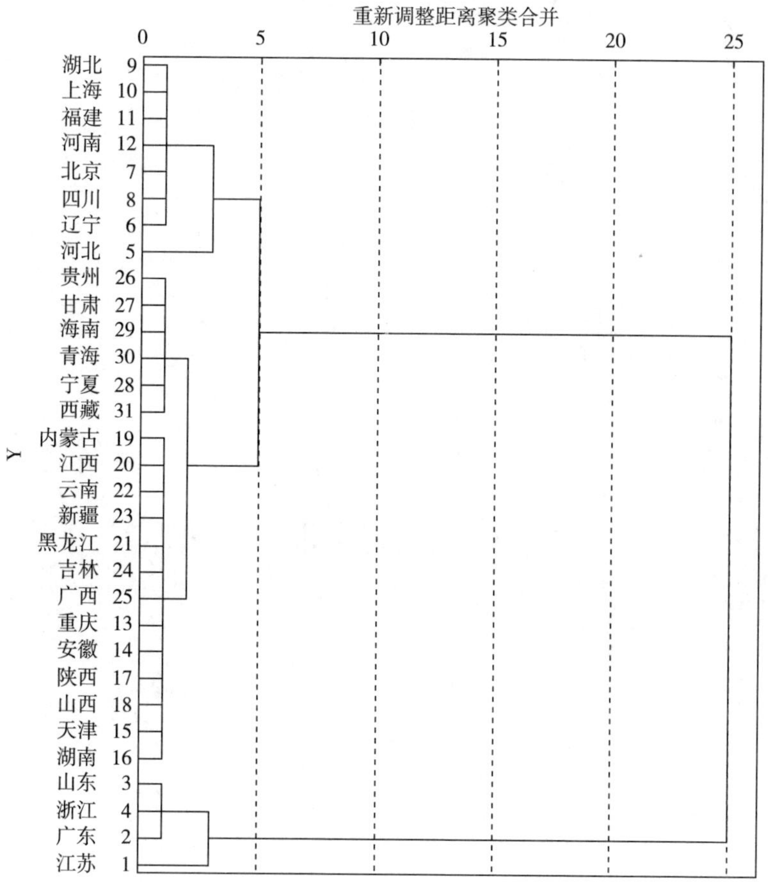

图 12－11　使用平均联接（组间）的树状图

济总量和金融资源存量处于全国中等水平，随着我国经济结构调整加快，中部经济增速逐渐超过东部沿海地区，因此这些地区的票据一级市场（承兑业务）相对活跃，二级市场正在迅速成长，该类型地区的特点就是票据市场发展迅速且潜力巨大。

第四类：贵州、甘肃、宁夏、海南、青海、西藏。这些省份（自治区）多位于中西部欠发达地区，综合经济和金融资源相对较为落后，票源较为稀缺，参与主体相对较少，投入票据市场的金融资源也不足，票据市场发展相对落后。

第十三章　票据业务经营

在票据流转全生命周期中，商业银行扮演着重要角色，甚至可以说，没有商业银行就没有票据业务和票据市场。在票据签发环节，商业银行无可替代，在票据贴现环节，商业银行作为资金方而存在，其贴现价格和节奏的管控直接决定票据业务的活跃，因此无论是从哪个角度看，商业银行是我国票据业务发生的主战场，对票据业务和票据市场起了关键性作用，有必要深入了解我国商业银行票据业务的经营。本章主要围绕商业银行票据业务经营的作用、商业银行票据业务经营过程以及商业银行票据业务经营现状展开，旨在让读者对商业银行票据业务经营做一了解。

第一节　票据业务经营作用

票据在早期推广出来之时，商业银行主要是把其作为服务企业客户的支付结算工具，因此在票据业务诞生初始，商业银行经营票据业务主要的职责是服务票据流转和贸易结算。随着票据市场参与主体的不断扩大，票据业务的信用功能、支付结算功能、信贷属性、资金属性、投资功能、交易功能、调控功能不断开发利用，商业银行经营票据业务的积极性显著提高，票据业务对我国商业银行的经营起到了重要作用。

一、有利于商业银行丰富产品业务体系，更好服务企业客户

商业银行作为营利性金融机构，必须利用其一切产品吸引更多的优质客户，票据业务既是一项基础性业务，又可以和其他产品业务组合在一起，很好地服务企业客户。票据的签发和承兑业务，作为商业银行传统信贷业务的补

充，对企业而言它能被更灵活地加以使用，满足企业对资金的不同需求。票据贴现业务对企业而言是一种买卖方便快捷且成本低的融资业务，深受投资者欢迎。其他诸如票据理财、票据池、商票保贴等业务的推出，都是基于满足客户，吸引客户而开办的。

二、有利于商业银行调节和优化资产负债结构

商业银行的资产范围宽泛而又复杂，不但有期限上的不同，而且还有收益率上的高低；不但有金额标的上的不同，还有风险系数的大小；不但有标准化程度的不同，还有变现能力上的差异。商业银行作为市场主体，虽然盈利是终极目标，但其作为经营风险的机构，风险和盈利上要取得平衡。票据业务就是一个能够很好地调节和优化商业银行资产结构的工具，配置一定比例的票据产品，能够很好地改善资产的流动性、风险性。从负债的角度来看也是一样，通过票据回购，能够快速取得一些低成本资金，完善银行的负债方式。签发商业汇票属于商业银行的表外业务，是商业银行的或有负债。由于签发商业汇票只需提供银行信用保障，无须银行投入运营资金，只有在办理贴现业务时，才会视同信贷业务占用商业银行运营资金，因此流动资金票据化可以优化商业银行资产负债表。

三、有利于商业银行调节资金和流动性管理

流动性风险是商业银行的最重要的风险之一。流动性风险管理得好，一是需要一支专业能力强的团队，二是需要有较好的流动性管理工具。商业银行每天资金头寸的需求充满随机性，难以准确预测，必须要配置一定规模的流动性资产来应对，票据业务就是能很好解决这一问题的工具。当商业银行资金头寸紧缺时，可以通过卖出或回购相应的票据，来获得资金；当商业银行资金头寸临时有多余，可以通过在票据市场上快速贴入或转贴买入相应资产，来熨平资金波动。票据市场容量大，贴现利率将对市场利率起导向作用。贴现利率将基本反映市场利率整体走势，这对于商业银行准确预测利率趋势，防范利率风险具有积极作用。

四、有利于商业银行获得各项综合收益

通过票据业务及票据资产的配置，商业银行可以获取利息、非息和中间业务收入，如承兑业务收取的手续费、贴现利息收入、转贴现卖断价差、同业投

资收益等；同时通过承兑保证金吸收存款，通过转贴现、回购做大资产规模等。商业银行票据业务传统盈利模式主要有三种：一是持有到期获得利息收入，通常是资金和规模大行；二是快速交易或错配赚取价差收益，如活跃的股份制银行；三是为他行的票据交易提供服务。近几年商业银行传统业务经营模式已越来越困难，新型的金融市场正在不断地发展，通过票据产品链来创新全新工具，提供多样化的经营工具，既维系了客户，又能带来更多创新中间业务收入。

五、有利于商业银行开展国际竞争

我国加入WTO以后，外资银行的进入使得金融同业竞争异常激烈。对于资产业务的竞争，将会是对成长性高的行业、优质客户、具有潜力项目的竞争，这就要求商业银行必须按照“有进有退，有所为有所不为”的战略进行信贷结构调整，尽可能在最短时间内达到行业结构、客户结构、期限结构的匹配，改善资产质量，增强竞争能力。贴现以其买卖方便、易于操作、数额巨大、变现能力强等特点便于商业银行改善信贷结构，也易于成为最具竞争力的资产项目，如民生银行为增强国际竞争力，创新外汇票据买断业务、票据贴现买方付息、保理业务。

第二节　票据业务经营过程

票据业务的经营在商业银行已有多年，票据业务的组织、推动、创新都很成熟。目前票据承兑和质押业务，都是由各家商业银行的公司部门或授信审批部门负责；票据贴现业务一般在公司部门或专门的票据部门集中办理；而转贴现、回购、再贴现业务多集中在分行级专门的票据部门办理，票据投资业务多是在分行级以上金融同业部门或专门的票据部门办理。有些商业银行业务部门赋予全行的管理职能，而有些则完全是按事业部建制突出利润创造目标等。无论职责是否一样，但有一点是这些部门机构都是我国商业银行票据经营的落脚点，对推动我国商业银行票据业务经营及我国票据市场繁荣作出了切实的贡献。

一、商业银行票据业务经营的主要内容

对商业银行而言，票据业务及其经营覆盖票据承兑、票据质押、票据贴

现、票据转贴现、票据再贴现及各类票据创新业务。

票据承兑业务一般归类于传统信贷表外业务，通过商业银行的承兑，商业信用就转化为银行信用，通常由商业银行的信贷部门负责。当企业在购货时有短期资金需求时，使用银行承兑汇票无须付款就完成了货款的支付，使得银行承兑汇票成为一种企业能够普遍接受的融资方式。同时商业银行可以通过承兑业务获得手续费收入和保证金存款收益，稳定其客户群。票据在实际流转的过程中，由于票据记载的付款人在规定的条件成立时负有付款义务，因此，票据作为一种金钱凭证，也逐渐被用于质押。现在常用于质押的票据主要是银行汇票和银行承兑汇票 ，由于有承兑银行的信用为后盾 ，同时行使票据的质押权利能保证贷款银行以现金方式收回贷款 ，这对于贷款银行而言有很大的诱惑力。票据的质押拓展了票据的功能，也为企业及时回笼资金进行生产经营提供了便利。

票据贴现是一项银行授信业务，票据一经贴现便归贴现银行所有，贴现银行到期可凭票直接向承兑人收取票款。票据贴现作为一种高效实用的融资手段，能为客户快速变现手中未到期的商业票据，手续方便、融资成本低，客户可预先得到银行垫付的融资款项，加速公司资金周转，提高资金利用效率。

转贴现中转出行将汇票转让给转入行，转入行从汇票金额中扣除贴现利息后，将汇票金额的其余金额支付给汇票转出行。票据可以被多次转贴现，其优势在于：灵活调节资产规模，提高资产使用效率，降低筹资成本和资产风险。

再贴现业务实质上是人民银行向商业银行提供资金的一种方式。商业银行进行票据贴现后，若其资金紧张，在贴现票据到期前，可持未到期的贴现票据，向人民银行申请再贴现。

伴随着市场竞争的加剧以及金融需求的不断细化，商业银行票据业务除了这些承兑、直贴、转贴传统业务外，新产品层出不穷，如票据池、代签银票、票据托管、代理审验、票据代付、委托贴现、协议付息、票据理财、商票保贴等，而商票与银票、长票与短票、大票与小票之间的互换组合，又衍生出多种不同的产品，满足客户不同的融资需求。

二、商业银行通过票据业务调节和优化资产负债结构

资产负债的总体结构对企业价值的影响显著，银行的资产负债管理是商业银行管理的核心内容，银行通过资产负债的管理优化资产与负债结构及组合，降低风险进而达到利润最大化。在中国利率市场化的进程中，积极推进资产负

债结构的管理，对于进一步改善中国商业银行资产负债管理水平，提高中国商业银行经营水平，提高竞争力，规避风险有着重要意义。

我国商业银行的资产风险主要集中表现在贷款、拆借、投资三项具体业务上。商业银行经营票据业务，使得商业银行的资产风险集中在贷款和拆借两个方面。商业银行通过承兑汇票直接进行短期资金的融通，不必单纯依靠银行贷款，从而减轻了银行信贷的压力，为商业银行调整经营效率和资产结构创造了有利条件。根据票据业务的期限长短不同，有 1 个月至 1 年不等，商业银行可以通过购买具有不同到期期限的票据，在不同到期日获得资金报酬并获得资产的流动性，以调节商业银行的资产期限。当商业银行短期资金需求旺盛时，银行间同业拆借并不能即时满足商业银行的资金需求，这时候就需要借助票据的转贴现和再贴现业务进行融资以调节商业银行的资产风险结构。商业银行的票据业务可促进负债与资产合理匹配，为控制信贷资产不良率有所贡献。

三、商业银行通过票据业务加强流动性管理

流动性、安全性、盈利性是一家商业银行赖以存在的基础，其中流动性是商业银行的生命线。流动性不仅直接决定着单个商业银行的安危存亡，对整个国家乃至全球经济的稳定都至关重要。由于商业银行突出的高杠杆率的经营特点，流动性风险的管理就成为商业银行持续经营管理的重要内容之一。特别是美国次级债风波以及后来引发的国际金融危机，再次警示了稳健的流动性风险管理和监管的重要性。商业银行只有提供充足的流动性，更好地满足存款者的及时提款要求和贷款者的适当贷款需要，才能确保其安全，才能谈得上盈利。

商业银行的票据业务特别是转贴现业务随着票据市场格局的变化，在加快票据业务流动性方面的作用愈加显著。全国票据交易所的成立，促使其加快票据交易产品和票据衍生品的开发、创新、推广和应用，提高票据市场参与主体交易频率和效率，提高票据资产流动性。随着商业银行认识到电子商业汇票转贴现交易有着无可比拟的安全、便捷等优势，商业银行签发电子商业汇票的规模不断增加，加快票据转贴现业务的繁荣发展既可以为票据市场提供充足的流动性，反过来又促使票据承兑与贴现业务稳步发展。

商业银行的票据承兑业务按客户在该银行信用等级不同收取不同的银行承兑汇票保证金，既不占用商业银行的贷款额度，也降低了其帮客户还款的风险，有利于进一步提高银行资产的流动性。贴现是商业银行的资产业务，虽然占用银行的贷款额度，但贴现的期限比较短，便于企业资金周转。一般来说，

贴现银行只有在票据到期时才能向付款人要求付款，但贴现银行如果急需资金，又可以向其他银行申请转贴现或向人民银行申请再贴现。因此不管是商业银行的转贴现业务还是票据承兑业务，都降低了银行自身的流动性风险，提高了资金的运行效率，提高了流动性管理。

四、商业银行通过票据业务赚取丰厚收益

2010 年以前，票据市场参与者主要的盈利模式是持票生息，即通过资金、规模、资本的扩张维持利润指标的完成，此时市场竞争相对较小。但近年银行存款增速下滑甚至减少、资金成本上升，一些商业银行逐步减少持票业务。目前国有银行例如中国工商银行由于具有天生的优势，从社会上吸收资金成本较低，为了尽量减少票据在周转中存在的追索权的风险，国有银行仍然发展持票生息业务。近些年来银行市场竞争明显加剧，其他银行为了打破了曾经单一买入票据持有生息的规模型依赖路径，初步形成了“持票生息、交易获利和代理收益”协调发展的经营收益增长方式。

目前我国商业银行票据业务的主要盈利模式是做市商交易赚价差，分为直贴（贴现）和转贴（转贴现）两种。直贴是客户急需资金或不愿意持有到期时将票据权利转让给银行的行为。对银行来说，直贴是一笔融资业务，收益就是持有到期的收益与支付客户的款项之间的差（贴现息）。每家银行对于票据业务的理解，一个是流动性调节的手段，一个是盈利。因为票据是类现金的，所以在银行间市场有方便的转让渠道，一旦流动性紧张，银行首先是处理持有的票据，这个也因此引发了转贴业务。在日常的票据转贴现交易过程中，很多商业银行考虑到授信管理和监管要求，对交易对手和买入票据作出相应要求，因此票据业务过桥行就产生了，如一些村镇银行、农信社等银行需从国有大行拆借资金，就必须利用业务灵活、能够快速授信的过桥银行完成。在转贴现市场上，这些能够充当过桥银行的股份制银行或者城商银行充当着重要的角色，充当过桥银行并从中赚取 1 ~5 个基点的通道费。

由于票据买卖利差日益缩窄，而机构的盈利考核指标一直在增加，一些有经验的票据工作者通过对票据价格总体变化趋势的分析，并结合自身相关经验，进行波段交易。票据中的波段交易与股票中的波段操作类似，在预测未来票据利率会下降时，买入大量的票据，在票据利率降低时把它卖出，从中赚取波段收益。波段操作虽然看起来风险较高，但是由于商业银行每季度考核、社会上节日现金需求等因素，票据利率的浮动在一些经验丰富者面前

是有规律可循的，所以一些商业银行，更多的是股份制银行通过波段操作来赚取收益。而当这些收益仍未达到票据机构的考核标准或票据机构并不满足于此时，风险系数更高的错配业务也就产生了。错配指的是资金期限错配，即介入短期资金匹配长期票据，如买入6个月的票据，如果资金不错配，应借入6个月期限的资金进行匹配，但2014年以来，期限匹配的票据业务几乎无差价或倒挂。众所周知的是，资金期限越短，借入利率越低，所以，商业银行就会不停地借入7～14天乃至隔夜资金来匹配其长期票据以获得更高的错配利差。

商业银行经营票据业务，不仅能为其带来丰厚的收益，也能在业务进行中为调节商业银行的资产负债结构，改善流动性作出贡献。而随着我国票据市场电子化进程的发展，票据业务在商业银行调节资产负债结构、丰富金融服务手段、形成新的盈利点等方面将会发挥越来越大的作用。通过有效的产品链整合，做大、做强商业银行的贴现（直贴）业务，更紧密地满足好客户的融资需求，进而吸引客户使用其他金融产品，体现商业银行整体的综合竞争力；同时通过整合转贴现和相应的票据投资，以顺畅的行内票据流通链条形成合力，从而更高效地与同业市场对接，增强抵御市场波动的能力，提高市场议价能力，灵活摆布资产，提高资本回报，充分挖掘产品链价值。

第三节　票据业务经营现状

自20世纪80年代初期恢复办理商业汇票业务以来，票据业务不断发展壮大，在监管和创新中寻求平衡。商业银行是办理票据业务不可或缺的一环，但各类型的商业银行其票据业务经营特点和方向有着明显的不同。

一、我国票据市场票据业务总体情况

2017年我国票据承兑余额和承兑发生量分别为8.2万亿元和17.0万亿元，分别比2001年增长了15.1倍和12.5倍；同期，金融机构累计贴现40.3万亿元，比2001年增长了21倍，相当于当年货币市场总体交易规模（同业拆借+债券回购+票据贴现）的5.47%；2017年末票据贴现余额3.9万亿元，占各项贷款比重的3.2%。2017年，票交所电票承兑量已占88.99%，贴现占97.1%，转贴现及质押式回购占98.51%（见图13－1）。

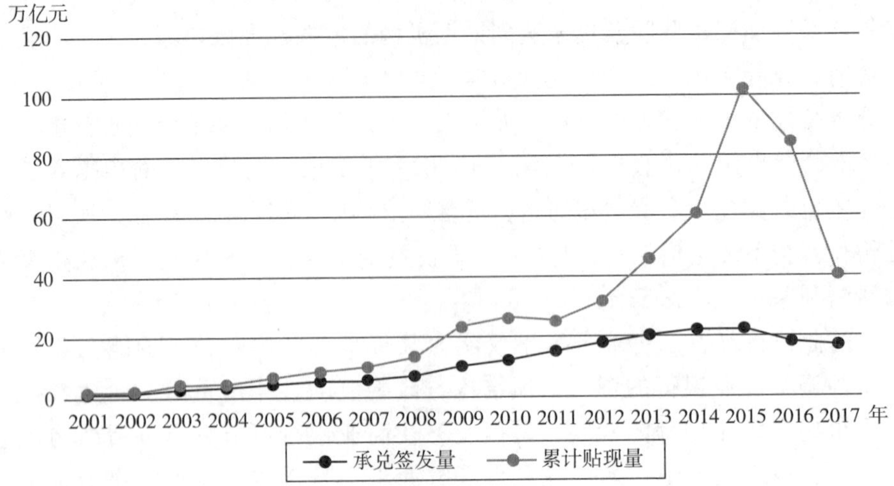

资料来源：根据中国人民银行历年统计数据整理。

图 13－1　2001—2017 年我国商业汇票承兑量和贴现量

二、我国商业银行票据业务总体情况

2000 年 11 月中国工商银行票据营业部在上海成立，标志着中国票据市场逐渐迈向正规化、专业化的发展阶段。经过多年的发展，商业银行票据业务日渐成熟，在商业银行经营乃至整个金融市场中发挥的作用日渐重要。近年来商业银行票据业务运营情况表现出如下特点：

1. 商业银行票据业务高速发展，在社会经济和商业银行中的重要性日益增加。进入新世纪以来，我国票据市场票据业务规模不断扩大，呈现全面上扬态势。尤其在 2015 年，我国票据承兑余额和承兑发生量分别为 10.4 万亿元和 22.4 万亿元，分别比 2001 年增长了 20.4 倍和 17.5 倍；金融机构累计贴现 102.1 万亿元，同比增长 68.2%；期末贴现余额 4.6 万亿元，同比增长 56.9%。2016 年受票据风险事件频发、监管趋严以及央行窗口指导控制规模等因素影响，全国金融机构商业汇票累计承兑量和累计买入量分别为 18.1 万亿元和 84.5 万亿元，同比分别回落 19.2% 和 17.2%。

2. 票据业务“黑天鹅”事件不断发生，呈现风险事件多发、频发和突发的态势。2015 年以来，受到宏观经济、金融市场和票据市场各类参与机构的共同影响，伴随着外部经济和产业结构调整的进一步深化，与实体经济密切相关的商业银行票据业务在传统信用风险、操作风险和市场风险等基础上，“黑天鹅”事件不断发生，票据行业的灰色地带逐渐暴露。在严厉的监管政策下，我国商业银行票据业务仍然风险频发，据有关媒体报道，自 2016 年初以来，多家商业银行均发生票据风险事件。从已公开的票据事件看，2016 年票据涉案资金已超过 100 亿元。

3. 商业银行票据业务不断创新，票据市场新格局不断演变。伴随着利率市场化的深入推进和央行不断降息的政策，商业银行的资产端收益受到了很大冲击。票据利率的快速下降和波幅减小使得票据市场经营机构的经营难度不断加大，获利空间不断压缩。为了提高自身盈利和竞争能力，商业银行不断创新业务，票据新品种纷纷出现在市场中。其中的中小型金融机构和股份制商业银行票据交易和创新的力度越来越大。如平安银行发布了以票据为核心的企业短期融资解决方案；民生银行开发了外汇票据买断业务、票据贴现买方付息、保理业务；中信银行针对大型企业普遍存在大额应收账款的问题，推出商业发票贴现方案。在“互联网 +”热潮方兴未艾和民间金融创新意识提升的背景下，部分商业银行还加快了互联网票据业务的创新发展。对于传统票据市场主体银行而言，受金融监管趋严、流动性和资本占用率等因素约束，一些大型股份上市银行的票据业务市场占比有所下降，越来越多的中小城商行、农商行、农信社、村镇银行日渐成为票据市场的重要参与主体。

三、26 家上市商业银行票据业务的总体情况

1. 票据承兑业务。截至 2017 年末，26 家上市商业银行贷款余额 77.61 万亿元，同比增加 7.58 万亿元，同比增长 10.82%；票据承兑余额 4.73 万亿元，同比减少 7 843 亿元，同比减少 14.23%；票据承兑余额占贷款余额比重由上年的 7.87% 回落至 6.09%，呈下降态势。其中，国有银行承兑余额 1.25 万亿元，同比减少 1 952 亿元，同比下降 13.52%；股份制银行承兑余额 2.95 万亿元，同比减少 5 219 亿元，同比下降 15.04%；城市商业银行承兑余额 4 931 亿元，同比减少 665 亿元，同比下降 11.89%；农村商业银行承兑余额 357 亿元，同比减少 7 亿元，同比下降 1.98%（见表 13 - 1）。

央行数据显示，2017 年票据承兑业务下降，年末承兑余额同比下降 8.89%。在上市银行中，无锡银行和南京银行的承兑余额较上年增加且增幅达 30% 以上。农村商业银行整体承兑余额下降幅度较小。

表 13 - 1　　2016 年与 2017 年上市银行承兑余额变动对比

	2016 年（亿元）	2017 年（亿元）	变动（%）
国有银行	14 432. 56	12 480. 75	-13. 52
股份制银行	34 708. 71	29 489. 71	-15. 04
城市商业银行	5 596. 32	4 930. 94	-11. 89
农村商业银行	364. 61	357. 40	-1. 98

2. 票据贴现业务。截至 2017 年末，26 家上市商业银行票据贴现余额 1. 72 万亿元，同比减少 1. 38 万亿元，同比下降 44. 49%。其中，国有银行贴现余额 9 803 亿元，同比减少 1. 23 万亿元，同比下降 55. 64%；股份制银行贴现余额 5 318 亿元，同比减少 813 亿元，同比下降 13. 26%；城市商业银行贴现余额 1 834亿元，同比减少 616 亿元，同比下降 25. 15%；农村商业银行贴现余额 262 亿元，同比减少 75 亿元，同比下降 22. 23%（见表 13 -2）。

表 13 - 2　　2016 年与 2017 年上市银行贴现余额变动对比

	2016 年（亿元）	2017 年（亿元）	变动（%）
国有银行	22 099. 11	9 802. 80	-55. 64
股份制银行	6 130. 64	5 317. 64	-13. 26
城市商业银行	2 449. 90	1 833. 75	-25. 15
农村商业银行	337. 43	262. 41	-22. 23

央行数据显示，2017 年金融机构期末贴现余额同比下降 29. 09%，国有银行的贴现余额降幅明显高于金融机构整体降幅，而股份制商业银行的贴现余额降幅明显小于金融机构整体降幅。

3. 票据回购业务。2017 年，26 家上市商业银行买入返售票据余额合计2 908 亿元，同比减少 212 亿元，同比下降 6. 78%。股份制商业银行 2017 年买入返售票据余额同比下降 81. 75%，而城市商业银行同比增长 81. 82%（见表 13 -3）。

表 13 - 3　　2016 年与 2017 年上市银行买入返售票据余额变动对比

	2016 年（亿元）	2017 年（亿元）	变动（%）
国有银行	2 616. 54	2 803. 68	7. 15
股份制银行	501. 98	91. 63	-81. 75
城市商业银行	0. 55	1. 00	81. 82
农村商业银行	0. 00	11. 19	—

2017 年，26 家上市商业银行卖出回购票据余额合计 2 694 亿元，同比减少 389 亿元，同比下降 12.61%。其中国有银行和农村商业银行卖出回购票据余额均大幅增加（见表 13－4）。

表 13－4　　2016 年与 2017 年上市银行卖出回购票据余额变动对比

	2016 年（亿元）	2017 年（亿元）	变动（%）
国有银行	173.52	349.21	101.25
股份制银行	2 394.94	1 855.45	－22.53
城市商业银行	508.77	467.20	－8.17
农村商业银行	5.65	22.18	292.62

4. 票据收益情况。由于部分银行未披露票据贴现平均收益率，根据已有数据，2017 年贴现平均收益率为 3.63%，同比增加 40 个基点。其中，国有银行贴现平均收益率为 3.74%，同比增加了 52 个基点；股份制银行贴现平均收益率为 3.57%，同比增加了 38 个基点；城市商业银行中仅披露上海银行的票据贴现平均收益率为 3.54%，同比增加了 8 个基点（见表 13－5）。

表 13－5　　2016 年与 2017 年上市银行贴现平均收益率变动对比

	2016 年（%）	2017 年（%）	变动
国有银行	3.22	3.74	0.52
股份制银行	3.19	3.57	0.38

四、国有商业银行票据业务的基本情况

自 2000 年工商银行率先成立全国首家票据专营机构以来，国有商业银行在推动票据业务发展上对其他金融机构产生了积极的示范效应。国有商业银行有效地执行央行货币政策，实行流动性操作，以票据业务为载体，为中小金融机构输入较低成本资金，促进了中小金融机构的经营发展。同时，国有商业银行积极发挥自身在票据审验与保管、风险管理以及票据产品的研发等诸多方面积累的专业化经营优势，向市场传导业务标准，树立行业标杆，为我国票据市场发展做出了积极贡献。

虽然近年来国有商业银行的票据业务取得了长足的发展，但并没有将票据作为产品线，更缺乏票据产品链的经营管理理念、体系与机制，未形成以票据产品链为突破口，以承兑、贴现、转贴、回购和再贴各环节为切入点，以信贷

属性（承兑、直贴）、资金属性（转、回、再贴）为产品线，辅以所有点、线和各环节以及关联衍生、增值、创新为产品链的票据业务整体发展体系。国有商业银行票据业务这几年呈现出以下特征：承兑业务量增长缓慢，票据贴现市场占比快速下降，本行承兑票据回流率明显偏低，票据收入在上市银行的占比远低于其存贷款在上市银行的占比。因此，国有商业银行的票据业务在服务实体经济、促进创新转型上仍然存在较大的发展空间。

五、城市商业银行票据业务的基本情况

城市商业银行作为我国银行体系的重要组成部分，在未来承载着服务城市经济，开发专业型、零售型金融业务的重要职能。其票据机构设置一般分为两类：一是作为金融市场部的下设机构，二是成立票据中心，单独作为一个部门。

大型城市商业银行运用票据资产拓展收益的方式仍然以票据直贴和转贴现及回购业务为主，对于规模及资金的占用比较大；而中小商业银行则运用大型商业银行提供的资金和规模支撑，采取较为多样的运作方式获取票据业务收益。

如今大型城市商业银行基本都建立起了包含票据池、票据资产管理、票据托管、票据资产综合服务、票据同业投资等产品在内的产品体系。2016 年，全国首单基于票据收益权发行的资产证券化产品——华泰资管—江苏银行“融元 1 号专项资产支持计划”成功发行，标志着票据证券化业务正式落地。另外，2017 年 3 月 15 日，区块链票链全国监控运营管理中心揭牌暨全国首单区块链票链业务上线仪式在赣州银行举行，标志着区块链票据进入实际应用阶段，未来票据衍生品也有望推出。还有一些商业银行加大对票据投研能力的建设，旨在做大票据业务提升利润贡献，如九江银行和江西财经大学合作建设的江西财经大学九银票据研究院，这些都代表了票据业务的一个发展方向和趋势。

六、农商、农信、村镇银行票据业务的基本情况

在近几年资产荒的大背景下，众多农商、农信、村镇银行（以下简称农村小微金融机构）开始涉足同业业务，包括票据业务。农村小微金融机构作为经营层级较少的“总行—（一级支行或分行）—基层支行”的机构，通过窗口指导签发银行承兑汇票的行业准入，进而调整票据结构。农村小微金融机

构虽然近几年业务发展较快，但在整个金融市场中依然处于弱势地位，对于其签发的银行承兑汇票市场认可度较低。此外，票据融资中转贴现份额大，加剧了本省资金外流，通过票据业务，当地企业在农村小微金融机构中真正融到的资金非常有限。

虽然每家农村小微金融机构的规模不大，但农村小微金融机构的数量庞大，业务模式灵活，其影响力不可小觑。且每家农村小微金融机构在当地的影响力都非常大，农村小微金融机构成为了 2016 年票据行业重要的增量因素。预计未来几年中，农村小微金融机构将成为票据市场中极其重要的参与者。

随着我国票据市场的快速发展，商业银行票据承兑、贴现、转贴现规模不断扩大。国有大行持票规模大、资金成本低、业务模式风险低等优势都是助力其成为主导者的重要因素，后起之秀股份制银行和城商行票据业务的创新力度不容小觑，农村小微金融机构也逐渐成为票据市场中极其重要的参与者。票据交易所成立后，交易模式由线下交易转变为线上交易，票据资金化趋势愈发明显，票据市场进入了集约化、规范化、电子化交易的新阶段，包括银行机构在内的各种票据市场参与主体都会积极顺应新形势，改变经营模式。商业银行票据业务在未来的发展值得期待。

第十四章　票据业务风险管理

商业汇票从商业银行受理承兑和办理贴现、转贴现，到人民银行再贴现（简称“四阶段”，下同）等整个过程的风险管理，是现代银行商业汇票经营管理的重要内容。其基本目的就是通过施行有效的方法避免受理承兑汇票整个业务的风险。本章就票据业务风险管理的概念、意义、管理方法和监测指标等作一些基本介绍。

第一节　票据业务风险管理的概念

一、票据业务风险管理的含义

（一）风险的一般含义

风险从定性的角度来说，是人们（包括法人）担心的、客观存在的、能致人以严重后果但又无法预先确切知道其是否会发生的一种潜在灾难。这种灾难从量的方面考察，即为一定的损失，或者说，是事件在未来造成损失的概率及其后果的函数。

（二）票据业务风险管理的含义

票据风险是指由于诸如票据的伪造、变造，票据的取得不当，票据行为无效或缺陷，以及工作人员经验不足或能力不够等原因引起的，给当事人造成利益损失的风险。

票据风险包括信用风险、市场风险、操作风险、法律（合规）风险、道德风险等。

1. 信用风险，是指由于票据承兑人或票据融资业务交易对手的信用出现问题，造成票据的迟付或拒付，从而造成损失的风险。产生原因有债务人的履约意愿出现问题、债务人的履约能力出现问题、到期不能兑付、交易对手转嫁等。

2. 市场风险，主要包括利率风险和流动性风险。利率风险是指商业银行在办理票据融资业务时由于市场价格（如贴现或转贴现利率等）的变动对银行的资金损益产生影响的风险，错配及高杠杆导致市场风险总体上升。流动性风险是指商业银行无法及时获得充足资金支付到期票据（如卖出回购到期）债务的风险，或因买入票据的变现能力不足而产生的经营性风险，存在资产结构失衡的流动性风险。

3. 操作风险，是指由不完善或有问题的内部程序、员工、信息科技系统，以及外部事件造成损失的风险，包括法律风险，但不包括战略风险和声誉风险。

4. 法律（合规）风险，是指商业银行因没有遵循法律、规则和相关制度规定，可能遭受法律制裁、监管处罚、重大财务损失和声誉损失的风险。包括贴现无真实贸易背景票据的政策性风险和违背监管政策的合规风险，创新与监管博弈促使合规风险提升。

5. 道德风险，是指由于企业对银行的诈骗行为和银行内部从业人员的道德丧失而导致的票据业务风险。有以下几种情况：明知是作废的汇票、本票、支票而使用，明知是伪造、变造的汇票、本票、支票而使用，汇票、本票的出票人签发无资金保证的汇票、本票或者在出票时作虚假记载、骗取财物，冒用他人的汇票、本票、支票，签发空头支票或者与预留印鉴不符的支票骗取财物。

（三）银行承兑汇票风险的含义

银行承兑汇票是包含多种意义在内的信用行为。客户向商业银行提出签发银行承兑汇票要求并得到满足时，银企双方仅仅约定了一种承诺，尚没有价值的实在运动，通俗地说没有动钱（手续费除外）；当收款人持该票据向商业银行提出贴现要求并得到满足时，价值运动才真正开始；继而在票据到期之前可办理转贴现、再贴现，最后由付款人兑付汇票，完成最初的承诺。这既是一个有严格时限的过程，又是一个多环节的过程，必然有许多不确定因素影响许诺的如期如数兑现，各个环节的有关当事人可能会由此受到损失。这种由于事前无法预知的各种不确定因素影响而使银行承兑汇票的承兑银行、贴现和转贴现银行、再贴现银行蒙受损失的可能性，称为银行承兑汇票风险。

（四）银行承兑汇票风险管理的含义

银行承兑汇票风险管理是银行以银行承兑汇票运作中出现或可能出现的各种风险作为研究对象，运用科学方法识别、避免、控制、监测、化解和处理风险的行为过程。其目的就是保证银行承兑汇票业务的健康正常开展，尽可能避免发生损失或减少损失，为社会主义市场经济提供一种良好的金融服务。

二、银行承兑汇票风险的种类

银行承兑汇票运作全过程中的风险从不同角度来分类，有多种方法。为了对银行承兑汇票风险有比较简明、全面的认识，我们按票据所处的阶段分类。银行承兑汇票在运作过程中，由于票据所处的阶段不同，承受风险的主体也不同。按票据所处的阶段划分风险的种类，比较直观，有利于承担风险的主体识别风险。因此，按票据所处的阶段分类，我们把银行承兑汇票风险划分为承兑风险、贴现风险、转贴现风险和再贴现风险。

（一）承兑风险

银行承兑汇票的承兑风险是指承兑申请人在票据到期时没有能力或没有足够兑付票款，或有意不兑现承诺迫使银行垫付资金甚至造成损失的可能性。承兑风险起于银行承兑阶段，由于当时有即期的手续费收入而承兑额没有即期的资金运动，承兑银行在办理这项业务的初期很容易忽视将要承担的风险责任。从目前国内市场反映的一般情况看，畅销的商品结算方式多数为预收货款或现款现货；滞销商品被迫采用代销、寄销方式，货主的货销出之后才能收回货款；中等供求状况的平销商品较多采用银行承兑汇票结算货款，由此而形成的“结算链”比较脆弱。随着市场的规范化、社会信用度的提高，结算票据化呈必然趋势。银行承兑汇票是银行提供的一种信用担保，运用好了有助于清算商品销售“结算链”。经济活动中的汇票付款人申请承兑往往是因暂时不能或不愿支付货款又要取得销货方的商品，而出具的到期无条件付款的承诺，出票人将来兑付票款主要取决于自身的经营状况好坏和预期收入的大小。因此，承兑银行首先面临的就是垫付资金的风险，接着就是所垫付的资金本息能否尽快收回的风险。

（二）贴现风险

银行承兑汇票的贴现风险是指收款人因急需资金凭以向银行申请贴现的票据到期不能如数收回票款而引起贴现银行蒙受损失的可能性。银行贴现风险一是源于对贴现票据的真实性、合法性、有效性判断准确与否，以及承兑银行资金实力的强弱和信誉度高低等原因导致的风险。二是利率风险。现行的利率政策规定，贴现利率按同档次信用贷款利率下浮3%执行。由于贴现利息的计收是按现时同档次贷款利率计收，而不是按贴现到期时同档次贷款利率计收，尤其是在实行委托收款方式下，自然有利息少收的可能性；当然，利率风险比小得多了。因此，在实际工作中对利率风险考虑较少。

（三）转贴现风险

银行承兑汇票的转贴现风险是指转贴现票据到期不能如期如数收回票款而引起转贴现银行蒙受损失的可能性。商业银行受理转贴现的风险，从主观上看，关键是对贴现银行提交票据的真实性、合法性、有效性的判断准确与否。转贴现风险与贴现风险相比较，差别在于经过贴现环节之后期限短些，除了信用风险之外，其他风险因素可以不必作太多考虑。

（四）再贴现风险

再贴现业务是人民银行调节社会信用总量的一种手段。现行规定人民银行办理再贴现业务，只审查票据的可靠程度，不买断票据，再贴现到期则从有关商业银行在中国人民银行存款账户中扣收。这可以说人民银行没有具体的直接损失的可能性。但人民银行有控制社会信用总量的职责，再贴现业务的过度扩张会引起信用膨胀，最终引发通货膨胀。这种再贴现风险亦可以称为社会风险。

第二节　票据业务风险管理的意义

一、票据业务风险的特点

在阐述票据业务风险管理意义之前，我们先分析一下票据业务风险的特点，以利于进一步明确加强票据业务风险管理的意义。票据业务风险除具有银行其他同类业务风险的一般特点外，主要有以下三个突出特点。

（一）客观性

票据业务风险的客观性比银行其他业务风险的客观性更突出。这是因为在市场经济条件下有经济行为发生，就有风险伴生。票据业务的办理，是一个经济行为的集合，必然伴生许多风险。银行承兑汇票承兑申请人在市场竞争中，随时可能发生经济损失甚至破产，这就可能造成无法如期如数兑付票款而给承兑银行造成风险和损失，继而引起贴现、转贴现银行遭受风险和损失。也有银行自身管理出现漏洞而表现在承兑汇票业务上的损失。每一笔承兑汇票业务都与许多经济活动相连接，众多的承兑汇票业务就有更多的经济活动交织在一起，伴生的风险就是一个庞大的集合。因此，我们只能尽最大可能把承兑汇票风险减少到最小的限度。

（二）不确定性

票据业务风险是指每笔业务的各个环节、所有已办和将办的承兑汇票都有出现损失的可能，但具体是哪一笔、哪个环节、何时何地、何种形式出现风险是不确定的。这是因为承担风险的主体（银行）、客体（出票人、持票人）随时间、地点、业务内容的变化都有许多不确定因素，使承兑汇票风险发生损失的大小、频率、快慢、表现的形式等都在变化之中，而且承兑汇票在整个运动过程中，承担风险一般是一个承兑申请人与承兑银行、贴现银行转贴现银行或再贴现银行等多者之间的复杂关系，如果有背书转让的话关系就更复杂。这些都是承兑汇票风险具有不确定性的原因。

（三）时限性

每一笔承兑汇票都有严格的时效性，限定兑付时日，不能提前兑付，更不准逾期兑付。因而就每一张票据而言，银行所承担的风险是有严格时限性的，最长不超过 12 个月。过了这个时限，要么付款人按期付款，风险变为零；要么因付款人不能按时足额付款，风险变为现实。

二、票据业务风险管理的意义

加强票据业务全过程的风险管理，对国家加强宏观经济调控和对银行保全自身利益都有十分重要的意义，概括地说主要有以下三个方面。

（一）有利于票据业务的健康发展，促进社会信用度的提高

我国银行业 1994 年开始恢复银行承兑汇票业务，其初衷是国务院领导同

志借其较高的信用度之优势，规范商业信用，支持生产发展、流通扩大，缓解企业间的“三角债”。近年的使用情况在很大程度上达到了预期的效果，使社会经济生活中的现钱现货交易逐步转为用银行承兑汇票进行转账结算，社会信用度有所提高。如能进一步加强银行承兑汇票的风险管理，继续保持稳健发展的态势必将促进社会信用度的进一步提高。

（二）有利于减少经济损失，促进商业银行稳健经营

加强承兑汇票风险管理，事前能识别风险、防范风险，事中能避开风险、减少风险，事后能转化风险，从而减少损失，为商业银行的稳健经营创造有利条件。

（三）有利于控制信用总量，促进国民经济稳步发展

从票据业务承兑环节看，企业使用承兑汇票，如果没有存足百分之百保证金的话，实际上是把未来的钱提前到现在使用。银行为企业承兑汇票，无论企业存足保证金与否都是向社会提供了一定量的银行信用。从贴现、转贴现、再贴现环节看，也是一次又一次地转换信用关系，而且最后的落脚点是促使人民银行从再贴现的渠道增发货币。因此，银行加强承兑汇票风险管理，必然会有一定的自律因素限制总量；人民银行还可通过再贴现直接抑制社会信用总量，促进国民经济避免信用膨胀的副作用而稳步发展。

第三节　票据业务风险管理的内容和方法

一、票据业务风险管理的任务、内容和原则

（一）票据业务风险管理的任务

票据业务风险管理的任务，概括地说就是用定性管理和定量管理相结合的方法，正确识别和判断承兑汇票从商业银行承兑、贴现、转贴现，到人民银行再贴现和付款人足额兑付票款全过程各阶段的风险，实施对风险的防范、控制、转化和损失补救。银行在为社会经济生活提供承兑汇票业务服务的同时要尽可能降低办理这项业务的风险、减少损失。具体讲，主要有以下三点：

1. 事前防范风险，保持社会经济生活中的正常结算秩序。票据业务最基本的功能是向社会提供一种可靠的结算方式。银行通过对承兑汇票风险管理的

行为，事前尽可能防范各种风险的发生，使票据顺利地完成款项正常清算，这样有利于商品交易、劳务供应的正常进行，社会经济生活朝着井然有序的方向发展。

2. 事中规避和控制风险，保证银行稳健经营。承兑汇票的承兑或者贴现、转贴现、再贴现的办理，虽是在较短时间内完成的，但如果实行严格的风险管理，操作规范，就可以最大限度地规避和控制风险，又有利于银行稳健经营。因此，事中避险和控险即是票据业务风险管理最重要的部分。

3. 事后转化风险和补救损失，维护银行的信用度。由于票据业务风险的客观性，银行在办理这项业务时，潜在风险转为现实风险，总有一定的概率，因而如何把已显露的风险转化为可控制、把可控制的损失减少或者通过补救措施完全消除，既是票据业务全程风险管理的艰巨任务，又有利于维持银行的信用度。

（二）票据业务风险管理的内容

票据业务风险管理的内容主要有承兑风险管理、贴现风险管理、转贴现风险管理、再贴现风险管理。

1. 承兑风险管理。主要围绕承兑申请人能否按期足额兑付票款来进行。具体就是通过一定的管理行为避开两方面的风险：一是承兑申请人不能按时足额付款，迫使银行垫款履行承诺；二是承兑申请人没有能力付款，甚至破产，银行出于维护自身信誉，承受损失履行付款承诺。另外还有信用总量失控的风险问题。

2. 贴现风险管理。票据贴现后，资金到期足额收回全靠异地的承兑申请人履行承诺，因而银行承兑汇票真实、合法、有效和承兑银行的信誉是银行贴现风险管理的中心内容。

3. 转贴现风险管理。转贴现风险管理与贴现风险管理的内容基本相同。不同的主要是贴现申请人为商业银行的客户，转贴现申请人一般是商业银行的分支机构。

4. 再贴现风险管理。目前我国人民银行办理再贴现并不是真正意义上的票据买卖关系，而是一种质押关系。因此，对人民银行来讲，再贴现风险并不完全具体表现在每笔业务的办理，而是表现为社会信用总量失控的风险。

（三）票据业务风险管理的原则

票据业务风险管理应遵循的原则是：规范管理、防避为主、转救并举、权责分明。

1. 规范管理。这项原则要求银行对票据业务风险管理有一套行之有效的规程。对于承兑、贴现、转贴现、再贴现事前识别风险、事中规避控制风险、事后损失补救等都要制定管理程序和风险评定及监测考核指标，使具体经办者有章可循，保障票据业务全程风险管理的工作落到实处。

2. 防避为主。这是指票据业务“四阶段”的风险管理都应以事前的防范和事中的避开为主，每个阶段事前对风险的测定、防范和事中的规避、控制务必认真细致。

3. 转救并举。这项原则是针对票据业务“四阶段”事后已经有风险的情况提出的。其内容就是对形成的风险采取经济的、行政的、法律的有效措施，努力转化和消除，及时补救，减少损失。

4. 权责分明。这是针对票据业务承兑、贴现、转贴现、再贴现前后跨度较大、地域跨度较广等特点，要求对各方的责任、权限、利益分解落实到位，使风险管理每个环节都能各司其职，各负其责。

二、票据业务风险管理的方法

（一）风险管理的一般方法

人们在探索风险发生、变化规律的过程中，总结出了选择处理风险的适当对策，使风险损失尽量减少或完全避免，从中摸索出了风险管理的有效方法，一般有以下几点：

1. 识别风险，指在做某项事情之前，对该事情风险的类型及风险形成的原因进行分析判断，以便计量和处理风险。因此，识别风险是整个风险管理工作的第一阶段，为以后的预防、规避、转移风险等确定了方向和范围，对没有识别出来的风险因素，根本不可能去实施有效的管理。所以说，识别风险是开展风险管理活动的基础。

2. 预防风险，指事前采取各种方法，降低风险变成现实的概率，消除损失发生的因素。预防风险的方法有两类：一类是防止的方法，指消除造成损失的原因，如银行承兑汇票办理贴现前的查询，可防止票据的错误、伪造，使凭以贴现的票据具备真实、合法、有效性。另一类是保护的方法，如银行承兑汇票存足保证金，即使承兑申请人的销货款不能及时回笼，到期也能足额兑付票款，银行也不会有垫款的风险。

3. 规避风险，指在办理银行汇票业务过程中，有明显风险因素时，采取一定措施主动放弃或拒绝承担面临的某种风险。这是处理风险最彻底的方法，但采用这种方法往往需要放弃某项权益，也就要失去与之相关的收益。

4. 转移风险，指风险管理者将其面临的风险转移给他人承担，如银行承兑汇票承兑申请人提出申请后，银行要求要有经济实力的企业作为担保人，即银行把垫款兑付票款的风险转移给担保人。转移风险与规避风险相比，转移风险更积极、灵活，通过风险和收益之间的重新安排，稳住了现有阵地，留下了业务发展的机会。

（二）风险管理的个别方法

1. 银行承兑汇票的风险管理。××银行 1996 年 11 月颁发的《银行承兑汇票管理暂行规定》第四条明确：“加强银行承兑汇票的风险管理。企业申请办理银行承兑汇票必须有有效担保；对无有效担保或担保能力不足的企业，银行不得办理银行承兑汇票。对个别确属效益好、信用好、资金实力强，与银行有密切业务关系的国有大中型企业，经一级分行批准，可凭信誉为其办理银行承兑汇票。”这些内容侧重于避险方面的规定。巴塞尔协议第 42 条第（1）款规定：“贷款的替代形式（如负债的普通担保、银行承兑担保和……），这类业务的换算乘数为 100%”，即等价于信用贷款的风险系数。在实际工作中，商业银行对银行承兑汇票承兑的风险管理比照贷款的风险管理。

（1）认真审查分析，及早识别风险。银行承兑汇票的风险总是有一定的隐蔽性，只有经过认真审查分析才可能识别风险。而银行所有的主动权可以说都集中在签字承兑之前。因此，事前的审查、分析工作是银行行使主动权的体现。银行签发承兑汇票之前，分析审查的内容主要是三个方面。

一是对承兑申请人信用等级进行审查。商业银行实行贷款风险度管理之后，一般来说，对已经建立了信贷关系的有贷客户都评定信用等级。这是审查承兑汇票时可供依据的资料，也是申请办理银行承兑汇票的企业必须具备的“信誉良好，无不良记录”的首要基本条件。例如，工商银行贷款风险管理办法规定企业信用等级分为六级，每级的信用等级变换系数是表示银行对企业发放贷款可能发生风险损失的概率。由于企业信用等级不同，其风险承受能力也不相同，因此银行对不同信用等级的企业签发银行承兑汇票发生风险损失的概率也不会相同。企业信用各等级变换系数如下。

企业信用等级变换系数

信用等级	变换系数	信用等级	变换系数
AAA	0.4	BBB	0.7
AA	0.5	BB	0.8
A	0.6	B	1.0

企业的信用等级虽然是银行信贷部门经过慎重而比较科学的评定的结果，但确定信用等级系数的直接依据主要是：巴塞尔协议有关资产风险权重的规定、西方商业银行有关贷款客户信用等级系数的规定、中国人民银行关于资本和资产风险权数的暂行规定、我国国有商业银行信贷部门贷款风险管理的经验等，这些依据在很大程度上都具有经验的特点；同时，企业信用等级和系数一年一定，就是说本年所依据的是上年以前的分析结果，在时效上滞后于承兑申请人的近期情况。因此，在借用企业信用等级和系数时还应注重企业近期的动态情况，诸如企业领导人变动与否，及时掌握企业经营者的素质变化情况；企业的经济实力和资金结构有何变化；经济效益情况有何变化，应收账款票据周转次数和存货周转次数以及利润变化情况；信用状况怎样，贷款质量、贷款付息情况有何变化；发展前景如何，尤其是市场变化与否，新产品经营能力、销售增长率、资本增值率等方面的变化。这些情况都与承兑汇票约期付款有紧密联系。如现在开一张承兑汇票出去，期限6个月，结果4个月后企业进入破产程序，承兑银行就会因此承受损失。商业银行经过这些分析之后，对汇票承兑申请人的信用等级有较新的了解，易于识别与之有关的承兑风险。

二是对承兑申请人财务状况进行审查。就是以承兑申请人的资产负债表和损益表为基础，依据一些规范化的比率，从不同的角度对承兑申请人财务状况进行分析，借以测定资信情况。将承兑申请人的资产负债表和损益表上的每项数据之间或这些数据与同行业中可比企业的平均水平联系起来分析，会得到与承兑风险相关的有用信息。如根据损益表上的净收益数据可了解企业的获利能力，进而与销售额、资产联系起来分析，与同业的平均水平联系起来分析，掌握的情况就多；可从销售和收益、流动资产、流动负债等的变动情况，对承兑申请人支付能力的变化趋势有一定的了解。这些定量分析的结果，可以作为防范银行承兑汇票风险的决策依据。

三是对承兑申请人的真实意图进行分析。中国工商银行规定企业申请办理银行承兑汇票的必备条件之一就是“有真实、合法的商品交易合同和交易发票”。这是从承兑汇票的签发应有相应的物资保证的角度提出的，也是办理银行承兑汇票业务的基本要求，与银行承兑汇票的安全有直接关系。如果不具备这个条件的，银行承兑汇票一签发就给银行带来风险。因此，必须十分清楚地了解承兑申请人的真实意图。这就要求银行经办者从申请人提供的商品交易合同和发票入手，结合申请人生产经营的内容，包括购销双方的企业性质、地域等分析其可信度，着重分析其生产经营性、合理性、合规合法性。一旦了解申请人的真实意图与现行规定不相符时，切勿融通办理，否则，很有可能造成难以挽回的风险损失。

（2）实行限额管理，控制风险发生。银行承兑汇票作为商业银行的一种担保业务，应该受到自身承受能力的制约，即商业银行签发银行承兑汇票的总量要有一个合理的限度，同时，企业申请签发银行承兑汇票的总量也应该受其自身承兑能力的制约。如超出这两者允许的限度，商业银行签发银行承兑汇票必然有很大的风险。

按照商业银行的一般要求，对外开出保函的担保总额受其自有资本金的限制。我国的国有商业银行一级分行以下只有营运资金，且大部分被固定资产占用，处于营运中的金额微乎其微。因此，中国工商银行规定各分行的银行承兑汇票签发余额（即时点数）不得超过营运资金，尤其经济发展水平一般的内陆行，适当紧一点好；经济发达的沿海地区可适当宽点。如果银行签发银行承兑汇票的总量超过这个总水平，用得太广，难以严格按规定的条件掌握办理，就会出现大的风险。为了控制风险发生，我国商业银行施行统一法人制度，总行对一级分行的银行承兑汇票实行授权管理。

企业申请签发银行承兑汇票，一般都把销货款作为保证金的主要来源。因此，有的商业银行规定单个企业的银行承兑汇票签发额以该企业近 6 个月的月平均销售额的三分之一为限。这是考虑企业销售收入的三分之一必须用于支付工资、管理费和缴税等，三分之一需要作为归还其他欠款和必要的现款购进物料等，只有约三分之一可用于兑付提前使用的银行承兑汇票票款。同时应分承兑申请人交存保证金的比例不同区别对待，即保证金超过承兑额 50% 的从优，保证金为承兑额的 30% ~50% 的次之，保证金水平还应结合企业信用状况和承兑期限区别对待，但至少也要交存承兑额的 20% 以上，否则的话不能承兑。

（3）缮制银行承兑汇票协议，明确承兑人、受益人、担保人几方的权利和义务。协议的主要内容应包括：协议编号；订立日期，即生效日；当事人名称、地址；承兑汇票的日期、编号；承兑金额和手续费率、准备金首次存入的比例和以后分次存足的日期、金额；责任条款，以明确规定在何种情况下，银行才行使代偿责任，在何种情况下银行行使先诉抗辩权、代位求偿权和承兑责任解除等权利；有效期限，应与承兑汇票的期限相衔接；还要有展期条款和法律仲裁条款等。这种协议的基本格式和条款都要请持证律师确认是否符合法律要求。具体签订协议时，切勿因“人熟”而走过场，马虎了事，有关方面都要十分慎重对待各项条款的具体内容，协议是要作为承担风险损失“铁证”的。

（4）适时行使承兑人的权利。即行使对承兑申请人的业务经营、财务状况的监督权，要求承兑申请人提供与银行承兑汇票有关的资料，定期上报财务报表（尤其是无贷款户）等。行使先诉抗辩权，承兑申请人对兑付票款负有直接责任，承兑银行对兑付票款负有承兑责任，当前者的财产按协议被强制执行后仍不足以清偿债务时，后者代为清偿。行使代位求偿权，即承兑人代承兑申请人履约后，承兑申请人因关停等原因而无力及时清偿票款时，作为承兑人的商业银行依法有权向担保人求得已由承兑人代偿的票款。当然，一旦出现银行垫款时，首先要抓紧督促承兑申请人按协议尽快归还垫款，催收罚金，以防造成损失。行使承兑责任解除权，即持票人或承兑申请人不经承兑银行同意擅自变造票据，承兑人有权单方面解除承兑责任。

2. 银行承兑汇票贴现的风险管理。贴现在现行的利率管理制度下利率风险可以不作重点考虑，其风险管理的重点是与贴现票据的真实、合法、有效性以及承兑人信誉等相关的贴现决策风险，即指贴现银行自身经营决策失误，使贴现出现损失的风险。主要反映在责任风险和人事风险上。责任风险是指银行的信贷、会计人员调查不力、咨询不准，而未识别票据的有效与否，致使贴现出现损失的风险；人事风险主要是指贴现银行有关工作人员不熟悉业务，受不法分子蒙骗而使贴现不能如期收回造成损失的风险。例如，1996 年 1 月 19 日下午，一客户持三份银行承兑汇票到江苏某城市信用社要求办理贴现；信用社经办人用电话未能与承兑银行联系上，即违规办理了贴现，事过三天之后，该信用社经办人员再次与承兑银行电话联系查询时，发现其中两份汇票共 900 万元，并没有经承兑银行承兑，结果造成巨额经济损失，教训是深刻的。

按照现行规定的贷款方式风险系数，商业银行承兑汇票贴现的风险系数为 100%，尤其是按照 1997 年 5 月底以前的结算办法规定，银行承兑汇票到期，持票人可通过商业银行划借硬性收回款项。因此，贴现风险管理的重点是防范。其贴现贷款风险性就可能更小。但是，人民银行（1997）143 号文件关于结算管理的最新规定：对签发和承兑的新版银行承兑汇票，收款人或持票人应通过其开户银行采取委托收款方式向承兑银行提示付款。这样，贴现的风险性就比以前稍大一些。但是，真正从贴现风险的防范过程来看，重点是严格按程序办事，禁止非程序化运作和反程序的逆向运作。按程序运作首先只能由会计部门负责票据的审查，按规定方式和渠道向承兑银行查询后，确认票据是真实、合法、有效的银行承兑汇票，并对收款人或被背书人的背书印鉴进行审核后，再由信贷部门根据会计部门查询确认后的银行承兑汇票，按照贴现管理办法审查持票人的贴现申请（包括持票人的信用度，其审查方法可以参照承兑风险的有关内容），在计划部门核定的贷款计划内批准并办理银行承兑汇票的贴现手续，然后交会计部门办理有关的贴现核算手续。只有明确的岗位责任制约和贴现程序制约，才可以避免银行承兑汇票的贴现风险。

这里要特别注意的是转手票据、更改票据、融资票据、长期票据等，受理贴现的银行无论是会计部门，还是信贷部门，都要十分慎重，一般不宜作为贴现票据。一是转手票据，票据本来是转手流通的工具，但持票人一般都想通过银行贴现而早点变为现钱，只有有疑点的票据银行才拒绝贴现，持票人难以贴现才背书转让，尤其是多次背书转让的票据，危险性更高。二是更改票据，无论谁更改的票据，更改什么内容，都将是引起争议的把柄，就会给按期如数兑付票款带来麻烦，因而更改票据一般不要办理贴现。三是融资票据，指以出票人的信用为资本，让持票人融入资金的票据。这样的票据不会伴有商品交易，没有物资运动作后盾，银行如果对这种票据承兑实际上是一种违规经营行为，一旦出问题，得不到法律的保护，其风险性很高。四是长期票据，指兑付期限超过 4 个月的票据，即超过人民银行再贴现优先支持的期限的票据。这种票据即使真实、合法、有效，但不能再贴现，可流通性差，一般不受理贴现。

另外，银行承兑汇票贴现不仅总量受商业银行信贷计划的控制，其单笔贴现金额亦要按授权制度的规定办理。例如 × × 银行总行规定单笔贴现最高限额不得超过 10 000 万元。这是从银行承受风险的能力角度考虑的，不可忽视。同时，贴现应比照其他贷款提足风险损失准备金，作为一种损失的补救措施起保险作用。贴现银行一旦遭到付款人拒付出现损失时，务必迅速采取多种方法补救，尤其要善于运用法律手段。对于票据到期被拒绝付款，承兑人（或付款人）被依法宣告破产或因违法被责令终止业务活动等原因出现贴现损失时，贴现银行必须在法定有效期内（三天），按法定程序行使银行承兑汇票追索权挽回损失。

票款结算办法改为委托收款方式后，贴现银行要严格关注票款收回的及时性。由于票款的主动权在承兑银行，一旦逾期未收妥，不仅造成利息损失，而且潜在着票款损失。因此，要建立贴现业务逐笔监督和跟踪制度，以便及时采取措施转化风险。

3. 银行承兑汇票转贴现的风险管理。银行承兑汇票转贴现有两种情况，即商业银行之间的转贴现和同一家商业银行分支机构之间的转贴现。这两种情况下的风险防范各有侧重。相对来说，后者的风险因素简单些，前者的风险因素比较复杂。目前商业银行之间的转贴现业务尚处于起步阶段，国有商业银行系统内转贴现业务办理比较活跃。因此，这里主要介绍商业银行内部分支机构之间尤其是一级分行对二级分行办理银行承兑汇票转贴现的风险管理方法。

转贴现业务风险的基本根源仍然是银行承兑汇票的真实、合法、有效与否。处于这一阶段时，预防的途径一是对申请转贴现银行的管理水平和经办者业务熟练程度、工作责任心进行考察。对申请行的考察以定性分析信用度为主，一般结合各一级分行对辖行分类管理的有关资料及其与结算管理有关的活动情况进行分析评价，尽量避免失职造成的岗位风险。二是把好票据真实性、合法性、有效性的审查关，切记不要因为申请转贴现行对票据“三性”作出肯定而忽略审查。第一步要看书面查询结果有没有，如果没有，受理者可退回或直接发查询函对票据“三性”作出肯定与否的判断；第二步按会计上的常规要求审查票据，对于高风险区且是其他商业银行承兑的票据可要求申请转贴现行派人前往承兑人所在地查询核实。三是按照国家的有关政策要求严格控制总量和票据的范围，避免政策风险。例如，××银行规定由一级分行集中办理转贴现，二级分行只准在转授权的权限内办理贴现。四是参照贴现风险管理的一般方法实施风险管理。因为转贴现业务一旦办妥，票据权利就由贴现银行完整地让渡给转贴现银行，票据权利让渡的同时也让渡了责任（义务），所以不是重复劳动，而是接受权利的必要投入。

4. 银行承兑汇票再贴现风险管理。目前，人民银行的再贴现是贴现商业银行用未到期的已贴现银行承兑汇票取得人民银行再贷款的一种方式。票据到期后人民银行从再贴现申请银行存款账户中扣清再贴现款项。人民银行资金上一般不会有风险损失出现。主要是防止总量失控和政策执行失准的风险。这种风险只要经办者素质过硬，切实把住审查关即可预防，辅之以定期检查分析就可以了。具体工作中坚持两点：一是总量控制、集中管理、统一调度，解决总量失控问题并起到调节社会信用总量的作用；二是单笔限定最高金额、最长期限、主要投向利率标准，人民银行现行规定不得用于“皮包”公司、金融部门所办实体和个体私营企业，不得用于资金拆借和固定资产投资项目，严禁对无真实、合法商品交易的银行承兑汇票办理再贴现。除此以外还要做好以下四个方面的审查工作：审查银行承兑汇票各要素，看内容真实、数字正确、票据有效与否；审查商品交易合同，查询电报的复电看银行承兑汇票的真实性、合法性、有效性，重点看是否经过商业银行二级分行承兑；审查贴现凭证的各项内容；审查再贴现申请书和再贴现凭证的填写内容齐全、正确与否。这些都是防范、控制再贴现风险最有效的日常工作方法。

5. 调整业务配比，规避银行承兑汇票风险。银行在做好银行承兑汇票每个阶段的风险管理基础上，就一个行而言，发挥集中管理的职能，通过对承兑、贴现、转贴现、再贴现几者之间配比的适当调整，从宏观上规避银行承兑汇票风险。例如，商业银行承兑汇票限额很紧甚至会出现停办风险时，可以对客户适当增加贴现腾出资金开银行汇票去实现商品交易的款项结算，将收到稳住业务阵地的效果；假若贴现限额很紧可能出现超负荷办理的情况时，通过向其他商业银行转贴现或者向人民银行再贴现腾出资金和规模受理客户的银行承兑汇票贴现业务；等等。这些方法可以缓解总量失控的风险。当然，解决问题的根本办法还是通过加强商业银行自身的经营管理，做好各个环节的防险避险工作。

第四节　票据业务风险管理要求

票据业务的风险管理需从宏观层面、中观层面、微观层面及操作层面把握。

（一）宏观层面

1. 加强对商业汇票的研究，完善票据融资业务管理体系。随着票据市场的纵深推进，商票发展、电票机遇、周转交易、综合代理、资产顾问业务等将成为重点发展的业务领域。对经营策略确定为一段时期内重点发展的票据业务，要在加大营销力度和资源投入的同时，加强对业务的跟踪监测、实时分析和定期总结，确保流程执行无漏洞、业务操作无隐患。各参与主体要密切关注新业务新模式的发展趋势和风险动向，加强前瞻性的研究论证和风险分析，探索性地开展信用风险限额管理、多维度结构组合分析、利率风险与收益综合分析、或有负债风险监测，提高信息化大数据风险监测分析水平，在竞争激烈的票据市场上立足。

2. 加大一级承兑市场监管力度，明确贴现业务经营管理定位。市场监管主体要密切关注以城市商业银行、农村商业银行、农村信用社为交易对象的票据业务，透彻掌握交易主体的风险文化和内部管理机制，谨防个别中小金融机构因盲目扩张、经营激进、内控管理失效产生违规案件，而涉入信用风险和合规风险旋涡。同时，在短平快特点的部分票据交易中，更应关注客户交易授权的真实性与有效性，资金划付的安全性与规范性，严格将票据资金划入在人行备付金账户或票据卖出方本行账户，防比逆流程、假授权、超授权以及资金体外循环、资金挪用、资金捐客欺诈的违规事件和案件风险发生。通过加大一级承兑市场监管力度，强化票据业务操作等风险管理，可以在客户资格审查、营销审核分离、资金流向把控等多个环节，都能有效堵截此类业务风险，具体措施如下：

一是建立中国票据风险指标，可从票据承兑垫款率、票据贴现逾期率、票据案件发生率、票据资金损失率等维度进行评估，定期发布和监测票据市场总体风险情况。二是建立风险管理体系，商业银行应从票据风险评估、提示、预警到风险监测、分析、评价等搭建全面风险管理框架，实现对票据业务风险控制的全流程覆盖。监管部门应该建立健全监管制度体系，尽快出台《票据融资交易规则》，规范票据市场运营和竞争秩序。三是建立监管机构与市场主体之间的信息共享和良性互动机制，完善审慎监管、机构内控和市场约束三位一体的票据业务风险管理模式，促进票据市场可持续发展。

3. 发挥政策引导作用，培育票据市场协调发展。我国可在政府的政策支持和引导下，着手建立全国性票据市场登记结算机构，实现纸票的电子化托管登记和纸票的电子化操作。国内现行的电子商业汇票要求票据产生时即签发承兑时是电子形式，然后才能以电子票据的形式交易，若签发承兑时是纸票形式，则无法进入电子商业汇票系统实现电子化交易。建议成立全国性票据交易登记结算中心，完成纸质票据的登记、托管，将纸票转化为唯一具有公认法律证明效力的票据信息，并进入中国人民银行电子商业汇票系统，实现纸票的电子化转换和贴现、转贴现电子化交易，有效消除纸票的操作风险，降低票据交易成本，提高交易效率，促进全国统一票据市场的形成。尽快设立类似中国证券登记结算有限公司性质的“中国票据登记结算中心”，在筹备初期，可将票据交易集中登记、集中托管的职能交给管理规范、运作成熟的大型商业银行票据专营机构完成，在各项配套政策与资源整合配备到位后，再挂牌设立中国票据交易登记结算中心或公司，将我国票据市场推向更高效、更快捷、更规范发展的新层面。

（二）中观层面

1. 加强信用基础建设，促进票据市场有序健康发展。信用风险控制形势严峻。随着经济增速转为中高速增长，经济结构进一步优化调整，提质增效将成为未来发展主题，高新产业可能迎来发展良机，但部分行业和企业也将遭遇经营困难，尤其是部分产能过剩行业和城镇化过度地区，票据信用风险仍有进一步暴露可能。在加大对实体经济特别是小微企业信贷扶植力度的同时，小微企业抗风险能力差的固有特性，在当前国内信用环境尚不健全、企业征信信息不对称的大背景下，也进一步加剧了信用审查和信用风险管理的难度，如把控不严或出现不良资产大幅增加的风险。而信用风险往往会牵涉诉讼、仲裁等司法途径，法律风险也会相应增加。

2. 建立统一票据信息平台，全面提升票据市场信用环境。建立统一票据信息平台，全面提升票据市场信用环境。我国企业信用信息系统建设已经取得积极成效，在票据业务办理中发挥了重要的信用评估支撑作用，但其中有关票据签发、持有、转让的信息尚不全面，给众多票据掮客、非法中介、票据包装公司提供了投机空间，增加了金融机构票据业务办理信用、合规等风险审查难度。应尽快将所有票据承兑、贴现信息以及票据公示催告信息纳入统一信用信息平台，建立完善的信用登记、咨询体系和严格的监督、执行体系，实现票据信息共享、透明，有效消除交易风险，降低交易成本，提高交易效率，促进全国统一票据市场的形成。

3. 建立票据登记结算机构，加快电子化步伐。2009 年 10 月 28 日中国人民银行组建的电子商业汇票系统正式投入运行，将电子商业汇票签发、背书、贴现、托收等环节均纳入平台管理。但由于接入电票系统的基础设施和技术要求较高，普通企业以及小型金融机构无法直接使用电票，从而限制了电票的接受度和流通性，同时系统的纸票登记功能应用也不够广泛。随着票据市场的深入发展，加快推进电子票据发展及纸质票据电子化步伐，实现票据交易电子化、集中化，搭建融合电子票据、纸票电子化、集中报价撮合、信息电子查询等功能的电子交易综合平台，促进了全国统一票据市场的形成，不仅是海外票据市场的成功经验，也符合国际市场结算交割业务的发展趋势，从而既可以提高市场效率，促进市场发展，又能降低纸质票据的绝大部分风险以及信息不对称造成的障碍，为全面减少票据风险创造良好条件。

国内现行的电子商业汇票要求票据产生时即签发承兑时是电子形式，然后才能以电子票据的形式交易，若签发承兑时是纸票形式，则无法进入电子商业汇票系统实现电子化交易。建议成立全国性票据交易登记结算中心，完成纸质票据的登记、托管，将纸票转化为唯一具有公认法律证明效力的票据信息，并进入人民银行电子商业汇票系统，实现纸票的电子化转换和贴现、转贴现电子化交易，有效消除纸票的操作风险，降低票据交易成本，提高交易效率，促进全国统一票据市场的形成。尽快设立类似中国证券登记结算有限公司性质的"中国票据登记结算中心"，可将票据交易集中登记、集中托管的职能交给管理规范、运作成熟的大型商业银行票据专营机构完成，随着各项配套政策与资源整合配备到位后，再挂牌设立中国票据交易登记结算中心或公司，将我国票据市场推向更高效、更快捷、更规范发展的新层次。

（三）微观层面

1. 商业银行严格自律，遵循稳健经营发展宗旨。随着票据市场的深化发展和创新浪潮的兴起，市场参与主体更趋多元化，非银行金融机构对票据创新业务和产品的参与力度和深度不断加大，跨界、跨市场、跨区域的经营特点愈发显现。对于传统票据市场主体银行而言，受金融监管趋严、流动性和资本占用等因素约束，一些大型股份上市银行的票据业务市场占比有所下降，越来越多的中小城商行、农商行、农信社、村镇银行日渐成为票据市场的重要参与主体。这些新兴经营机构和中小金融机构管理状况和风险偏好参差不齐，对票据业务关键风险点的把控缺乏经验，制度建设可能存在缺失。这时就要求其有严格的自律精神，遵循稳健经营发展宗旨，营造一个良好的经营环境。

2. 充分认识票据业务发展与风险关系，增强全面风险意识。随着经济下行和各类风险因素交织，银行利润减少、经营压力明显加大，资产质量出现一定程度下滑，票据业务领域的风险逐步暴露。很多风险表面是外部环境问题，核心是风险观、业绩观、发展观问题，是风险管理体制与业务发展不尽适应的问题。"重盈利、轻风险""重指标、轻管理"的问题需要在变革中进一步根除，坚持审慎经营的理念，坚持业务发展与风险管理相适应，持续推进精细化管理，将成为银行业和票据经营机构长期可持续发展的必然选择。

3. 把握实质风险，强化票据业务操作、市场等风险管理。准确把握实质风险，强化重点领域、重点业务和重点环节的风险防控。（1）随着票据市场的纵深推进，要在加大营销力度和资源投入的同时，加强对业务的跟踪监测、实时分析和定期总结，确保流程执行无漏洞、业务操作无隐患。（2）要探索性地开展信用风险限额管理、多维度结构组合分析、利率风险与收益综合分析、或有负债风险监测，提高信息化大数据风险监测分析水平。（3）要密切关注以城市商业银行、农村商业银行、农村信用社为交易对象的票据业务，谨防因个别中小机构盲目扩张、经营激进、内控管理失效产生违规案件，而被无辜牵涉入信用风险和合规风险旋涡。（4）在短平快特点的部分票据交易中，更应关注客户交易授权的真实性与有效性、资金划付的安全性与规范性，严格将票据资金划入在人行的备付金账户或票据卖出方本行账户，防止逆流程、假授权以及资金体外循环、资金挪用、资金掮客欺诈的违规事件和案件风险发生。

4. 探索创新途径，加强票据业务创新合规风险把控。随着票据市场的发展，单靠规模扩张的传统盈利模式难以为继，票据业务的经营重点将由持有票据向管理票据、经营票据转变，票据业务的盈利模式将由持票生息为主向持票生息、交易获利和票据服务收益并举逐步转变，票据业务必将更多出现跨专业、跨产品、跨市场的组合产品、联动业务以及资产业务与中间业务相融合的综合服务产品。要积极顺应当前创新活力显著增强的金融业新形势，积极把握银行综合化经营的趋势，把握券商、保险、基金、资产管理公司等各类资产机构不断参与票据市场的时机，充分发挥银行资信良好、运营规范、资产稳定、风控有方等优势，持续加强跨市场合作，不断拓宽跨市场票据业务渠道，研究票据融资类创新业务和主动负债管理模式，创造新的业务突破点和利润增长点。同时，注重加大对票据业务创新整体性、全局性和系统性风险防控的工作力度：一是避免脱离实体经济的金融自我循环、自我膨胀和为逃避监管而创新，而应本着有利于节约客户财务成本，提高客户资产收益，提高服务效率；有利于降低银行运营成本和简便操作，增强盈利能力；有利于减少资本消耗，降低资本占用压力的原则研究转型创新。二是加强对表外业务的管理，改变表外业务发展过快且期限错配较为严重的状况，综合考虑资本成本、综合收益和风险防范的问题。在产品设计上，通过开展组合风险量化分析，把握跨市场业务产品的流程、特点、风险要点和当前存在的主要问题，强化风险管控，强调规范运作，深入评估分析各个操作环节可能存在的风险点，严格按照监管要求做好表内与表外业务直接的防火墙，防止表外业务的风险向表内蔓延；控制好产品周期内各个环节的操作风险、流动性风险，做好应对预案，有效处置可能发生的各类风险事件，尤其是在中间业务和理财产品的设计和发行环节，既要对各类客户有吸引力，也要做好综合成本收益的测算，不涉足不熟悉、不擅长的领域。三是全面测算创新产品收益与成本的对称性，建立风险与收益匹配度的监测模型与中间业务收费机制，防范中间业务“外衣”下的随意承诺可能带来的或有资产和或有负债，从而引发资金垫付和利润减损的风险。四是将防范风险始终贯穿金融创新的全过程，从法律审查、风险评估、合同条款、流程设计、动态风险跟踪等角度切入，从资金募集、资金投向、资金使用等多方面完善“全流程”风险防控，发挥经营风险和管理风险的职能作用，支持业务创新发展，在安全合规的基础上创造更多收益。

（四）操作层面

1. 实施票据业务专营化经营模式。从发达市场的发展经验看，专业的票据经营机构已成为票据市场的主力，如日本的短资公司、英国的贴现银行、中国台湾的票券金融公司等。这些票据专营机构的作用十分重要。首先，专营机构既是市场的买方，也是市场的卖方，具有双重身份，可集中进行交易，避免了交易双方分散交易，从而可以降低成本、提高效率。其次，有助于形成公平的市场价格。由于众多的参与者都与专营机构进行交易，专营机构掌握了大量的资金供求信息，能够在资金的总体运行中形成一个基于规模之上、超越个别交易的市场价格。此外，票据专营机构也成为一国央行实施货币政策、调节货币市场资金余缺的重要渠道。我国票据市场也应大力培育和发展票据专营机构，构建跨地区、跨部门的具有独立法人资格的票据专营公司，以促进票据经纪人与做市商制度的发展。初期可引导部分交易量大、业务发展规范、风控措施健全和市场认同度高的商业银行票据专营部门进一步发展成为具有独立法人资格的票据专营公司，或建立混合所有制的票据专营公司，向票据市场综合服务商和做市商转型；然后逐步建立票据经纪市场的准入制度和行业规范，引导当前一些处于灰色地带的、从事票据经纪服务的机构规范化、阳光化发展，并鼓励发展票据信用评估、担保、咨询等专业服务机构，共同构成票据市场中介服务体系。

2. 建立票据业务授信管理机制

（1）所有业务纳入“三位一体”统一授信管理。一是商业银行建立相对独立的授信管理部门，专人专门负责票据业务授信业务审批管理。授信管理部门内各岗位的设置还需要岗位明确、职责清晰、分工合理，做到各岗位之间相互制约，避免操作漏洞。二是对票据业务品种进行合理分类，将银行原则上不承担客户信用风险敞口的票据业务也一并纳入票据业务授信管理，将票据业务分为低信用风险授信业务、类低信用风险授信业务及风险授信业务，建立统一的风险垂直管理体制进行风险管理，为下级机构量身定制授信权限范围。

（2）建立客户授信业务监控体系。商业银行应建立多视角、多维度的票据业务客户管理模式，提高贷后管理质量，防范授信客户风险。优化客户信用评级体系，严格客户票据业务准入审核、授信额度审批，及时了解授信对象基本信息，在无法避免风险事件产生的情况下，有效减少银行的损失。在授信客户获得准入资格后，商业银行还应对客户资金流向、资信情况进行分析，识别本行所持有的票据中是否存在不良隐患，并提前形成风险防范应对预案及普遍性解决措施，避免相似的风险事件屡次发生；在现有电子商业汇票系统的基础上，完善票据产品电子信息记录系统，通过系统数据进行收集、整合、对照、分析，从而有效地对授信风险与收益状况进行贷后评价。

（3）完善授信业务贷后管理。强调贷后管理的主动风险防范意识，牢牢把控票据业务授信操作和管理过程中的关键风险点，强化现场监督与非现场监督相结合，适当将后台风险防范和管理监督手段进行前移。加强对授信企业的现场监督检查，实行驻厂客户经理制度；加强对授信企业经营的现金流向监控制度，严格对授信企业的资金使用去向和资金回笼来源进行分析和管控；推行“稳质量专家小组”制度，在授信申请发起时即对拟授信企业的贷后管理提出相应的方案，经专家评审小组提出评审意见，为今后贷后管理提供参考依据，从而多角度地得到授信企业的各方面信息，提高银行授信业务贷后管理质量。

3. 建立票据业务全流程信息系统。高度重视票据风险管理，加强流程管理，进一步推进票据风险精细化管理，构建全流程风险防控体系。票据市场各参与主体应高度重视票据风险管理，从票据风险评估、预警到风险监测、分析、评价等构建贯穿事前、事中、事后的全流程风险防控体系。一是加强事前控制。要改变以往票据业务调查权限全部下放的做法，经办行在做好信贷审查和票据审查两环节的基础上，还要对其关键环节、关键要素交由上一级风险部门重点审查审核，切实将风险控制在源头之上。二是加强事中控制。事中控制是银行票据风险控制的主要工作内容，要认真梳理和完善票据业务操作中的风险易发环节，切实将原来的单人审核变成双人甚至更多人复核，从而对业务审批和贴现放款两大环节形成实质性制约。三是加强事后控制。要改变过去票据业务可以不查或简单检查的错误做法，切实将票据业务后续检查纳入常规性业务检查范畴，并要将部门自查、风险部门检查和各机构等互查有机结合起来，真正做到票据风险全程、全方位管控。

4. 提高风险缓释比例。加强开立票据的保证金管理。保证金能够在开票申请人无力清偿票款时，减少银行的资金损失，是防范票据业务信用风险的必要保障。因此，商业银行在为客户开众票据时要严格按照申请人的资信状况收取适当比例的保证金，兼顾资产的流动性、安全性和收益性，避免因追求规模效应和经营收益盲目扩张票据业务。

5. 完善票据资产负债结构。当前，票据业务原主要依赖规模扩张、依靠买入票据持有到期获取利息收入的经营模式，已不能适应利率市场化和金融脱媒化的形势要求，票据经营机构需要实现由票据资产持有行向票据资产管理行的转变，努力拓宽票据业务经营发展的内涵和外延。完善的票据业务的资产负债结构体现为票据有较强的流动性，又能取得一定的收益。对于商业银行来说，一要明确利率风险管理的核心地位。在一些发达国家，商业银行的资产负债结构由银行的利率决策机构成员来配置。而目前商业银行对利率风险的重视度不够，票据资产负债结构应根据相关的货币政策、市场利率趋势、自身规模、财务状况等综合因素来进行合理调控。二是票据业务的利率市场化程度高，为了实现收益最大化，票据业务要灵活调整贴现和转贴现的规模。银行要统筹安排资金，对各项业务进行综合考虑，合理配置票据业务的规模，实现收益最大化。三是拓宽金融同业票据流转渠道，商业银行应积极与各家商业银行以及信托公司、券商等金融机构进行广泛良好的业务合作，并挑选规章制度健全、资金实力较强、经营管理规范的金融机构建立战略合作关系，与之进行长期的合作，通过票据转贴现、票据买入返售等多种方式办理业务，以此来降低风险。

第三篇

票据创新与展望

第十五章　票据市场概述

第一节　票据市场及票据交易概念

一、票据市场概念

票据市场是短期资金融通的主要场所，是直接联系产业资本和金融资本的枢纽，是货币市场的一个子市场，在整个货币体系中票据市场是最基础、交易主体最广泛的组成部分。票据市场的存在与发展不仅为票据的普及推广提供了充分的流动性，还集中了交易信息、信用信息、价格信息、产业信息，票据市场的存在极大地降低了交易费用，使得票据更易为参与者所接受。票据市场按照市场功能行为定位划分，由票据承兑市场、票据贴现市场、票据转贴现市场、票据再贴现市场、票据创新市场、票据经纪市场、票据评级市场、票据交易市场八个子市场组成。票据市场八个子市场既互相联系又相对独立，票据评级和承兑市场是基础市场，票据中介和票据创新市场是新型市场，票据贴现、转贴现（回购）及再贴现市场是流通市场。推进票据市场建设既要做好顶层设计，也要关注各子市场的建设来推进各子市场全面、均衡、健康发展。建立健全和完善稳定的票据市场是票据业务发展的根本保障，票据市场有着以下重要作用。

1. 有利于进一步发挥票据的作用。一是强化票据对实体经济的支持作用。当前票据市场是离散型、自发式市场，离散型市场产生的交易壁垒、信息不对称等在一定程度上降低了整个票据市场的资源利用效率，更提高了实体经济特别是中小企业的融资成本，加上票据的各个流通环节带有不同的属性，往往由不同的监管部门和管理机构控制，使得市场的发展被割裂开。建立完整的票据市场将大大提高票据市场运行效率，进而促进票据市场对于实体经济的支持作用。票据业务作为直接对接实体经济的重要支付结算和融资工具，对解决企业融资难、融资贵问题，促进我国实体经济发展将发挥至关重要的推动作用。

2. 进一步推动货币市场发展。发达国家金融市场发展经验表明，建设成熟统一的票据市场对货币市场功能完善发挥着基础性作用。中国货币市场的发展滞后于资本市场的发展，带来资金配置低效、企业资金头寸短缺、社会巨额游资得不到货币市场的吸纳和引导等问题，致使货币市场功能缺失和不健全。票据市场是货币市场的重要组成部分，占比约为五分之一，并呈现逐年增长趋势，利用统一的票据市场体系丰富市场产品，对推动货币市场发展有重要意义。

3. 完善的票据市场是银行从事票据业务的基础，也是银行谋求转型发展和拓宽利润空间的重要渠道。一是为银行主动增加存款提供更多抓手。银行承兑票据时需要企业缴纳承兑保证金，而保证金比率往往与企业的信用等级挂钩，且承兑保证金存款的利率一般以活期计算，票据贴现后企业往往会有一定的存款沉淀，银行可以通过增加票据承兑以及适当提高保证金比率来主动增加低成本负债，对于中小银行是一条增加存款的重要途径。二是提高银行中间业务收入。完整的票据市场体系可以给银行带来承兑手续费中间业务收入，以及贴现利息收入、转贴现利差收入、回购利息收入，并带来再贴现低成本资金。根据市场数据测算，2015 年票据产品线创造的利润可达 2 000 亿元以上，约占当年银行业整体利润的 13%。

4. 有利于推动票据产品的不断创新。一是随着票据市场的发展，原有的分割开的票据业务已无法满足现代企业的资金融通与管理、金融机构的监管及企业盈利方式的新要求，新型产品将在票据市场中发挥更加重要的作用：如“票据池”业务帮助企业管理票据资产，实现企业资金与资产的合理配置；票据资产证券化有效实现票据业务表外化，减缓银行存贷比指标压力；票据同业业务创新在活跃了同业市场的同时为金融机构的资金融通提供了便利；再贴现业务能够引导银行对实体经济特别是中小企业的信贷投放。二是市场参与主体的创新。票据市场的完善更有利于推动金融创新，市场参与主体更趋多元化，使得非银行金融机构对票据创新业务和产品的参与力度和深度不断加大，跨界、跨市场、跨区域的发展趋势愈发显著，企业、银行、信托、基金、证券、保险、财务公司以及个人将会更多地参与到票据市场。

5. 有利于国家基础信用环境的建设。一是商业汇票将迎来更多的发展契机，激励企业注重商业信用的建立。商业承兑汇票是由企业签发和承兑的票据，因为仅有商业担保，所以往往只有大型企业才会签发商票，接受程度也相对较高。相对银行承兑，商业承兑汇票不仅节省了银行承兑手续费，同时也不用缴纳承兑保证金，为企业节约了成本，增加了可使用资金，因此承兑企业会特别注重商业信用的建立，以期不断提高所承兑票据的接受度。二是银行承兑汇票有利于中小企业解决融资难的问题。由于中小企业的商业信用接受度不高，其往往可以通过签发银行承兑汇票来提高信用等级。

6. 有利于推动票据全市场的协调发展。一是有助于推进票据市场的规范运行，健全的票据市场将有助于形成行业业务执行标准，规范市场经营行为，改变目前票据业务参与者因为各自机构设置和业务管理要求的不同而产生的业务处理标准不一的现象。票据业务办理标准化水平的提升会反过来促使市场发展更为规范。二是有助于票据创新业务的规范发展。由于当前票据市场行为受到诸多行政管制，金融机构通过所谓的创新业务来规避监管要求，从而追求规模利润，长此以往丧失了开发真正具有市场竞争力的创新性产品的动力。在票据市场体系不断完善、行政管制措施逐步退出，风险监管理念逐步加强的预期下，金融机构必将转向发展真正具有价值的票据创新业务。三是有助于提升票据市场整体研究预测水平，完整的票据市场将使建设全国性的统一票据数据库成为可能，统一的数据库将打破地域限制，便于汇总、积累和使用，支持研究人员运用更多的科学手段研究票据市场的中长期走势，提升市场预判水平，有利于减少票据交易的盲目性，建立更加健康有序的市场发展环境。

二、票据交易概念

票据交易是指以票据为标的的价值媒介，通过交易获得对价、权利或收益转移的行为。交易方可以由两方或者多方参与。既包含了承兑外的贴现、转贴现、再贴现等传统产品交易，也包括票据资管、票据证券化、票据理财、产业链票据、衍生票据等创新产品交易行为，还包含了在票交所模式下所有交易行为的规则演化和更新以及规范的地方、行业和经纪平台。

第二节　票据市场参与主体

一、票据市场参与主体的概念

票据市场参与主体是指票据市场的参与方，分为直接参与主体和间接参与主体，前者包括企业、商业银行和财务公司、央行（再贴现）等可直接参与交易的主体；后者包括票交所、区域或行业票据及经纪中心、证券公司、保理公司、评级公司、担保公司等服务主体，保险公司、基金公司、信托公司、个人等投资主体，央行、银监会等监管主体。

二、票据市场参与主体的发展

随着我国金融市场改革不断向纵深推进，利率市场化、金融脱媒进程将进一步加快，金融市场向民间资本有序开放以及全面加强金融市场法治建设，将推动票据市场参与主体多样化。金融脱媒和利率市场化改革使得银行加快了跨市场业务创新的步伐，证券、基金、保险和信托等金融机构也将逐步加强与银行在票据资产管理业务方面的合作，并成为票据市场投资主体；票据市场准入限制的放松、金融市场监管强化和互联网金融监管的推进将进一步促进民间票据中介机构和互联网票据平台的稳健和规范发展。由此，新常态下票据市场经营机构和投资主体将更加多样化，竞争也更趋激烈。商业银行作为最大参与主体应不断提升转型发展积极性。

1. 推动商业银行票据业务组织架构改革。随着成立集中性的票据经营机构成为主流，集中化的票据经营模式会逐步带来专业管理的统一归口，对促进票据业务的管理提供便捷。对于大型和股份制商业银行，将逐步形成分行贴现、总行集中到票交所交易的模式，并且贴现后的纸票登记、保管等将成为重要的风险把控要点，中小银行将更侧重于形成垂直化的票据经营体系。

2. 优化商业银行的票据盈利模式。一是从交易端来看，盈利将更加依赖交易、投资和主动经营风险获利，如主动开展错配和杠杆交易等。二是从产品端来看，综合性的贴现业务、转贴现业务将成为主流，此外贴现、承兑保证等中间业务收入也将形成规模，主动经营信用风险将成为新的盈利点。三是加强商业银行的综合化经营，逐步推出类似票据咨询、票据资讯、投顾委外、信息产品等，并更加注重自身的多元化价值挖掘渠道。

3. 做大商业银行的票据产业链业务。一是要做大做强票据承兑、直贴业务。通过票据承兑、贴现，实现承兑费、承兑保证金等多元盈利和节约经济资本占用，稳步提高票据承兑、贴现业务量。二是建立全行票据产品考核机制，改变目前分散的经营管理状态，可以通过分级考核、整体考核、创新考核等形式激发活力。三是建立资源分配机制，根据上一年度系统内各行票据业务的经济资本占用及回报作为主要依据，对全行票据业务的规模、资金等资源进行分配，并根据季度情况进行微调。各分行应运用经济资本工具提高经济资本回报水平和推动业务协调发展，坚持将规模资源投向回报水平高的经营单位和业务产品，形成分配导向。四是积极探索票据产品与行业融资的新模式，选取某特定行业或领域，率先开展利用商票服务产业链上下游的功能，如在军工行业开展推广使用“军工票”，化工行业推广使用“化工票”等，进而通过票据服务产业链向服务全社会全产业过渡。

第三节　票据市场形成因素

一、健全的市场基础设施体系

1. 加强票据市场组织建设。设立票据市场相关管理组织或委员会，统筹票据市场体系建设，制定票据各子市场的发展规划、发展战略及长短期目标，组织实施各票据子市场之间的协同发展，建立负责票据交易、登记、清算的交易所组织，维护票据市场的长期、稳定运营；建立相关行业公会，制订行业自律守则，以规范行业发展。

2. 丰富票据市场交易品种。首先，需要进一步稳步推进票据承兑子市场的发展，提升票据承兑子市场、票据贴现子市场在票据市场体系中的占比；其次，采用优惠的政策措施推进商业承兑汇票的发展，提高商业承兑汇票在票据贴现、票据转贴现、票据再贴现等市场中的占比；再次，应积极创造条件全面开放融资性票据，推进银行本票业务的发展，创新商业本票、无担保票据等新型交易品种。

3. 加快推动票据市场电子化进程。一方面需要从源头上推进票据市场集中化、标准化交易，提升票据交易效率与安全性；同时各商业银行需进一步优化自身内部系统与票据交易所平台对接，以尽快实现全市场票据的无纸化交易。另一方面随着区块链技术的发展，数字票据已呼之欲出，票据交易所需要进一步完善系统规划，在技术论证的基础上建立全国统一的数字票据发行和交易平台。

4. 加快推进《票据法》修订工作。目前《票据法》对于“票据真实贸易背景”的规定，限制了票据市场的发展空间，虽然央行2016年第224号文件对于电子商业汇票贸易背景要求有所放宽，但对于融资性票据的发展仍然缺乏相应的法律依据。有必要从立法层面完善票据市场的法律法规，在此基础上研究与创新票据市场监管框架，构建有利于票据市场发展的法律环境。

二、丰富与规范的票据市场参与体系

1. 调整票据专营机构职责。目前已有部分商业银行设有票据业务专营机构，每家专营机构在票据业务领域的职责、权限各有差异，基本集中于票据转贴现、回购子市场和票据再贴现子市场，个别票据专营机构还负责票据贴现子市场的管理工作。从票据市场体系的角度看，目前商业银行的票据专营机构是狭义票据专营机构，需要推进票据经营机构调整经营范围，覆盖票据的全产品、全生命周期，以整体应对票据市场发展，全面对接实体经济服务需求。

2. 发展专业化票据经纪市场。对于票据经纪行业设立统一的准入门槛和业务标准，明确相应的监管机构，积极发展票据鉴证、咨询、撮合、报价等经纪服务，鼓励和培育部分票据经纪量大、业务发展规范、风险防控机制健全和市场认同度高的票据经纪机构进一步发展壮大，以推动票据市场规范化、专业化发展。

3. 推动第三方的评级市场。通过建立全国性票据市场评级机构，结合票据市场的特点，对票据承兑主体、贴现主体等信用主体进行多层次、系统性、动态化的信用评价与管控，可选择或组建专门为票据市场服务的专项评级机构，并进一步提升票据市场各参与主体的参评意识，为票据市场投资提供权威、科学的投资依据，进一步规范票据各子市场的运行。构建全国性、一体化的票据市场评级体系将为票据各子市场的快速发展奠定基础。

三、符合发展要求的市场监督和管理体系

1. 建立符合票据全新特征的监督体系建设。一是构建票据市场监管协调机制，加强货币政策部门、监管部门和金融机构业务的监管协同，推进相关票据市场监管规则的修订完善。二是为市场参与主体提供了更多主动适应监管要求变化的机会，借鉴发达国家金融监管的“沙盒机制”，对新型的创新技术和

产品进行试验，一旦证明有效，监管可随之进行调整，避免监管要求和业务发展节奏不一致的情形。

2. 完善央行的再贴现市场。作为央行重要的宏观调控工具之一，对于票据再贴现有必要建立相对独立的再贴现利率体系及调控机制，利用再贴现的差别定价改善商业银行资产配置机构、调整票据市场基础资产构成，提高再贴现在经济结构调整中的作用。央行可通过再贴现鼓励商业银行加大对电票、对商票的支持，加大再贴现子市场对调整经济结构、产业结构、区域结构的作用，在“一带一路”、京津冀一体化、粤港澳经济圈等方面发挥更大作用。

3. 推动票据业务发展策略变革。目前票据承兑业务在商业银行往往纳入一般信贷业务管理，有必要调整商业银行“轻承兑，重交易”的票据经营管理策略，将票据承兑业务纳入商业银行票据业务部门的管理半径。可考虑将票据承兑子市场纳入票据交易所的管理范畴，商业银行票据部门负责管理票据全生命周期业务，统筹推进整体票据业务发展，从源头上保证票据市场体系的长期、稳定、协调和可持续发展。

四、差异化的市场定价体系

1. 对现有的利率定价体系进行差异化调整。票交所的成立，有助于形成公开透明有效的全国统一的价格体系，避免价格的剧烈波动。理顺票据融资业务利率体系。为此需要进一步研究如何形成体现信用风险溢价性质的市场化承兑费率、体现不同贷款期限合理定价的贴现利率、体现资金业务性质和与货币市场利率挂钩的转贴现利率以及反映实体经济融资需求和货币市场资金供给状况的再贴现利率等票据融资利率体系等。

2. 对价格的控制将更多地靠数据说话。票据价格的形成将更多地依据海量交易数据，借助数据挖掘和分析有助于研究票据市场的中长期走势，提升市场预判水平，有利于减少市场盲目性，建立更加健康有序的市场发展环境，形成完备的市场价格指数和形成机制，并借助其长期市场敏感性强的发展经验为利率市场化、利率走廊等提供借鉴，使得商业银行的票据定价机制、内部 FTP 价格交易机制等发生根本性的变化。

3. 完善 Shibor 报价的真实性、可靠性和完整性。目前 Shibor 是基于报价驱动，而非交易驱动，报价商不承担交易义务，这就无法杜绝报价过程中人为操纵的可能，事实上，即便现在已经被世界公认的 Libor，也曝出巴克莱操纵的丑闻。因此，各报价行应进一步完善 Shibor 定价机制，提高 Shibor 报价的真实性和市场性，并在此基础上加大以 Shibor 为基准的产品定价应用，从而巩固 Shibor 货币市场基准性地位。

第四节　我国票据市场的八大子市场

一、票据承兑市场

承兑是指票据付款人承诺在票据到期日支付票载金额的行为，是汇票特有的票据行为，主要目的在于明确汇票付款人的票据责任。承兑的本质是经营信用，由出票人通过申请银行开具由银行或者企业自身承兑后的商业汇票给收款人。在承兑的过程中商业承兑汇票基于企业自身经营和信用状况的好坏，而银行承兑汇票实现了商业信用增信为银行信用。

1. 票据承兑业务发展迅速。一是票据结算量逐年增长，通过央行历年的支付体系运行报告可以看出，从 2012 年到 2017 年累计票据结算笔数年均增长 8%，结算金额平均增长 10%，说明越来越多的实体经济中的贸易支付和结算通过票据来完成。二是银行承兑票据发展较快，由 2001 年末的 1.27 万亿元增至 2017 年末的 16.8 万亿元，年均增幅达 17.52%。三是电子票据发展迅速，从 2012 年至 2017 年全国电子商业汇票承兑笔数平均每年增长 125.8%，承兑金额平均每年增长 138.45%，电子票据的交易量也大幅提升，交易笔数和交易金额每年增长较快。

2. 票据承兑业务的主要问题。一是票据承兑业务发展不均衡，一方面体现在股份制商业银行和地方商业银行对承兑的重视程度普遍高于国有商业银行；另一方面体现在部分省市承兑业务发展缓慢，东部沿海和西部地区无论在体量，还是在占 GDP 比重上都相差较多。二是票据承兑的机制有待完善，由于票据市场参与主体和经营模式的多元化，现有的所有制结构、管理体制、经营方式、服务职能、激励机制等不能完全适应市场发展的需要，比如对融资性票据还缺乏有效的控制和疏导手段。三是票据承兑存在道德风险和合规风险，缺乏真实贸易背景的“票据空转”现象随着经济下行逐步显露。

二、票据贴现市场

票据贴现是指商业汇票的合法持票人（即贴现申请人）在汇票到期日前为了取得资金，贴付一定利息并将票据权利转让给银行的票据行为，是银行向持票人融通资金的一种方式，实际是一种间接贷款的关系，贴现是与商业信用紧密联系在一起的。贴现的利率一般低于同期的流动性贷款，能够为企业提供便捷的融资渠道和低成本资金。

1. 票据贴现发展迅速。从16家上市银行公开的数据来看，一是2005年至2016年各家商业银行累计办理贴现业务量呈显著增长态势，年均增幅超过30%。二是票据贴现余额大幅上升，其中国有商业银行增幅较大。2014年16家上市银行票据贴现增幅为41.44%，而2015年增幅达到76.53%，票据贴现贷款占公司贷款的比重也由2013年末的2.71%上升至2015年末的5.88%。三是在经济下滑和产业结构调整时期，银行承兑汇票具有银行信用、操作流程简便、获取资金周期短等优势，贴现量增幅更为显著。

2. 票据贴现业务的主要问题。一是合规性风险突出，虽然央行下发的224号文件明确了电子票据在贴现时可以不审查贸易合同和增值税发票，但并没有否定《票据法》中在真实贸易背景下开立的前提。当前虚假贸易背景、融资票、包装票等通过票据中介掌握的小型商业银行（承担贴现行职责）进入银行间市场，给后续的流通带来了诸多隐患。二是信用风险形势严峻，银行不良贷款余额和比率持续“双升”，在经济去产能、去库存、去杠杆的过程中，产能过剩行业以及部分中小企业生存发展的经济环境较为严峻，使得部分企业资金链趋紧，到期债务履约能力存疑，并有资金链断裂和票据逾期的现实风险，给贴现业务的办理带来了诸多困难。

三、票据转贴现市场

票据转贴现包括买断式和回购式两种。其中，买断式转贴现是指金融机构买入其他金融机构（转出方）已贴现的、尚未到期的商业汇票的票据行为。回购式转贴现是指金融机构（卖出回购方）将其持有的已贴现的票据以不改变票据权利人的方式向其他金融机构（买入返售方）申请贴现，回购到期后卖出回购方按票面金额向买入返售方购回票据的融资行为。两者的区别在于，一是票据权利是否发生了转移，买断式转贴现的票据权利发生真实转移，而回购式转贴现的票据权利不发生转移；二是是否占用信贷规模，买断式转贴现作为一项信贷业务要占用信贷规模，而回购式转贴现作为资金业务不占用信贷规模。

1. 票据转贴现业务作用显著。一是提供贴现票据出口，银行通过贴现至转贴现业务链的流转，不断扩大对企业融资需求的满足能力，增加企业客户黏性，提高企业客户依赖度。二是实现收入多元化，银行通过转贴现转入商业汇票，可以根据需要灵活采用多种方式实现收入多元化，包括持有到期赚取利息收入，或者通过短期买卖赚取价差收入，还可以通过理财产品实现中间业务收入，有利于商业银行增加资金运作的渠道、提高资产收益。三是发挥规模调节、平衡资产负债的作用，随着2006年4月央行的窗口指导将票据融资余额纳入信贷规模中统一管理后，由于通过转贴现可以快速灵活调控信贷资产规模和结构，其买卖方便快捷、交易量大的特点被充分重视。

2. 票据转贴现市场的主要问题。一是逃避信贷规模现象频发，从早期的农信社利用老版会计准则将买断和回购计入同一科目，到后来的买断加回购等多种方式结合，核心目的是将票据资产出表，逃避票据融资余额纳入信贷规模的统一管理要求。二是“错配”逐步流行，在利率波动期间，不少机构利用短期负债配置长期票据资产，形成同业间相互套利、分支机构向总行套利的现象，但一旦市场走势和预测相反，将会出现严重的市场风险。三是逆流程操作时有发生，在实际的业务操作中，经常会存在票源行、通道行、资金行等多个机构参与，资金流向往往是与业务顺序相反，容易引发操作风险和道德风险。四是利率分析和判断不足，通过对利率走势的判断来赚取差额是转贴现经营机构一项重要的收入来源，但目前市场上尚没有成熟且可靠的模型予以借鉴，一旦价格波动较大且操作反向，容易引起经营损失。

四、票据再贴现市场

票据再贴现是指银行持未到期的已贴现汇票向中国人民银行进行贴现，是中国人民银行向商业银行提供融资支持的行为。再贴现是中国人民银行传统的三大货币政策工具（公开市场操作、再贴现、存款准备金率）之一，它不仅影响商业银行筹资成本，限制商业银行的信用扩张，控制货币供应总量，而且可以按国家产业政策的要求，有选择地对不同种类的票据进行融资，引导和促进产业结构调整和优化。

1. 票据再贴现的主要特点。一是短期利率。根据《商业汇票承兑、贴现与再贴现管理暂行办法》规定，再贴现的期限最长不超过4个月。二是官定利率。再贴现利率由人民银行制定、发布和调整，它是根据国家信贷政策规定的，在一定程度上反映了人民银行的政策意向。三是可持续办理。商业银行进行票据贴现后，若其资金紧张，在贴现票据到期前，可持未到期的贴现票据向人民银行申请再贴现。四是再贴现业务起伏较大，2004—2009年由于再贴现利率未调整，导致整个再贴现业务基本处于停滞状态，再贴现余额占比贴现余额不超过0.5%，自2009年推出电子商业汇票以来，再贴现的操作成本降低，再贴现业务持续回升，至2017年最高达到4.8%，同时，伴随着有差别的定向宽松货币政策实施，运用再贴现政策对票据业务的服务对象也逐步有了明确要求。

2. 票据再贴现中存在的主要问题。一是再贴现利率没有跟上市场步伐，如果再贴现利率长期大幅低于其他融资渠道，会使金融机构过分依赖央行资金，商业银行赚取贴现和再贴现之间利差的行为会增多，容易诱发市场上各种作假行为的发生，另外再贴现利率也没有针对行业、领域等差异化定制。二是再贴现利息不能体现配比原则，当前是直接将再贴现利息收入一次性计入损益，不能体现收入与所发生的费用、成本相匹配的原则。三是无法确保再贴现款项是否充分发挥支持实体经济薄弱领域作用，虽然国家要求加大涉农、绿色、中小微企业再贷款和再贴现，且央行有通过票据选择再贴现支持的重点，但是对再贴现后的资金走向缺乏控制的手段，可能出现获得再贴现支持的企业将资金用于其他用途的情况。四是电子票据再贴现有笔数控制，每天只能40笔，不利于数目大的资金吞吐。

五、票据创新市场

票据创新市场分为两大部分：一是票据产品创新，基于票据兼有的支付、资金、信贷、资产等多重属性，加上持票机构的多样化和跨领域流通，使得以票据为载体的衍生产品成为连接货币市场和资本市场的重要创新点，对于形成以票据资产证券化、票据贴现和转贴现期权、票据转贴现利率互换和期限互换、票据资管、互联网票据理财等为代表的衍生产品带来更大发展空间。二是票据形态创新，随着区块链技术的发展，以及国家层面对数据货币的研究，基于区块链构建数字票据是对现有纸质票据和电子票据形态的又一次冲击。

1. 票据产品创新发展。在我国金融脱媒化和利率市场化进程不断加快的经营环境下，票据融资必然受到短期流动资金信贷产品、货币市场信用工具和短期债券融资等金融产品的替代性竞争。银行只有不断增强票据业务的创新发展，才能赢得更大的发展空间。目前的票据产品创新主要在以下几个方面寻求突破：一是票据衍生产品，银行可根据经营主体客观存在的时点规模调节、规避利率风险等需求，创新发展远期票据、票据期权等新型票据交易产品；二是票据组合创新，银行可利用票据与不同类型信贷资产进行资产组合开展企业客户融资综合创新服务或特色资产管理业务；三是借助互联网金融和第三方支付的发展，寻求传统产品与“互联网+”的结合点，如互联网票据理财等；四是加大与企业的多方位合作推出票据池业务，票据池是指企业将交由商业银行托管应收票据汇聚成“池”，可以质押给商业银行作为授信的担保，以获取所需资金的一种票据管理模式。

2. 票据形态创新发展。2016年以来，区块链技术在金融领域的应用研究如火如荼。区块链本质上是指一个分布式可共享的、通过共识机制可信的、每个参与者都可以检查的公开账本。数字票据是借助区块链技术，结合现有的票据属性、法规和市场，开发出的一种全新的票据展现形式，与现有的电子票据相比在技术架构上完全不同。它既具备电子票据所有功能和优点，又融合进区块链技术的优势，成为一种更安全、更智能、更便捷、更具前景的票据形态。与电子票据相比，系统的搭建和数据存储不需要中心服务器，也不需要中心级应用，区块链上数据的完整性、透明性和通过时间戳的可验证性，对任何价值交换都可以追踪和查询，同时，智能合约的形式使得票据在整个生命周期中具备了可编程性和可控制性。据悉，我国央行已启动数字票据的研究，并由上海票据交易所开发了数字票据交易平台，数字票据为我国数字货币的发行和使用提供了应用场景。

3. 票据创新市场存在的主要问题。一是票据法规制度滞后。主要表现在《票据法》中“真实贸易背景”的限定，对于设立具有独立法人资格的票据经营机构和做市商保护，现行票据法律制度关于“书面形式”的规定滞后于电子票据发展的要求等。二是票据产品创新的类型相对单一，尤其是商业银行，票据创新仍主要停留在传统票据资产管理业务领域的集约化和资金化运作阶段，并且受到监管、银行主体认识等市场多方面因素影响而发展缓慢。三是监管部门的态度，由于票据具有案发隐蔽、金额巨大的特点，所以监管部门一般对票据业务管理采取从严的态度，更多地把票据业务置于信贷业务的从属地位，在政策上也未能有效引导票据业务合理发展，使得票据创新缺少监管的引导环境。

六、票据经纪市场

票据经纪是指在票据市场中利用自身信息优势，从事办理票据贴现、转让、交易及代理业务的中介机构。近年来，民间票据贴现业务迅猛发展，据不完全统计，截至2014年底民间票据中介已接近6 000家，成为票据市场不能忽视的重要角色。据估算，经票据中介参与办理的直贴业务量约占全国直贴量的 40%，参与转贴业务量约占全国转贴现量的 20%，已经成为正规票据市场之外的重要补充，但同时也成为票据监管面临的新挑战。

1. 票据经纪的主要运作模式。一是信息中介模式，其业务重点是利用掌握的不对称信息对票源和需求进行票据交易信息服务、信息撮合和信息咨询，主要利润来源为合作机构的咨询费和佣金。二是资金中介模式，从企业买入票据后，或持有到期，或制作虚假贸易合同等向“合作”的中小银行进行贴现，或将票据出售给其他中介或企业赚取利差。三是借壳交易模式，通过与中小金融机构合作，控制汇票专用章、异地同业账户等，以银行票据顾问等身份参与银行的转贴现市场，甚至出现中小金融机构与票据中介之间的“承包”行为。四是票据理财模式，由融资企业将持有票据质押给相关的银行或者第三方托管机构，投资人通过互联网平台将资金借给融资企业并获取投资收益。

2. 票据经纪发展的主要特点。一是区域化。由于长三角、珠三角地区经济活跃、资金流动性强，票据中介的分布也更加密集，目前形成了以长三角、珠三角和环渤海三大重点中介活动区域的主市场。二是互联网化。伴随着“互联网 +”的发展，以同城票据网、汇票栈、银承宝等为代表的第三方票据服务平台和手机 APP，不仅提供中介信息服务，还提供交易撮合、资金流转等，不少传统中介也逐步由线下向线上进行探索和转型。三是机构化。京东、苏宁、阿里等龙头企业逐步推动互联网票据理财，涉足票据中介业务，其质押的票据部分来源于中小票据中介的票源，另一方面，伴随着市场的价格透明化，不少传统中介也以吸收合并的方式整合资源，设立总分支机构进行规模化发展。

3. 票据经纪市场的主要问题。一是经纪资质良莠不齐，在经济下行期间不少中介由于道德风险实施“一票多卖”等套取资金，并通过同业户流入股市、楼市，一旦出现流动性问题，资金方的权益很难得到保障，2015 年以来发生的重大票据案件多与此有关。二是期限错配过渡，不少票据中介在利率下行期间寻求合作银行做短期买入或买入返售，一旦市场走势相反，会直接导致亏损或者跑路，给出资行带来损失。三是创新行为没有法律保护，尤其在互联网票据理财等方面，没有明确的法律和规章对投资人的利益进行保护，在共享质权、二次质押等方面缺乏法律依据，一旦资金投向管控出现偏差，极易形成投资风险。

七、票据评级市场

票据信用评级是指借助有公信力的第三方实现对票据的评级评估，将非标资产转化为具有可量化属性的标的，进而为票据的直接交易提供便利，也为票据市场的定价及风险防范提供基础依据。

当前，票据评级体系建设滞后于票据市场的发展。作为我国货币市场重要细分领域的票据市场，目前业内对于票据标准化的产品呼之欲出，但商业银行以及第三方评级机构对票据发行企业的流动性、短期偿债能力、盈利能力等评级指标、评级体系却鲜有研究，当前商业银行和第三方评级机构也还未形成市场化的票据评级理念和体系，票据评级体系的发展和建设已经明显滞后于票据市场的发展进程。此外，票据专业评级机构和人才队伍也有待建立。商业银行及第三方评级机构主要侧重于对企业整体信用风险，或针对资本市场特定领域，如短期融资券、中期票据的评级研究。在票据评级领域，一方面票据市场缺乏专业的评级机构，阻碍了票据标准化产品的创新推进；另一方面评级机构对票据以及票据市场的了解较为有限，缺乏专门针对票据市场的评级人员。

八、票据交易市场

票据交易子市场是一个较为特殊的子市场，与其他票据子市场有着紧密的联系，除涵盖票据贴现、转贴现、回购、再贴现等传统业务产品子市场之外，还涉及票据创新产品领域，并与票据经纪、票据评级等子市场密切相关。当前，规范化的票据交易子市场正在建设形成之中。

1. 票据交易子市场基本架构及模式。票据交易子市场需由央行负责统一规划指导，短期目标可建设以上海票据交易所为核心，地方、行业票据交易所作为两翼、票据经纪公司为补充的多元票据交易子市场；最终目标应发展成为以上海票据交易所为主导，地方、行业票据交易所以及票据经纪公司为共同延伸服务的前端票据基础设施，形成统一、集中、整体服务票据市场的票据交易子市场。票据交易子市场的业务范围包括：票据交易一级市场（贴现市场）和票据交易二级市场（转贴现、回购、再贴现、资管及其他创新型票据交易产品等）。票据交易一级市场由地方及行业票据交易所搭建交易平台，依据上海票据交易所制定的贴现业务相关规则，票据经纪公司撮合实体企业与商业银行进行线上票据贴现交易，减少贴现中不规范的流转环节，快速实现企业的贴现融资。票据交易二级市场主要由上海票据交易所制定交易、托管以及登记等业务规则，并搭建票据二级市场交易平台，通过规范化的线上票据二级市场业务将商业银行、信托公司、券商、基金公司、保险公司、期货公司、资产管理公司以及票据经纪公司等市场参与主体串联起来，共同推动票据交易二级市场发展。

2. 参与主体及职责。在票据交易子市场中，央行主要负责制定票据市场的各类管理办法，对票据市场进行宏观规划与指导，并通过再贴现等交易手段对票据市场进行调控。上海票据交易所在票据交易子市场中居于中心地位，一方面需要接受央行在货币政策和票据管理办法方面的指导，另一方面需要制定票据贴现、转贴现、回购、再贴现等交易业务规则，开发票据交易、托管及清算平台，引导各类市场交易主体入市。地方及行业票据交易所作为票据交易子市场，按照上海票据交易所制定的各类票据贴现业务规则开展业务，成为上海票据交易所在票据贴现领域的延伸，其交易系统、交易数据作为票据交易子市场大数据的组成部分，主要承担向区域内及行业用票企业推广票据贴现业务的职责。票据经纪公司在票据交易子市场中主要承担撮合商业银行与企业之间的贴现交易职责，但不得直接办理票据贴现及票据二级市场交易。银行类金融机构、非银类金融机构及企业作为票据市场主要的交易主体，通过上海票据交易所平台或地方及行业票据交易所接入，进行线上票据报价及交易。

第十六章　票据业务创新趋势

第一节　票据创新概述

一、票据创新的概念

美国熊彼特在1912年出版的《经济发展理论》中首次提出创新的定义，所谓创新就是要“建立一种新的生产函数”，就是要把一种新的生产要素和生产条件的“新组合”引入生产体系。他提出创新包括五种情况：引入一种新的产品；采用一种新的方法；开辟一个新的市场；获得一种新的原材料或半成品的供应来源；实现一种新的工业组织材料。

杨远锋在此基础上提出了新的理解，他认为创新是指以现有的思维模式提出有别于常规或常人思路的见解为导向，利用现有的知识和物质，在特定的环境中，本着理想化需要或为满足社会需求，而改进或创造新的事物、方法、元素、路径、环境，并能获得一定有益效果的行为。

因此，票据创新是指在现有基础上为满足市场发展需要而产生的新的理念、体系、制度、管理、模式、机制、业务、产品。它至少应该涵盖以下六种情况：（1）票据市场体系、票据制度出现新的突破；（2）引入新的市场参与主体；（3）交易方式、模式、介质等发生实质性改进；（4）在传统业务或产品基础上进行的重组、改良或变更；（5）与其他产品、其他市场、其他行业等进行融合；（6）票据管理模式、票据经营理念等发生质的改变。

二、票据创新的种类及内容

1. 票据框架体系创新。票据框架体系是指涵盖票据市场交易关系的整体组织、结构的总称。它基本包括了票据市场体系、票据交易体系、票据市场参与主体体系、票据市场组织体系、票据制度体系、票据服务体系、票据信息体系、票据 IT 体系等部分。票据框架体系创新是基于当前及未来经济金融前瞻性发展的宏观层面和理论层面的创新，旨在探讨整个票据市场发展方向和规划的规范性研究。

2. 票据市场体系创新。票据市场体系是指票据市场按照功能定位进行划分，包括票据承兑市场和票据贴现市场、票据转贴现市场、票据再贴现市场、票据创新市场、票据经纪市场、票据评级市场、票据交易市场八个子市场。票据市场体系创新涵盖了票据的全生命周期，是以当前票据市场的业务功能属性为基础进行的再创造，旨在提高票据市场运行效率，推动票据各子市场的协调发展。

3. 票据交易体系创新。票据交易体系既包含了贴现、转贴现、再贴现等传统产品交易行为，也包含了票据资管、票据证券化、票据理财、区块链票据、产业链票据、衍生票据等创新产品交易行为，还包含了在票交所模式下所有交易行为的规则演化和更新。票据交易体系创新就是通过改善原有票据产品或创造新的产品，从而丰富交易品种，更好满足市场需求。

4. 票据市场参与主体体系创新。票据市场参与主体体系分为直接参与主体和间接参与主体，前者包括企业、商业银行和财务公司、央行（再贴现）等可直接参与交易的主体；后者包括票交所、区域或行业票据中心、证券公司、保理公司、评级公司、担保公司等服务主体，保险公司、基金公司、信托公司、个人等投资主体，央行、银监会等监管主体。票据市场参与主体体系创新就是通过引入新的市场参与主体促进市场多元化发展，同时也进一步完善和深化市场功能。

5. 票据市场组织体系创新。票据市场组织体系是指票据市场的管理结构和行政手段，在组织层级上包括从央行到商业银行的自上而下模式，在实际的参与方商业银行内部，也包含由总行—分行—支行的层层下达的上下模式，或者总行管理—分行经营的扁平化模式。票据市场组织体系创新是在原有的经营管理和监督管理组织结构基础上结合市场发展趋势进行新的调整和改变，从而使票据管理更有效、票据流程更顺畅、票据经营更具活力、票据活动更趋规范的创新。

6. 票据制度体系创新。票据制度体系包括五个层面：一是法律法规、司法解释等层面，包括《中华人民共和国票据法》《最高院关于审理票据纠纷案件若干问题的规定》等；二是监管层面的有关规定，包括《支付清算管理办法》《商业汇票承兑贴现与再贴现管理办法》《电子商业汇票系统管理办法》等；三是票据行业自律文件，包括中国银行业票据业务规范、中国支付清算协会票据行业自律公约等；四是票交所成立后的部门规定，包括以票据交易管理办法为核心的一系列配套制度；五是各参与主体的票据相关制度办法等。票据制度体系创新就是随着市场的不断发展，需要摒弃那些与市场发展趋势不相适应的旧制度，建立顺应市场发展规律、促进市场发展潮流的新规则，从而引导、规范票据市场发展。

7. 票据服务体系创新。票据市场服务体系包括票交所提供的集中报价交易、托管清算等服务，第三方机构提供的市场评级、增信、保险等服务，票据中介提供的撮合、配对和信息等服务，律师事务所提供的法律咨询和帮助等服务。票据服务体系创新就是在原有服务的基础上改进服务或新增服务，从而满足票据市场新的发展需要。

8. 票据信息科技体系创新。票据信息科技体系分为信息和科技，前者侧重于数据的获取、搜集和保管，后者则侧重于在票据市场发展中所有借助 IT 技术实现的信息系统，二者不直接产生交易，却与交易息息相关。票据信息科技体系创新就是通过与金融科技的融合运用，促进票据市场更好更快发展。

第二节　票据创新的作用和原则

一、票据创新的作用

票据业务作为一种直接服务企业、商业银行运作、连通央行的支付结算、信用交易和投融资工具，其创新发展对经济金融以及票据市场本身发展都有极大的推动作用。

1. 票据创新推动了票据市场的跨越式发展。自上世纪 80 年代初期恢复办理票据业务至今已三十多年，票据市场以票据创新为标志经历了以下五个阶段：（1）1979 年中国人民银行开始批准部分企业签发商业承兑票据。1981 年 2 月和 11 月，第一笔同城商业承兑汇票贴现业务和第一笔跨省市银行承兑汇票贴现业务成功办理，意味着票据市场开始萌芽。（2）以1995年颁布的《中华人民共和国票据法》为标志，初步建立并逐步完善了有关票据业务的法规和制度，标志着我国的票据市场开始步入法制化的轨道。（3）2000年中国工商银行票据营业部在上海成立，以及2003年中国银行间市场建成“中国票据网”并正式启用，标志着中国票据业务进入专营化、专业化、规模化阶段，市场参与主体迅速扩大，业务总量成倍增长。（4）2009年电子商业汇票系统（ECDS）正式投产应用，中国票据市场进入电子化发展阶段。（5）2016年12月8日由国务院决策部署、中国人民银行批准设立的票据市场基础设施——上海票据交易所正式成立，标志着票据市场迈入全国统一、信息透明、以电子化方式进行业务处理的新时代。自2010年以来，票据市场还陆续出现了票据理财、互联网票据、票据资产管理、票据证券化等创新产品，提高了票据市场的活跃度、参与度以及标准化。这些票据创新都显著提高了市场流动性和运作效率，降低了交易成本，增加了市场多样性，推动了市场跨越式发展。

2. 票据创新提升了票据市场支持实体经济的能力。票据业务自身兼具支付结算和投融资等功能，既为加快商品流通和资金周转提供了极大便利和支持，也为实体经济提供了便捷融资渠道和低成本资金。票据创新提高了市场效率，进而提升了支持实体经济的能力：（1）拓宽了票据市场服务实体经济发展的广度和深度。比如互联网票据直接对接资金供需的投资者个人和融资企业，为票据投融资双方构建了直接融资平台，实现了实体经济与资金来源的直接对接，大幅降低了信息不对称和经营成本，尤其是对于票面金额较小、融资难和融资贵的中小微企业群体，有效破解了小额票据贴现过程中遇到的成本和技术瓶颈，拓宽了中小微型企业融资渠道，扩展了票据服务覆盖面，更注重客户体验，业务流程更为快捷便利，提升了票据投融资服务实体经济的效率。比如票据池业务可以有效地帮助集团客户管理票据资产，实现企业资金与资产的合理配置；供应链票据产品综合服务在结合上下游企业支付结算、资金融资和资产管理等票据服务和产品链中企业资金流、物流和信息流基础上，为龙头企业及其上下游企业提供全方位票据服务，票据业务和贸易融资相互促进发展。（2）提升支持和保障实体经济健康发展的金融服务功能。比如，票据理财和票据资产证券化通过有效盘活存量票据资产，将优质票据资产推向资本市场，促进票据经营领域由融资业务范畴向投融资和资产证券化领域延伸，提高票据资产的流动性，吸纳充裕的社会资金真正进入实体经济，进一步提升票据市场支持和保障实体经济健康发展的金融服务功能。比如，票据电子化、统一化、规范化可以打破割裂的票据交易市场、透明化票据融资报价、快速精准匹配交易双方、提升交易效率，有助于票据市场的价格发现及去中介化，提高全社会票据资源整体配置效率，更好地服务实体经济发展。

3. 票据创新促进了金融市场改革步伐。票据市场是金融市场的重要组成，票据市场的创新发展推动了金融创新的发展。（1）激发金融市场创新活力。票据市场创新促进参与主体更趋多元化，非银行金融机构对票据创新业务和产品的参与力度和深度不断加大，跨界、跨市场、跨区域的发展趋势愈发显著，企业、银行、信托、基金、证券公司、财务公司以及个人均已或多或少地参与到了票据市场，参与者的丰富有效地促进了金融市场的完善和发展。（2）促进利率市场化进程。票据创新促进市场充分竞争，其利率基本由供求关系决定，是我国价格发现功能最完善的金融子市场之一，实证研究表明票据转贴现卖出利率在我国更具有基准利率特征，票据贴现利率市场化进程在一定程度上带动了存贷款利率的市场化进程。（3）丰富金融市场内涵。近几年，票据市场创新步伐明显加快，票据理财、票据资产管理、票据托管、票据证券化、票据增值服务、票据代理等新产品不断涌现，票据交易模式正在发生深刻变革，票据远期、票据期权、票据互换等衍生金融产品也已提上日程，票据产品的多样化发展极大地丰富了金融市场内涵。（4）助推商业银行转型发展。票据业务是银行业优化资产负债结构、加强流动性管理、提高收益的一个重要手段，不仅能为银行主动增加存款提供抓手，也可以提高银行盈利水平。票据创新发展不仅可以丰富商业银行调节手段，增加收入特别是中间业务收入，还可以降低资本占用，提高存量资产使用效率，提升风险管控能力，增加综合竞争力，在助推商业银行金融改革和转型发展中发挥了重要作用。随着票据交易所的建成和交易主体的扩大，票据也必将成为其他金融企业创新发展的重要工具。

二、票据创新的原则

1. 市场性原则。从哲学角度看，创新是对事物和发现的利用和再创造，特别是对物质世界矛盾的利用和再创造。因此，票据创新也必须是根据市场需求及其变化需要，在充分考虑当前要素条件基础上创造出来的，离开了市场环境的票据创新是没有任何意义的。也就是说，票据创新需要适销对路，要契合市场的需求以及其未来发展方向，坚持以客户为中心，能够解决当前票据市场供需矛盾关系，同时也需要市场的检验和再创造。

2. 效益性原则。票据创新必须以提高票据市场的收益和效率为出发点。

创新都是有成本的，无论是设计成本还是推广成本均需要有收益来覆盖，如果没有相应的效益性，市场自发的票据创新将不可持续。同时，央行和监管部门作为票据市场的管理者和监督者对创新也更有着义不容辞的责任和关键性作用。

3. 公平性原则。也即每一个市场参与主体都可以公平地进行票据创新，也都可以从相应票据创新中获得收益，甚至获得专利和知识产权。随着票据市场多元化发展，不同市场和类型的参与主体其需求也不尽相同，因此需要一个公平的票据创新环境。这里的公平性不是绝对公平，而是相对公平。

4. 防险性原则。票据创新的目的有很多，如降低成本、提高效率、提高收益、防范风险等，其中防范风险是票据创新的主要目的之一。市场中许多票据创新都是因为防范风险孕育而生的，如电子商业汇票、票据衍生产品等，央行成立的上海票据交易所就是应风险而生，为安全和规范而立。

5. 合规性原则。合规性是指票据创新要与法律法规、监管规则和准则相一致。创新与监管是一种相互矛盾又相互促进的关系，创新是为了更好更快地发展，监管是为了稳健发展，二者总体目标一致，因此票据创新必须要合规。此前有一些创新是为了突破监管而创新，如“绕规模”、消减资本占用等违规创新，这些都不是真正的票据创新。

6. 可推广性原则。可推广性要求票据创新必须具有普遍性和实际意义，如果票据创新仅停留在理论层面或者仅适用极少数人，那就失去了创新的意义。当然也不是所有票据创新都是针对全体市场参与者，票据创新也要有自身特性和一定范围适用性，但这与可推广性原则并不冲突。

第三节 票据创新的发展思路

一、票据市场框架体系创新

推动票据市场框架体系研究和创新发展，可以为票据市场顶层设计以及未来发展规划提供坚实基础，从全局出发明确票据市场各子体系的功能定位，发挥各子体系的比较优势，突破地域性、行业性以及各子市场的限制，协同发展，形成合力，从而建立全国统一、协同的票据市场体系。有助于探索形成票据行业统一标准，提升业务办理的标准化水平和整个市场透明度，促使票据市场效率提高和健康有序规范发展。宏观层面创新可以激发市场整体创新活力，引领和带动中观及微观领域的创新发展，市场参与主体更趋多元化，票据产品种类、票据交易模式、票据交易主体也会随之发生深刻变革，跨界、跨市场、跨区域的发展趋势将愈发显著，非银行金融机构对票据创新业务和产品的参与力度和深度不断加大，企业、银行、信托、基金、证券公司、财务公司以及个人也将参与到票据市场的创新发展中。

1. 可由央行统筹规划票据市场的顶层设计。组织研究票据市场框架体系的创新发展，统筹票据交易市场基础设施建设，从宏观层面制定票据市场的发展规划、发展战略及长短期目标，为票据市场规范发展提供理论指引。

2. 可设立票据市场相关管理组织或委员会。统筹票据市场框架体系落实工作，组织研究实施各票据子市场之间的协同发展，建立负责票据交易、登记、清算的交易所组织，维护票据市场的长期、稳定运营；建立相关行业公会，制定行业自律守则，以规范行业发展。

3. 可充分发挥市场参与者的研究分析作用。可以采用课题、征文、评刊、入选公开出版增刊、出版精选集等多种形式，在公开刊物、高层研讨会、高层营销会等平台上加强宣传、推广力度，提高市场参与者参与票据市场框架体系的创新发展研究积极性，从实践和操作层面开展前瞻性的理论研究思考。加强与高校、研究机构的联系，组织高层学术会议，逐步建立票据业务研究专家库，重点研讨影响票据市场宏观发展的理论性问题，为票据市场框架体系创新发展提供理论指导和信息支持。

二、市场体系创新

票据市场体系中的八个子市场既互相联系又相对独立，推进票据市场体系创新发展，能够改变当前票据业务参与者因为各自机构设置和业务管理要求的不同而导致业务间完全割裂，打造票据业务链统筹管理和分散营销理念，提高参与者经营管理效率，推动票据市场全面、协调、健康发展。

1. 加快商票发展步伐。商业承兑汇票是建立在商业信用基础上的信用支付工具，不仅手续简便，能有效缓解企业间货款拖欠，提升市场活力，提高效率，还能降低企业资金使用成本，节约资金运输与使用的费用，避免资金的积压。商业承兑汇票可以改善对银行信用过度依赖的现状，特别是在经济增速下行银行信用收紧的当下，既能减轻商业银行风险的过分集中，也可以优化票据市场结构，同时银行也可通过对商业承兑汇票进行贴现和托收等获取高于银行承兑汇票的利息收入和中间业务收入。商票直接作用于实体经济，央行通过再贴现调控信贷投向，并有效促进社会信用体系的完善和发展。商业信用缺失是导致商业承兑汇票业务难以发展的关键因素，可以通过政府搭建公开、透明、可信度高的企业信息信用平台，并建立有效的奖惩机制，推动商业承兑汇票业务的全面、健康、稳步发展。推行企业信用评级制度，成立统一、规范、权威的企业信用评估机构，建立健全适合商业承兑汇票的评级评估指标体系，实行企业信用定期考评制度，推行商业承兑汇票担保支付机制，建立商业承兑汇票保险制度，为商业承兑汇票在全国范围内的流通创造条件。同时提高商业银行积极性，加大银行商业承兑汇票贴现规模及人民银行商票再贴现力度，引导金融资源积极介入，为扩大商票流通创造良好的条件和宽松的金融环境。建立商票企业准入制度和商票贴现准入制度，建立商业承兑汇票签发使用风险监测和分析制度以及风险处置化解机制，建立商业承兑汇票担保基金制度，通过风险防范措施保障商业承兑汇票业务健康发展。

2. 推动承兑业务创新发展。票据承兑满足了企业之间的短期资金支付需求，通过签发票据获得了交易的延期支付，减少了对营运资金的占用，相对于贷款融资可以有效降低财务费用，加快了企业的周转速度和商品流通效率。票据承兑业务提供了便捷的融资渠道和低成本资金，尤其满足了中小企业的融资需求，央行统计报告显示，目前中小企业作为出票人已占票据融资余额的三分之二以上，有助于推动中小企业的发展。票据承兑成为银行优化资产结构的重要工具，不仅可以带来手续费，还通过企业缴纳承兑保证金增加流动性存款等。一是分类施策，区别对待，积极调整票据承兑的整体规划和业务布局。根据各地区经济总量、当地企业金融意识强弱、各地金融环境等来制定区域票据承兑发展目标；针对不同的产业模式，有针对性地开展票据承兑，支持农、林、牧、渔等第一产业发展，支持工业振兴、科技强国等第二产业发展，支持模式创新、消费升级等第三产业发展；商业银行根据自身信贷发展战略、信贷业务结构、信贷风险偏好、信贷客户数量、信贷客户结构等实际情况制定自身的承兑业务发展规划。二是积极调整，主动筛选，有针对性地选择票据承兑的业务结构和客户类别。推动票据承兑支持实体经济转型升级，支持企业走产出高效、产品安全、资源节约、环境友好的现代化发展道路，做大做强经济总量和票据承兑业务总量。围绕国家“十三五”规划，紧跟“一带一路”、长江中下游经济带、京津冀协同发展经济带“三大支撑带”和自贸试验区改革创新、东北老工业基地振兴等国家重大经济发展战略，有序推进战略新兴产业、先进装备制造业、工业强基工程、现代服务业、文化产业等新经济新市场的票据业务结构布局，通过承兑业务推动大众创业、万众创新，配合释放新需求、创造新供给，推动新技术、新产业、新业态蓬勃发展。三是坚持创新，不断探索，积极推动票据承兑发展新战略和新模式。票据承兑业务要将推动实体经济供给侧结构性改革与自身发展转型有机结合，根据经济结构调整和产业创新升级进程，优化票据承兑业务发展战略、管理机制和业务模式，注重业务操作的规范性，利用信息化和大数据提升风险监测水平，增强票据承兑服务实体经济的能力。四是注重合规，审慎经营，有效防范票据承兑在支持实体经济发展中的操作风险和合规风险。五是依法监管，力求完善，有效规避票据承兑在支持实体经济中的法律风险和监管风险。为推动电子商业票据、"互联网+票据"、融资性票据、全国性票据交易所的创新性发展，必须加快推进对《票据法》相关条款的再次修订。

3. 推动贴现业务创新发展。票据贴现与普通贷款相比其融资成本往往较低，且流程简单、获得资金周期短，特别是对于信用等级相对较低的中小企业，银行承兑汇票所具有的银行信用、放款速度快等特点，对解决我国中小企业融资难问题具有得天独厚的优势和作用。相对银行而言，票据风险较低、流动性好，收益相对较好，是银行流动性管理和信贷调节的重要工具。一是持续发挥央行窗口指导作用，引导信贷资金流向实体经济。鼓励票据贴现业务符合国家宏观经济政策需要，支持国家产业结构调整及实体经济转型发展。通过政策规定对重点行业、重点企业、重点产品的票据优先办理直贴业务，引导信贷资金向符合国家产业政策的方向倾斜。二是提高自贴比例，防止"票据空转"。商业银行在签发商业汇票前，会根据企业风险状况评定信用等级，核定授信额度，交纳一定比例的保证金，同时对交易合同、发票等贸易背景的真实性进行审核，重点在于防范融资性票据的风险。因此，各家商业银行要在发展票据直贴业务的同时，提高本行承兑汇票贴现归行率，一方面有利于票据贴现资金回流实体经济，另一方面可以防止票据在同业金融市场中空转，回归票据贴现持续服务实体经济的本质要求。三是积极向"互联网+票据"平台方向发展。随着"互联网+"思维在票据领域的渗透，"互联网+票据"平台呈现多元化。一方面促进商业银行提供"互联网+票据贴现"，提高票据贴现标准化和操作效率，方便实体经济贴现融资。另一方面加快票交所建设，尽快将票据贴现环节实现统一报价和线上操作，同时鼓励票据中介成为票据贴现市场的合格参与者。

4. 促进转贴现快速发展。票据转贴现可以发挥规模调节、平衡资产负债的作用，实现快速灵活调控信贷资产规模和结构。同时，银行通过转贴现可实现收入多元化，包括持有到期赚取利息收入，或者通过短期买卖赚取价差收入，还可以通过理财产品实现中间业务收入，有利于商业银行增加资金运作的渠道、提高资产收益。一是积极推动票据转贴现发展新战略和新模式。随着银行存贷比指标的取消，银行利用转贴现业务作为“通道”调减信贷规模的动机大幅降低，转贴现业务逐步回归到其本源，逐步成为资金融通及获利投资的方式，成为货币市场的重要补充形式。二是未来随着电子商业汇票的普及，电票以其方便、安全、线上的属性，以及便于查询查复、审核、交易、流转的特点，给未来票据转贴现业务创新提供了良好的交易方式及手段。三是由于票据交易所潜在的跨界属性，未来将可能进一步促进转贴现业务在跨界、跨业、线上加大创新的力度，比如探索与货币子市场、保险投资资管市场、信托证券资管市场、票据资产证券化、资本市场中远期、掉期、期权等衍生品的力度，彻底激活存量票据资产，推动转贴现交易的活跃度和规模，更好的实现对实体经济的支持。

5. 重构再贴现业务功能。再贴现作为央行控制货币供应量的三大传统政策手段之一，再贴现利率作为央行基准利率之一，其调整起到了告示市场、引导预期的重要作用。再贴现利率的或升或降，预示着货币当局政策走向的或紧或松，与公开市场操作利率、存贷款基准利率的调整一起，互相强化引导公众预期和调节资金供求的政策效果，影响金融市场参与者的经济行为，并直接调节货币供应量。再贴现是为数不多具有结构性调整功能的货币政策工具，可以引导信贷资金流向，促进产业结构调整；按照国家产业政策要求，有选择地对不同种类的票据进行融资，促进经济结构调整，近年来通过支持中小企业的发展，缓解了融资难、融资贵的问题。一是持续培育票据市场，营造良好的再贴现业务环境。二是加大对再贴现的投放力度，完善货币政策调控手段。三是提高再贴现信贷调控能力。运用再贴现工具引导金融机构将更多信贷资源配置到小微企业、“三农”、绿色和棚户区改造等国民经济重点领域和薄弱环节。四是探索再贴现与其他相关政策的联动，如探索再贴现政策与支农贷款政策、与小微企业政策、与“大众创业、万众创新”政策、与存款准备金政策之间的联动效应，以进一步发挥政策合力。同时，要加大再贴现对电票的支持力度，特别要加大再贴现对商业承兑汇票的支持力度，有利于推进商业信用的发展，从而也更能突出再贴现的功能作用。五是建立市场化、差别化的再贴现利率形成机制。研究建立以市场化为导向动态调整的再贴现利率形成机制，探索依据再贴现的期限、产业、企业类型、办理方式等不同情况，实施差别化、多层次的再贴现利率体系，如对重点支持的中小企业领域实行较低的利率予以引导，针对买断式再贴现和回购式再贴现实行有差别的再贴现利率。

三、交易体系创新

票据交易体系是票据市场体系的重要组成部分，在票据市场体系中以产品为依托串联了各票据子市场，加快了票据流转速度，提升了票据流转效率，推动了票据创新深入开展，引导了票据市场自律与风险体系建设，促进了票据市场体系的协调有序发展。

1. 重新认定票据的产品定位。随着票交所的发展，票据将趋近于债券等标准化产品，其融资属性和资金化属性将进一步扩展，一方面持票人可以以货币的形式直接转让支付，从而降低整个融资链的成本，另一方面要充实票据资产交易经营内涵，提高资金的运作效率和回报，再一方面也要打通同业投资渠道，打造新型理财产品和工具，吸引客户投资以获得更加广泛资金来源。

2. 升级产品创新的内涵。一方面可以实现票据与信用证（银行保理等）的组合国际结算业务和“1 + N”商业承兑汇票贸易融资组合业务，提高票据的应用领域，并可以贴现电子票据集合资产为依托，设立特殊目的机构（SPV）发行资产支持票据（ABCP），扩大银行票据融通资金来源。另一方面推动多元化票据衍生品发展和试点，包括远期票据贴现和转贴现、票据贴现期权和转贴现期权、票据转贴现利率互换和转贴现期限互换（掉期）等，还可根通过银行业金融机构集约化管理已贴现票据，实现票据资产证券化等创新。

3. 加大与互联网金融的跨界融合。一方面规范互联网创新票据业务的应用，鼓励互联网金融为符合国家产业导向领域的中小微企业和家庭居民提供多样、灵活的票据融资、票据理财等金融服务，支持互联网金融与电子商务、现代物流、信息服务、跨境贸易等加强票据融资业务领域的融合发展，以提供更有效率票据融资服务的方式促进相关行业转型升级。另一方面与互联网金融的跨界融合将有望实现突破，随着互联网金融的深入发展，互联网企业掌握越来越多的金融经营权，并获得了相对宽松的监管空间，以系统的信息共享和快速传播来加快实现资产负债与客户需求的双对接，实现票据资产管理业务的落脚点由让客户“看得见”向“看得清”转变，推进票据资产类业务的转型和在全市场的接受度。

四、票据市场参与主体体系创新

票据参与主体体系创新应该由央行负责统一规划指导，短期目标可建设以上海票据交易所为核心，地方、行业票据交易所作为两翼，票据经纪公司为补充，商业银行为主体，其他金融机构共同参与的多元化票据参与者体系；最终目标应发展成为以上海票据交易所为主导，地方、行业票据交易所以及票据经纪公司为共同延伸服务的前端票据基础设施，商业银行为交易主体、其他金融机构作为补充、企业和个人共同参与的多元化交易主体，形成统一、集中、多元参与的票据市场。

1. 央行：主要负责制定货币政策和票据市场的各类管理办法，对票据市场进行宏观规划与指导，并通过再贴现等交易手段对票据市场进行调控。

2. 上海票据交易所：在票据市场中居于中心地位，一方面需要接受央行在货币政策和票据管理办法方面的指导，另一方面需要制定票据贴现、转贴现、回购、再贴现等交易业务规则，开发票据交易、托管及清算平台，引导各类市场交易主体入市。

3. 地方及行业票据交易所：按照上海票据交易所制定的各类票据贴现业务规则开展业务，成为上海票据交易所在票据贴现领域的延伸，其交易系统、交易数据作为票据交易子市场大数据的组成部分，主要承担向区域内及行业用票企业推广票据贴现业务的职责。

4. 票据经纪公司：在票据交易市场中主要承担撮合商业银行与企业之间的贴现交易职责，但不得直接办理票据贴现及票据二级市场交易。

5. 商业银行：是票据市场最主要的参与者，直接对接企业贴现提供资金融通，也是二级市场最为活跃的金融机构，同时也通过再贴现对接央行，是票据市场最主要的规模和资金提供方。

6. 信托公司、券商、基金公司、保险公司、期货公司、资产管理公司等其他金融机构：是票据市场新型参与者，是票据产品创新发展的主要参与方。

7. 企业及个人：企业是票源方，是票据市场的基础；个人可通过票据创新产品参与到票据市场，并有望发展成为重要的票据资产投资者。

五、票据市场组织体系创新

1. 推动商业银行票据业务组织架构改革。随着成立集中性的票据经营机构成为主流，集中化的票据经营模式会逐步带来专业管理的统一归口，对促进票据业务的管理提供便捷。对于大型和股份制商业银行，将逐步形成分行贴现、总行集中到票交所交易的模式，并且贴现后的纸票登记、保管等将成为重要的风险把控要点，中小银行将更侧重形成垂直化的票据经营体系。

2. 引入票据做市商制度。借鉴发达国家和地区的经验，在现有票据专营机构的基础上，进一步推动票据做市商制度的建立发展，可以相对集中地办理票据业务，充分发挥专业化分工的优势，降低交易成本，提高市场效率，激活票据市场；在票据市场深度、广度和效率不断提升的基础上，进一步深化经营主体建设，建立股份制票据金融公司，整合当前所有市场主体的资源和自身优势，以市场化方式运作，摒弃现在银行内部票据经营机构行政性分配资源的局限性，自主经营、自负盈亏、自求发展，适应市场发展需要，提升经营管理效率，走专业化、集约化、规范化发展之路，实行集约经营和集控管理。

3. 制定经纪管理办法规范我国票据经纪行为。设立统一的行业准入门槛，如最低注册资本金、股东合法性、公司治理结构、高管行业从业经验等；明确票据经纪机构的经营范围，除允许其为票据市场参与者提供传统的票据信息、咨询、见证、培训等各类经纪服务外，还应该允许票据经纪机构在法律法规允许的范围内开展业务，包括鼓励票据经纪参与业务交易经纪服务以及票据信用评级、票据软件开发、票据信息数据库等体系建设；构建统一的市场退出机制，形成票据市场进入与退出的动态管理。规范票据经纪的会计、税收制度，并配套相应的票据经纪监管制度等。

4. 逐步建立统一的信用评级、资信评估、增信保险制度，推行信用评价制度，成立统一、规范、权威的信用评估机构，建立健全适合票据业务的评级评估指标体系，实行信用定期考评制度，推行票据担保支付机制和保险制度，积极推进社会信用生态环境建设。

六、票据制度体系创新

在法律层面，需要尽快推进《票据法》的修订工作，为票据市场体系的创新发展创造良好的法律环境；在政策层面，需要央行、银保监会、证监会等监管机构通力协作，在部门规章方面为票据市场体系的创新发展清除政策障碍。

1. 要加快对《票据法》的再次修订完善。当前票据承兑业务的基本法律依据是1996年1月1日起实施的《中华人民共和国票据法》，2004年8月28日经第十届全国人民代表大会常务委员会第十一次会议进行了审议修正。修正后的《票据法》距今也已颁布实施十二年。这十二年间，国家经济、金融的改革发展以及科学技术手段的进步，对票据转贴现业务已产生较大影响。当初《票据法》中的部分条款如今已深深限制了票据业务进一步创新发展的动力。如今电子商业汇票、“互联网＋票据”平台、融资性票据、全国票据交易所的出现以及票据衍生产品（票据资产证券化等）、其他创新产品（如基于区块链构造的数字票据等）的尝试，彻底颠覆了《票据法》中关于纸质票据的相关规定，必须加快推进对《票据法》相关条款的再次修订。

2. 建立符合票据全新特征的监管体系。构建后票交所时代票据市场监管协调机制，加强货币政策部门、监管部门和金融机构在业务监管方面开展协作，消除不同部门法规制定实施中的抵触和矛盾现象，使票交所、各商业银行的各类票据系统在更为合理完善的监管法律框架下健康发展，尽早实现标准化，为市场参与主体提供了更多主动适应监管要求变化的机会，甚至可以借鉴发达国家金融监管的“沙盒机制”，利用票交所对新型的创新技术和产品进行试验，一旦证明有效，监管可随之进行调整，避免监管要求和业务发展节奏不一致的情形。

七、票据服务体系创新

1. 进一步完善票交所报价、撮合、共享等系统功能。票交所在打造好会员、交易、托管、清算等职能的基础上，进一步完善票交所系统功能，丰富产品内涵。实现所有交易品种的报价、询价、议价等功能，通过信息的发布、展示和整合，对报价的真实性和有效性做跟踪审核，确保市场情况的真实反映，同时对撮合交易清单有严格的规定和分级加密保护措施，既避免了恶意挂单，也保护了客户的隐私。实现交易的撮合，通过对票据交易各要素的标准化建模、交易倾向的罗列分析、客户业务管理限制的筛选等，完成对市场交易撮合信息的匹配，进而实现业务的达成。实现与产品功能的互通，对每一个产品都可以实现业务的操作和数据资源的共享，从而使得平台上的产品不单单只具有展示功能，还能直接提供给客户使用。

2. 做大商业银行的票据产品链、产业链、供应链业务。所谓票据产品链是以承兑、贴现、转贴现、回购交易、再贴现等多环节为点，以这些属性（承兑、直贴）、资金属性（转让、回购交易、再贴现等）为线。上述的所有点、线和多环节以及关联衍生、增值、创新为产品链，发展票据业务，探索发展商业银行转型发展之路。所谓供应链票据融资，是指银行与企业将核心企业及其上下企业关联在一起，提供灵活便利的票据融资服务。所谓产业链票据融资是指银行与企业以产品链核心企业为依据，针对产品链的各个环节，设计个性化、标准化的票据金融产品，为全产业链企业提供票据融资服务与模式。商业银行通过以票据产品链为龙头，紧密契合企业产业链和供应链创新，为企业打造融资成本低，流转速度快，服务更简便，黏合度更高的金融工具。

3. 提升对票据增值服务的认识。通过丰富票据业务经营、信息咨询、担保、鉴证、托收、保管、培训、顾问、代理、投资等不同的票据业务增值服务，进一步提高信息透明度、提升交易效率、降低交易成本、防范业务风险，来繁荣票据业务、促进票据市场健康发展。商业银行应当拓宽发展视野，充分了解和认识经营定位和业务优势，从丰富票据业务流通渠道和强化票据业务增值服务入手，借助信息化时代对于传统业务模式的革新，通过互联网、银行和企业的连接，利用互联网的大数据和广泛性优势，商业银行的集中、专业和风险管理优势，以信息类（提供咨询顾问、定制服务等智能型产品）、交易类（提供交易撮合、票据经纪等便利型产品）、操作类（提供业务代理、系统支持等基础型产品）等服务模式为基础，提供专业化或综合化的票据增值服务，拓展票据业务的盈利空间。

八、票据信息科技体系创新

1. 加快建设全国统一规范的票据信息平台。一是建设标准化、覆盖面广的信息采集录入子平台，实现各数据源平台数据的接入汇总，并拥有海量相关非结构化信息，可按“科学规划、统一标准、规范流程”原则，统一采集归口，利用数据信息技术建立索引，实现信息资料管理的科学化、规范化，实现信息集中管理，并建立数据质量控制机制，提高分类数据的准确性。二是打造模型化、手段先进的信息分析预测子平台，运用科学模型建立宏观经济预警、区域监测评价等系统，从而对票据信息数据进行多角度、多层次、精细化、准确系统的分析，更好地刻画票据市场的运行趋势和情况。三是实现智能化、实效性强的信息资讯发布子平台，实现智能分类、科学发布、高效共享，建立业务库、案例库、营销库、经验库、文化库、知识库，实现集中展现各类报表、信息功能。

2. 科技金融将在票据市场发挥更大作用。一是票交所作为“互联网 + 票据”的高级产物，其发展必然由科技的进步与应用来主导，不断地与科技融合发展，形成新的业务操作形态和产品模式。数据的作用将会被进一步激发，票交所的集中模式将会沉淀大量有价值的历史数据，而数据本身将成为最重要的生产资料。票据市场的信息化水平将进一步提升，业务流程标准程度显著提高。二是以区块链技术为代表的新型金融科技开始在票据领域应用。金融科技可以使票据市场更便捷高效、更安全、更便于监控管理。2018 年 1 月 25 日数字票据交易平台实验性生产系统成功上线试运行，实现了数字票据的突破性进展，是区块链技术应用于金融市场基础设施的重大举措，为实现“运行去中心化、监管中心化”奠定了基础。

第十七章 上海票据交易所及其他区域交易平台

第一节 我国票据市场的演变

新中国成立后，由于实行计划经济，曾一度限制票据的使用，直到改革开放之后，才开始逐步恢复使用票据。票据市场演变也经历了萌芽阶段和发展阶段。

一、票据市场的萌芽阶段（1982—1994 年）

新中国成立后相当长的一段时期内，我国的银行信用和商业信用都以挂账形式出现，企业之间分期付款、延期支付等商业信用没有使用票据和履行一定手续，使销货单位收款没有保障。中国人民银行开始尝试开展票据业务，希望通过在商业汇票的票面上注明清偿日期和到期不能偿付的处罚条款，以督促付款单位合理安排资金支付货款，确保收款单位到期能收到款项，银行通过承兑和贴现，为企业提供承兑保障和资金融通，解决打开企业之间的债务链条及困扰企业的“三角债”等问题。在此阶段，票据市场各类业务产品均已出现，但由于受到当时经济条件限制，以及规章制度不完善等因素影响，各类票据业务产品发展缓慢，票据市场尚未形成。

新中国的票据业务是在经济活动相对活跃的华东地区开始的。1979 年，中国人民银行总行批准部分企业签发商业承兑票据；1981 年 2 月，中国人民银行上海市杨浦区办事处和黄浦区办事处试办了第一笔同城商业承兑汇票贴现业务；同年 11 月 16 日，中国人民银行安徽省天长县支行和上海市徐汇区办事处合作办理了第一笔跨省市的银行承兑汇票贴现业务。从此，各商业银行正式将同城商业承兑汇票贴现业务和异地银行承兑汇票贴现业务列入资产业务项目，票据业务开始逐渐起步发展。

为推动票据业务的发展，提高票据在企业间的使用，中国人民银行一直在票据领域加强探索。1982 年 5 月，中国人民银行总行对上海市分行提出的《关于恢复票据承兑、贴现业务请示报告》作出批复，肯定试点做法和经验，并将试点范围扩展到重庆、河北、沈阳等地；1984 年 12 月，中国人民银行总行在总结上海、重庆等地试办商业票据承兑贴现业务经验的基础上发布《商业汇票承兑贴现暂行办法》，正式在全国推广商业汇票承兑与贴现业务；1986 年，中国人民银行颁布《中国人民银行再贴现试行办法》，首次开办再贴现业务用于支持商业汇票业务，但二级市场管理上实行严格控制，规定商业汇票不得流通转让；1989 年 4 月，中国人民银行实行了新的《银行结算办法》，规定允许票据流通转让、贴现、转贴现和再贴现。

1994 年，中国人民银行针对当时一些重点行业贷款拖欠、资金周转困难和部分农副产品销售不畅的现状，先后颁布了《商业汇票办法》《再贴现办法》《信贷资金管理办法》《关于在煤炭、电力、冶金、化工和铁道行业推行商业汇票结算的通知》。此后，中国人民银行会同有关部门提出在煤炭、电力、冶金、化工五个行业和棉花、烟叶、生猪、食糖四种农副产品的购销环节推广使用商业汇票，开办票据承兑授信和贴现、再贴现业务，并第一次安排 100 亿元专项再贴现资金，中国人民银行开始将再贴现政策作为货币政策工具加以运用，实施金融宏观调控。

二、票据市场的初步发展阶段（1995—2000 年）

1995—2000 年，在总结前期商业汇票探索经营的基础上，中国人民银行继续推进完善票据市场的各类规章制度，随着《票据法》《支付结算办法》《商业汇票承兑、贴现与再贴现管理办法》等一系列法律法规、部门规章的下发，中国票据市场的法律框架基本形成，明确了票据市场的发展方向，票据市场开始进入了初步发展阶段。

（一）《票据法》的颁布及影响

1995 年，作为规范票据法律关系根本制度标志的《中华人民共和国票据法》正式颁布，为票据市场的发展奠定了法律基础，对有效规范票据行为、保证票据的正常使用和流通起到了重要作用。1995 年 5 月 10 日，第八届全国人大常委会第十三会议审议通过了《中华人民共和国票据法》，并于 1996 年 1 月 1 日起实施，该法共七章 111 条，分别对汇票、本票、支票、涉外票据的法律适用以及法律责任作了规定。

《票据法》的出台是我国市场经济立法的重大举措，标志着流通领域立法的逐步完善并已初步形成内在协调的体系，它为建立商业信用、规范流通秩序、打击违法犯罪创造了基本的法律条件。我国《票据法》的立法意义有以下几方面。

一是改变了单纯用行政手段和准行政手段管理和监督商业信用和银行信用的局面，对票据及票据行为有了统一调整的法律规范，有助于信用工具票据化，票据制度法律化。

二是可以有效维护票据关系当事人的合法权益。例如《票据法》中有关追索的条款可以保护票据关系当事人的合法权益，出票人、付款人、背书人、保证人、承兑人须依法承担相互的法律责任。在《票据法》出台前，常出现承兑人以种种理由拒付票款，个别银行压票、退票等行为，对这些行为的处理仅实行行政处理措施，缺少严格的法律规范和外在的监督制约。

三是有利于消除票据发行流通中的混乱现象，制裁票据违法犯罪行为，保证交易安全。《票据法》强调了票据关系与票据基础关系，严禁利用票据套用银行信用和进行欺诈。例如，该法第三条规定："票据活动应当遵守法律、行政法规，不得损害社会公共利益。"第十条规定："票据的签发、取得和转让，应当遵循诚实信用的原则，具有真实的交易关系和债权债务关系"等。

1995 年《票据法》颁布施行后，国内商业汇票应用有较大发展，对规范企业信用行为，防止企业贷款拖欠，提高商业银行信贷资产质量，加强中国人民银行宏观调控发挥了积极的作用。

（二）其他规章制度的印发

1997 年，为进一步加强商业汇票管理，促进国内商业汇票市场健康发展，中国人民银行下发了《支付结算办法》《票据管理实施办法》《商业汇票承兑、贴现与再贴现管理暂行办法》《中国人民银行对国有独资商业银行总行开办再贴现暂行办法》等一系列规章制度；1998 年，中国人民银行下发了《关于加强商业汇票管理，促进商业汇票发展的通知》，改进与完善了贴现利率的生成机制；1999 年，中国人民银行下发《关于改进和完善再贴现业务管理的通知》，支持、引导和鼓励开户企业在商品和劳务交易中使用商业汇票，通过大力发展票据承兑、贴现授信和转贴现业务，调整信贷资产结构，加强流动性管理，改善对企业的金融服务；1999 年 6 月 10 日，为了发挥再贴现政策的作用，促进商业票据承兑、贴现与再贴现业务的开展，中国人民银行将再贴现利率由 3.96% 下调到 2.16%，下调 1.8 百分点，下调幅度达 45%，同时增加对各分行的再贴现额度。

中国人民银行一系列规章制度的下发，支持了企业扩大票据融资，促进了商业银行信用票据化，引导了信贷资金的合理投放，加强了对商业汇票业务的宏观管理和制度建设。国内商业银行票据业务的法律制度基础初步确立，以中心城市为依托的区域性票据市场基本建立。

三、票据市场的快速发展阶段（2000—2009 年）

2000—2009 年，我国票据市场进入了快速发展的阶段。这一时期的主要特点有：一是票据交易量大幅增长；二是票据专营机构开始出现，市场主体进一步扩大；三是票据市场相关基础设施进一步完善。

（一）票据交易量大幅增长

2009 年全国商业汇票承兑发生额为 10.3 万亿元，比 1999 年的 5 076 亿元增长了 19.3 倍，占当年 GDP 的比重达到 30.25%，比 1999 年提高了 24.6 个百分点；贴现、转贴现发生额为 23.2 万亿元，比 1999 年的 2 499 亿元增长了 91.8 倍；同期，商业汇票未到期金额由 1999 年末的 1 873 亿元增加到 4.04 万亿元，增长了 20.6 倍；票据贴现余额由 1999 年末的 552 亿元增加到 2.4 万亿元，增长了 42.5 倍。

（二）票据市场主体进一步扩大

商业汇票市场参与主体进一步扩大，一些股份制商业银行、城市商业银行、农村信用社及财务公司等中小金融机构在防范票据风险的前提下，积极发展票据业务，并以此开拓市场，提高竞争力及盈利水平，票据市场份额逐步提高，票据业务运作机制逐渐成熟，商业银行票据业务开展的规模化和专业化程度明显上升，主要商业银行纷纷设立票据贴现经营机构加大对票据业务的集约化经营力度，再贴现业务逐步成为中小金融机构解决流动性不足的有效手段。商业汇票在一些经济发达地区和大中型骨干企业中已成为主要的结算方式和融资手段。票据流通转让次数明显增多，流通支付功能进一步增强，其衔接产业产销关系、降低企业资金占用水平的作用显现。多数票据在中国人民银行再贴现以前，已经多次背书转让、多次媒介商品交易，有效地发挥了票据的信用创造功能。

2000 年 11 月 9 日，经中国人民银行批准，中国工商银行在上海成立了我国第一个票据专营机构——中国工商银行票据营业部，随后工商银行又建立了北京、上海、天津、广州、西安、郑州、重庆、沈阳等多个分部。中国工商银行票据营业部的设立，打破了商业银行按行政区划设立分支机构的传统经营模式，主要参考了经济区划和票源因素，适应了金融和商业银行市场化改革趋势。

2005 年 7 月 18 日，中国农业银行票据营业部开业，成为全国第二家国有商业银行总行级的票据专营机构，这意味着我国票据市场专营机构的雏形已经形成。票据专营机构的发展是这一时期票据市场组织体系的重大创新，有利于建立专业化运作方式，提高票据集约化经营水平，同时有利于实现对票据业务新产品开发、市场开拓、人才培养的创新，提高票据领域专业化服务水平和资金营运水平，增强票据业务的竞争实力。

（三）票据市场基础设施进一步完善

2001 年，中国人民银行下发了《关于切实加强商业汇票承兑贴现再贴现管理的通知》，严禁承兑、贴现不具有贸易背景的商业汇票。2002 年 12 月，中国人民银行颁布《关于办理银行汇票及银行承兑汇票业务有关问题的通知》，决定取消此前业务管理规定中关于商业银行“办理银行承兑汇票业务实行总量控制，其承兑总量不得超过上年末各项存款余额的 5%”的指标限制。2005 年 9 月，中国人民银行下发了《关于完善票据业务制度有关问题的通知》，对商业汇票真实性交易关系的审查、查询复查方式和票据质押的相关处理问题等进行了明确规范，明确了风险管理的侧重点，进一步增强了票据的融资功能，促进了票据的流通，规定了转贴现、再贴现业务不再审查票据的交易背景材料，大大促进了转贴现与再贴现业务处理效率的提高。2006 年 11 月，中国人民银行出台了《关于促进商业承兑汇票业务发展的指导意见》，提出人民银行要组织商业银行制定推广使用商业承兑汇票的具体实施方案，通过贴现、再贴现等手段推进商业承兑汇票的发展。2008 年 12 月，为有效发挥再贴现促进结构调整、引导资金流向的作用，中国人民银行下发了《关于完善再贴现业务管理，支持扩大“三农”和中小企业融资的通知》，支持增加“三农”信贷投放，扩大中小企业融资，促进改善融资结构和融资方式。

2003 年 6 月 30 日，银行间同业拆借中心推出“中国票据报价系统”，又称中国票据网，为各金融机构从事的票据转贴现和回购业务提供报价和在线业务洽谈等服务。同年 7 月 1 日，中国工商银行正式对外发布了我国编制的第一个票据价格指数——“工银票据价格指数”，2012 年肖小和、王亮以学者身份研究并发布了中国票据价格指数。中国票据网的开通及工银票据价格指数和中国票据价格指数的出现，表明我国票据市场“基础设施”建设的步伐正在加快，票据市场的信息透明度、市场效率进一步提高，市场操作和监管手段得到改进，市场资源配置更为有效，对防范市场风险、加速票据利率市场化的进程起到了重要作用。

四、票据市场变革发展阶段（2009—2016 年）

2009 年以来，票据市场进入了变革发展阶段。主要呈现以下四大特点：一是电子商业汇票出现并快速发展；二是票据市场创新不断涌现；三是票据资金化运作趋势明显；四是大额票据风险事件集中爆发。

我国票据市场融资规模呈现较大的波动，但票据交易量快速增长，周转速度不断加快，资金化运作趋势逐渐明显，业务和交易模式创新层出不穷，电子商业汇票自 2009 年推出以来使用普及率逐年提高。

（一）电子化票据快速发展

2009 年 10 月 28 日，中国人民银行建成电子商业汇票系统（ECDS）并投产运行。电子商业汇票是出票人以数据电文形式制作的、委托付款人或承诺自己在见票时或指定日期无条件支付确定的金额给收款人或者持票人的票据。与纸质票据相比，电子票据具有以数据电文代替纸质凭证、以计算机设备录入代替手工书写、以电子签名代替实体签章、以网络传输代替人工传递四个突出特点。电子票据的发展，提高了商业汇票业务的透明度和时效性，极大地克服了纸票操作风险大的缺点，降低了交易成本，有效地促进了全国性票据市场的形成，对丰富支付结算工具、便利中小企业融资、完善利率生成机制、促进经济发展具有重要意义。票据业务实现电子化办理是我国票据业务交易方式的革新，票据交易摆脱了以往纸质票据交易效率低和风险大的诸多弊端，有利于推进中国统一的票据市场的形成和发展，我国票据市场进入了电子化发展的新阶段。

为给电子商业汇票系统运行和电子商业汇票业务的顺利开展提供制度支撑，2009年10月16日，中国人民银行正式发布《电子商业汇票业务管理办法》，作为规范和管理电子商业汇票活动的部门规章。此后，中国人民银行印发了《中国人民银行关于发布电子商业汇票系统相关制度的通知》《电子商业汇票系统管理办法》《电子商业汇票业务处理手续》《纸质商业汇票登记查询管理办法》《电子商业汇票再贴现业务处理手续》《电子商业汇票系统运行管理办法》《电子商业汇票系统数字证书管理办法》《电子商业汇票系统危机处置预案》和《电子商业汇票业务服务协议指引》等八项规范性制度文件。电子商业汇票配套制度不仅对原来纸质商业汇票业务中反映出的问题与制度空白点进行了梳理和明确，从一个全新的角度规定了电子商业汇票业务运作中各个流程和环节，而且及时跟踪了经济金融发展变化所导致的商业汇票需求的变化，对制度进行了革新。比如，根据财务公司快速发展及其信用状况显著改善状况，将财务公司承兑的票据纳入银行承兑汇票进行管理；允许企业与银行间双向的票据流动，便利了银行和企业的流动性管理，明晰了电子商业汇票融资的各种交易方式，对票据回购式交易首次以规章的形式明确定义，消除了交易中的不确定性等。

自ECDS投产运行以来，电子票据承兑和交易均呈现快速增长，表明其无论在企业层面的普及性，还是在商业银行之间的流通性都有显著增强。电子票据承兑和交易金额占比的显著提升，表明票据市场正在逐步进入电子化时代。

（二）票据市场创新不断涌现

1. 票据理财业务在规范过程中创新发展。这一阶段，随着商业银行理财业务的逐渐兴起，票据理财产品得到了较快的发展。从商业银行的角度看，发行票据理财产品可以在获取资金的同时节省信贷规模，从而将有限的资源配置于更多的信贷资产，因此票据理财产品在规模调控严厉时期往往成为商业银行重点拓展的业务。从投资者的角度看，票据理财产品最适宜于广大风险承受能力有限但又不满足于低收益率的投资群体，尤其是在票据市场利率处于较高位时，票据理财产品更是极受投资者欢迎。

随着票据理财产品规模的不断扩大，监管部门逐渐加大了监管力度。2009年末至2011年，监管部门对银行理财业务的监管力度逐渐加大，连续发布《中国银监会关于进一步规范银信合作有关事项的通知》《中国银监会关于规范信贷资产转让及信贷资产类理财业务有关事项》《中国银行监会关于规范银信理财合作业务有关事项的通知》《中国银监会关于进一步规范银行业金融机构信贷资产转让业务的通知》和《中国银监会关于进一步规范银信理财合作业务的通知》等多个监管文件，要求遵守真实性、整体性和洁净转让的原则，审慎规范开展信贷资产转让业务；强调在限期内银信合作理财业务表外资产全部转入表内；规定银信合作理财产品不得投资于理财产品发行银行自身的信贷资产或票据资产；提出从机制和源头上打消各类“影子银行”业务监管套利动机，防范风险传递。

2013 年 3 月 25 日，针对商业银行理财资金直接或通过非银行金融机构、资产交易平台等间接投资于“非标准化债权资产”业务增长迅速，以及一些银行在业务开展中存在的问题，中国银监会发布了《中国银监会关于规范商业银行理财业务投资运作有关问题的通知》，首次给出了非标资产的范围，“非标准化债权资产是指未在银行间市场及证券交易所市场交易的债权性资产，包括但不限于信贷资产、信托贷款、委托债权、承兑汇票、信用证、应收账款、各类受（收）益权、带回购条款的股权性融资等”。通知要求“商业银行应实现每个理财产品与所投资资产（标的物）的对应，做到每个产品单独管理、建账和核算”“商业银行应当合理控制理财资金投资非标准化债权资产的总额，理财资金投资于非标准化债权资产的余额在任何时点均以理财产品余额的 35% 与商业银行上一年度审计报告披露总资产的 4% 之间孰低者为上限”。

2. 互联网票据理财迅速兴起。2014 年，互联网票据理财产品迅速兴起，其原因在于：一是为小微企业提供了一条高效率、低成本的票据融资渠道，有效缓解了小微企业“贴现难、贴现贵”的困境；二是为大众投资者提供了一种低门槛、高收益的投资方式，得到投资者的青睐。

互联网票据理财主要有三种类型：第一类是专业互联网票据理财平台，即以销售互联网票据理财产品为主营业务的企业，如金银猫、票据宝、银票网等；第二类是银行系平台，在网上直销的理财产品中包含票据理财，如中国民生银行、平安银行等；第三类是互联网或电商企业平台，在网上销售理财产品中包含票据理财，一般采取与前两类机构合作方式经营，主要有阿里巴巴、新浪、京东、苏宁等。互联网票据理财的兴起，代表着互联网时代票据领域的金融脱媒，或对票据市场的发展产生重要影响。

（三）票据资金化运作趋势明显

这一时期，越来越多的机构开始重视通过短线交易赚取价差，票据市场交易呈现出较明显的资金化运作趋势，直接表现为票据贴现量增长速度远快于贴现余额的增长速度，票据周转速度明显加快。

在此期间，部分商业银行在会计核算上将买入票据和卖出票据的价差从利息净收入科目转入了投资收益科目（或其他业务收入科目），使票据买卖更具交易性金融资产的特点。从发展趋势上看，以持有到期收取利息收入和买卖交易赚取价差收入并重，已逐步成为票据业务经营的主流趋势。

（四）大额票据风险事件集中爆发

在这一阶段，票据市场规模增长速度过快，部分金融机构仅满足于完成交易，把关注点放在能否保证到期支付和实现盈利，经营管理粗放，经济资本占用、或有负债管理等方面执行标准不一，在风险管理机制、系统控制、流程设计等方面较为薄弱。在刚性化、短期化的考核机制和过度逐利的激励机制下，个别银行为快速扩大资产规模、完成定量考核指标，甚至与票据中介机构合作，成为直接案件风险隐患。2016 年 × × 银行在票据领域相继爆发大额票据风险事件。

五、票据市场的规范发展阶段（2016 年 12 月至今）

在这一阶段上海票据交易所正式成立，宣告票据市场规范化发展阶段到来。为防范票据市场风险，在此期间央行相继下发了《中国人民银行关于规范和促进电子商业汇票业务发展的通知》《中国人民银行办公厅关于做好票据交易平台接入准备工作的通知》以及《票据交易管理办法》，进一步推进了票据的电子化进程，为上海票据交易所顺利开业及办理业务创造了良好的政策环境。

上海票据交易所的定位、业务产品、管理模式、业务规则及市场影响等详见本章第二节的相关内容。

第二节　上海票据交易所

2016 年 12 月 8 日，上海票据交易所正式成立，这是中国票据发展史中具有里程碑意义的历史事件。上海票据交易所全称上海票据交易所股份有限公司，是按照国务院决策部署，由中国人民银行批准设立的全国统一的票据交易平台。上海票据交易所的成立承载着如何更好地发挥票据的作用以服务货币市场发展、服务实体经济转型、服务国家宏观政策的使命，尤其在举国上下进行供给侧改革之时，票交所的成立可以视为与实体经济关系最为密切的货币市场供给侧改革的一项重要举措。

一、上海票据交易所的定位

上海票据交易所是我国金融市场的重要基础设施，具备票据报价交易、登记托管、清算结算、信息服务等功能，承担人民银行货币政策再贴现操作等政策职能，是我国票据领域的登记托管中心、交易中心、创新发展中心、风险防控中心、数据信息研究中心。

二、上海票据交易所的管理模式

上海票据交易所对市场参与者采用会员制管理模式，包括银行类会员、非银类会员和资产管理类会员等三类。银行类会员特指商业银行及农村信用社，非银类会员包括财务公司、证券公司、基金公司、保险公司、期货公司、资产管理公司等，银行类及非银类会员必须以自有资金参与票据市场交易。资产管理类会员特指以资产管理人方式加入票交所的金融机构。

会员制的建立明确了票据交易的准入要求，杜绝了不正规机构或个人对票据市场的干扰，降低了票据业务的操作风险及道德风险。

三、上海票据交易所的交易产品

上海票据交易所的交易产品主要针对银行间票据转让市场，包括票据转贴现、票据质押式回购、票据买断式回购和票据再贴现等。

四、上海票据交易所的基本业务规则

（一）信用主体规则

为改变票据市场中信用主体没有认定标准，“过桥行”大行其道的混乱局面，上海票据交易所明确了票据市场信用主体规则，将承兑行、贴现行及保证增信行纳入信用主体的范畴，票据交易所内其他交易主体将不再承担被追索清偿的责任。信用主体的明确有利于还原交易票据的真实信用状况，引导商业银行调整票据业务授信政策，保障持票人的票据权利，有利于将票据打造为交易性强的标准化产品。

（二）DVP 实时清算规则

上海票据交易所对票据交易、提示付款、追索等涉及资金的业务均采用了“一点接入、一点清算”票款对付（DVP）清算模式，银行类金融机构通过法人备付金账户、非银金融机构通过缴存在票交所内的资金账户进行实时清算，确保票据权属与资金划付同步进行，保障了票据交易双方的权益，对活跃票据市场、提升票据交易效率起到了关键作用。

（三）纸质票据电子化规则

纸质票据存在伪造变造、流通效率低、操作风险高等缺陷，阻碍了票据市场的可交易、标准化及高效率发展要求。票交所通过借鉴电子商业汇票的运行模式，创造性地提出了纸质票据电子化规则，通过对纸质票据信息登记、权属登记、权属托管、资金清算的电子化处理，实现了纸质票据的电子化交易，并极大地简化了纸质票据在背书流转、实物传递方面的要求，降低了纸质票据的交易风险，提升了纸质票据交易及清算效率。

（四）电子协议规则

上海票据交易所成立之前，票据交易无论纸质票据还是电子票据均需要线下签署交易协议，以保证交易双方的权利、义务，线下签署协议降低了票据交易效率。票交所充分借鉴了债券市场的交易规则，对于在票交所内交易的票据采用了“交易主协议+电子成交单”模式，即交易双方均需事先与交易所签署交易主协议，约定以交易成交单作为交易双方的法律凭证，并约定了与交易相关的登记、托管、清算、结算等相关要求，电子协议极大提高了票据交易效率。

五、上海票据交易所的影响

（一）票据交易所有助于进一步繁荣票据市场

当前票据市场是离散型、自发式市场，即以银行分支机构为主要参与主体的点对点、单笔询价、送票清算传统业务模式。离散型市场产生的交易壁垒、信息不对称等在一定程度上降低了整个票据市场的资源利用效率，更提高了实体经济特别是中小企业的融资成本。

票据交易所的建立将打破目前票据市场格局，形成基本以法人为参与主体、纸质票据托管电子化、信息集中透明的集约化市场组织形式，有助于突破地域和时间对交易的限制，使市场参与者获取更加全面真实的市场信息，建立全国范围内的、高度集中化和统一化的市场形态，提高所有者的交易意愿和流转速度，进而强化票据承兑、贴现等对实体经济的支撑作用。

（二）票据交易所有助于提升整个票据市场的风险管理水平

票据业务涉及合规风险、市场风险、操作风险、道德风险等多个风险防控领域，且存在发案金额大、作案手法隐蔽等特点。2017 年，电子票据的交易价格在历史上首次出现低于同等条件的纸票，印证了安全可靠的电子化交易已经成为全市场的需求。票交所以创新思路推出承兑和直贴登记、纸质票据托管等一系列功能，实现票据在银行、非银金融机构之间的电子化流转，如同为每张票据装上了“隐形的眼睛”，能够实现对其全生命周期的监管，最大限度地降低纸质票据真伪、运输和保管等风险。

同时，票交所拥有统一的交易和操作规则，有助于探索形成行业业务执行标准，进一步有效规范市场经营行为，并通过发布和固化票据监管规定和风险动态，有助于提升各市场参与者对票据规章制度、风险防控、合规操作的认识和理解，提升市场参与者行为的合规性。

（三）票据交易所有助于票据价格的深度挖掘

票交所对称透明和点对点的交易模式，有助于形成全国统一的票据市场价格体系，避免价格的剧烈波动，理顺票据融资业务利率体系，形成体现信用风险溢价性质的市场化承兑费率、体现不同贷款期限合理定价的贴现利率、体现资金业务性质和与货币市场利率挂钩的转贴现利率以及反映实体经济融资需求和货币市场资金供给状况的再贴现利率等票据融资利率体系等。

同时，海量的交易数据，借助数据挖掘和分析有助于研究票据市场的中长期走势，提升市场预判水平，有利于减少市场盲目性，建立更加健康有序的市场发展环境，形成完备的市场价格指数和形成机制，并借助其长期市场敏感性强的发展经验为利率市场化、利率走廊等提供借鉴。

（四）票据交易所有助于商业信用的发展

2008 年之后，我国票据市场中商业承兑汇票的占比一直维持在 6% 左右的较低水平，远低于之前的 10% 的市场占比。随着近两年经济增速下滑，出票人的信用状况恶化，商票的占比进一步降低。但众所周知，商业信用的完善是规范金融市场发展和创新的基础，是一个国家金融体系健康与否的重要保障。通过票据交易所的运作和历史数据分析，可以推动对开票企业信用状况的研究、评估和评价，促进对企业征信体系的完善，进而推动商业承兑汇票的发展，使之成为重要的企业支付和直接融资工具。

同时推动票据评级体系的建设，发掘票据签发、流转、兑付等各类信息流，培育票据产品的分类评级，进一步完善企业及商业银行的经营管理机制，在更广泛的区域以及不同行业和不同类型企业中推广使用商业承兑汇票，推动票据的深层次发展，提高其市场占比，进而推动商业信用的发展。

（五）票据交易所有助于通过再贴现传导国家货币政策

票交所为再贴现提供了直接报价或者场内交易的平台和载体，等相应的投量、结构和比例等确定后，央行能够便捷地在全市场筛选符合政策的票据。比如配合国家“三去一降一补”任务等，增强货币政策工具选择的灵活性、针对性、有效性和主动性，并逐步探索形成再贴现利率的动态化机制。由于票据市场是直接作用于实体经济的货币市场子市场，可以直接扩大企业融资渠道，增加企业融资总量。

所以票交所通过透明化的再贴现操作方式将更积极主动地引导社会资金流向，优化资源配置，使得票据在增强货币政策实施效果、促进信贷机构调整、引导和扩大中小企业融资范围等方面发挥重要的作用，从而实现宏观经济调控、稳定货币市场的核心目的。

（六）票据交易所有助于推动票据市场体系建设

完整的票据市场体系包含承兑、直贴、转贴现、再贴现、经纪人、评级、衍生品、票据交易八个子市场，且相互关联，不可分割。但从当前的实际情况看，票据的多重属性使得各个子市场独立发展，而票据交易所的建立将票据业务各个环节衔接成为有机统一的整体，从完整产品线和生命周期的角度来调动整个市场体系的发展，尤其有利于引导商业银行专业化经营票据业务，建立更多类型的票据经营机构，构建多元化票据市场参与主体。

构建和推动企业票据金融服务体系的发展，逐步形成以银行业和非银金融机构提升票据金融综合服务为支柱，加快发展地方性和区域性直贴票据协同中心、规范引导民间票据金融中介服务机构和互联网票据平台为补充的票据体系格局，从而为建立起更为完善、有竞争力的金融机构参与体系打下良好基础。

（七）票据交易所有助于推动票据产品创新

过去这些年来，票据业务的创新更多地集中在监管套利、交易方法等方面，实质性的产品创新并没有得到机制的保障和市场的接受，与资本市场的融合也进展较慢。而票交所的成立无疑为票据产品创新从理念上奠定了基础，从实践上带来了试验阵地，从前景上带来了无限发挥的空间。

一方面，未来票交所还可以将信用证、保理、大额存单等货币市场产品在票据交易所挂牌交易。另一方面，票交所可通过建立平准基金制度，在票据市场供求出现特殊情况时通过基准基金进行调节。在业务品种方面，票据交易所还可以加大跨业、跨界创新的力度，探索与货币子市场、保险投资资管市场、信托证券资管市场、票据资产证券化市场以及资本市场中掉期、远期、期权等衍生品的创新力度，激活十万亿元票据承兑余额市场、五万多亿元票据贴现余额市场的活力。

第三节　央企及地方票据交易平台

一、概念

（一）央企票据平台

央企票据平台是指由央企行业内一家或多家央企牵头成立的混合所有制公司，股东方可由行业内大型央企、央企财务公司发起，平台以央企财务公司为纽带连接平台其他成员，包括央企下属企业及财务公司、央企行业内其他类型企业及央企行业供应链的上下游企业。它是中国票据市场的重要组成部分，是票据承兑、贴现市场的金融基础设施，是上海票据交易所在票据承兑、贴现领域的业务延伸和有益的补充。

一是从横向看，即从行业角度看主要包括全行业最核心的央企、央企财务公司、央企下属子公司及各类型央企行业内企业，通过央企票据平台整合全行业票据资源，提升全行业融资效率，引领并推动全行业各类型企业快速发展。

二是从纵向看，即从供应链角度看包括央企行业内各企业的上下游企业（上游供应商和下游经销商），上下游企业范围较广既包括国有大中型企业，也包含中小型企业，通过央企票据平台可以推动上下游企业加快资金周转，缩短应收账款的账期，提升企业生产经营效率。

（二）地方票据交易平台

地方票据交易平台是指由地方政府牵头成立的票据交易平台，经营范围主要包括办理企业票据贴现、票据咨询、票据信用增级、票据理财等业务领域。较为典型的地方票据交易平台为：京津冀协同票据交易中心、武汉票据交易所以及深圳前海票据报价系统等。

二、建设央企票据平台的意义

（一）解决企业之间的债务问题

企业间的债务问题最常见的是三角债，所谓三角债是指人们对企业之间超过托收承付期或约定付款期应当付而未付的拖欠货款的俗称，通俗地说是企业之间拖欠货款所形成的连锁债务关系。商业汇票在上世纪 80 年代出现，并在 90 年代大规模发展，与当时国有企业之间“三角债”的普遍存在，以及当时商业信用仍处于萌芽发展阶段的历史大背景密切相关。

建立央企平台可以进一步缓解因企业间赊销而产生的债务问题。借助商业汇票的承兑特性，企业可以通过央企票据平台开立电子商业汇票，缓解央企行业供应链上下游企业因银行信贷规模等因素出现的融资难题。商业汇票尤其是银行承兑汇票所承载的银行信用，可以重塑企业之间交易通道，为商业信用的发展奠定基础。

借助商票汇票的流转特性，企业可通过央企票据平台进行商业汇票的背书及转让，解决供应链企业间的货款兑付与资金流转问题，保障央企行业供应链企业尤其是中小企业的生产经营，提高企业的资金周转效率，避免因企业间的赊销而产生连锁债务或三角债问题，推进供应链高效、稳定运行。

（二）解决部分中小企业融资难、融资贵的问题

1. 央企票据平台的有序发展，将进一步推动票据无纸化、标准化的进程，提升票据市场对实体经济结算与融资的服务效率，进一步降低企业的交易成本。

2. 央企票据平台将改变行业供应链内企业的交易与融资习惯，从赊销或贷款融资转变为票据背书转让及票据贴现，极大地加快了中小企业资金回笼速度，有利于推动流动资金贷款票据化进程，由于票据融资成本总体上低于流动资金贷款，可全面降低中小企业的融资成本。

3. 央企票据平台内的企业主要包括三类，一是央企集团内部企业，二是央企行业内各类型企业，三是央企行业供应链上下游中小企业，相关企业之间由于存在供销关系或合作关系，彼此之间对经营情况、行业趋势、融资需求较商业银行更为熟悉、更为了解，通过央企票据平台可以较好地在内部解决中小企业融资问题。

4. 央企行业内部企业及供应链上下游企业遍及全国各地，央企票据平台可以有效突破地域的限制，全方位、全地域地深入推进票据结算与融资服务，加快商业汇票在全国范围的流转，带动中小企业走出困境，快速发展。

（三）推动央企进一步做大做强提高资金效率

一是从供应链层面看，央企票据平台提供了供应链上下游企业的融资便利，降低了上下游企业的融资成本，打通阻碍供应链顺畅运行的资金问题。有利于提升整个供应链的生产效率，有利于央企提升产能、优化产业布局，有利于巩固央企在国内以至全球的行业领先地位。

二是从资金运作层面看，央企所属的财务公司是央企票据平台的核心部分，财务公司一方面可以对接平台内企业的承兑与贴现需求，另一方面可以接入上海票据交易所，联通票据的一、二级市场，盘活平台内的票据资产。央企票据平台可以充分发挥财务公司的纽带作用，使财务公司跨越集团内部的限制，为全行业、全产业链配置票据资产，进一步提升央企的资金营运能力，为央企做大做强提供融资保障。同时，以央企的信用，可大力发展电子商业承兑票据，节省融资成本，以年用电子商票 1 万亿元替代有息融资计算，年节约利息 500 亿 ~ 600 亿元。

三是从行业层面看，央企票据平台包括其行业内其他类型的企业，通过央企票据平台可以聚拢行业内部资源，将进一步推进行业内部分工，一方面提升央企的行业龙头作用，另一方面促使行业内其他类型企业作为央企产业链的补充，进而推进全行业的快速发展。

（四）进一步培育商业信用

央企票据平台的建立有利于进一步培育商业信用，央企可以通过平台开立商业承兑汇票，用于支付上游供应商货款，上游供应商可通过平台背书转让至其他企业或转交央企财务公司贴现，实现央企商业承兑汇票的闭环运行，既有利于央企降低财务成本、央企供应链企业的应收款回笼，也有利于培育企业商业承兑汇票使用习惯，进一步培育国内商业信用环境。

（五）降低票据市场业务风险

1. 降低企业用票风险。随着央企票据平台对票据承兑、贴现市场的规范，以及上海票据交易所对票据二级市场的整合，票据市场的各项规则措施将逐步完善，票据市场的电子化进程将加快，电子票据将成为票据市场最主要的组成部分。由于电子票据不存在“假票”“克隆票”“变造票”等票据真实性风险，企业可以放心使用电票进行结算或融资，有利于优化实体企业的用票环境，降低企业的票据使用风险。

2. 可以有效防范信用风险、市场风险。央企票据平台具有全面的行业业务数据及行业票据数据，可以透彻分析行业票据市场交易主体信用状况，并通过对接上海票据交易所，研判票据市场利率走势，为控制信用风险、市场风险提供了依据。

3. 可以有效控制票据真实性风险及操作风险。央企票据平台在成立初期将以电子票据为主，纸质票据为辅。对于纸质票据可以依托上海票据交易所查验纸质票据的详细信息，以及纸质票据的承兑登记情况，依托央企财务公司全面把控纸质票据的真伪鉴别，将纸质票据的真实性风险降至最低，有效控制操作风险。

4. 可以有效控制票据中介的介入。上海票据交易所将原本割裂的银行间票据市场整合为全国统一票据市场，但现阶段并未完全消除企业与商业银行、企业与企业之间的信息壁垒。央企票据平台可以有效填补这一空白，其将建立起企业与财务公司之间的信息通道，使票据贴现市场价格更趋于透明化，最大限度地压缩了票据中介的非正常生存空间，防范可能出现的各类风险事件。

5. 可以进一步防范道德风险。央企票据平台作为第三方参与票据贴现交易，以及上海票据交易所的票据二级市场交易，可以最大限度防范“逆流程操作”“倒打款”“一票二卖”等违法、违规行为，通过央企票据平台相关系统的建设，可以配合上海票据交易所进一步限制金融机构“内外勾结”等票据作案行为的可能性。

（六）有利于进一步活跃票据市场

票据市场在我国货币市场中的占比日趋加大，也是市场化程度最高的市场之一。央企票据平台搭建后，将进一步规范企业的票据行为，压缩票据中介的非正常生存土壤。信息透明化的票据贴现市场，将引导企业合理地调整融资行为，加大商业汇票在企业间的使用频率，活跃票据贴现市场。活跃的票据贴现市场也将为实体企业提供更优质、更低价的票据融资服务，切实降低企业的融资成本，更好地为实体经济服务。

（七）有利于落实国家的战略方针

央企票据平台建设将完善票据贴现市场基础设施，活跃与规范票据贴现市场，是对上海票据交易所的有益补充。将有利于票据全生命周期的规范化发展，有利于整体票据市场服务企业、服务国民经济中各行各业，也符合国家“一带一路”方针的落实。央企及央企财务公司需要抓住机会，加快业务产品、经营思路的转型，以票据产品链为抓手，结合行业、产业及经济发展变化共同研究供应链、产业链、项目链的票据融资规划，防止金融资产脱实向虚，确保票据融资真正投入和推进实体经济发展。

第四节　票据市场框架体系

一、票据市场框架体系的概念与构成

（一）概念

票据市场框架体系是指涵盖票据市场交易关系的整体组织、结构总称。它具有宏观性和理论性，不拘泥于局部和个案，旨在探讨整个票据市场发展的规范性研究。它包括了票据市场体系、票据市场组织体系、票据交易体系、票据市场参与主体体系、票据制度体系、票据市场服务体系、票据产品体系、票据创新体系、票据信息体系、票据科学研究体系、票据 IT 体系、票据价格体系、票据监管体系、票据发展研究体系等部分。

（二）票据市场框架体系的构成

1. 票据市场体系。票据市场体系是指票据市场按照功能定位进行划分，由票据承兑市场、票据贴现市场、票据转贴现市场、票据再贴现市场、票据创新市场、票据经纪市场、票据评级市场、票据交易市场八个子市场组成。

2. 票据市场组织体系。票据市场组织体系是指票据市场的管理结构和行政措施，在组织层级上包括从央行到商业银行的自上而下模式，在实际的参与方商业银行内部，也包含由总行、分行、支行的层层下达的上下模式，或者总行管理、分行经营的扁平化模式。

3. 票据交易体系。票据交易体系既包含了贴现、转贴现、再贴现等传统产品交易行为，也包括票据资管、票据证券化、票据理财、产业链票据、衍生票据等创新产品交易行为，还包含了在票交所模式下所有交易行为的规则演化和创新。

4. 票据市场参与主体体系。票据市场参与主体体系分为直接参与主体和间接参与主体。前者包括企业、商业银行、财务公司、央行（再贴现）等可直接参与交易的主体；后者包括票交所、区域或行业票据中心、证券公司、保理公司、评级公司、担保公司等服务主体，保险公司、基金公司、信托公司、个人等投资主体，央行、银监会等监管主体。

5. 票据制度体系。票据制度体系包括四个层面：一是法律法规、司法解释等层面，包括《中华人民共和国票据法》《最高院关于审理票据纠纷案件若干问题的规定》等；二是监管层面的有关规定，包括《支付清算管理办法》《商业汇票承兑贴现与再贴现管理办法》《电子商业汇票系统管理办法》等；三是票据行业自律文件，包括中国银行业票据业务规范、中国支付清算协会票据行业自律公约等；四是票交所成立后的有关规定，包括以票据交易管理办法为核心的一系列配套制度办法。

6. 票据市场服务体系。票据市场服务体系包括票交所提供集中报价交易、托管清算等服务，第三方机构提供市场评级、增信、保险等服务，货币经纪公司提供撮合、配对和信息等服务，律师事务所提供法律咨询、见证和援助等服务。

7. 票据产品体系。票据产品体系可以从不同的角度来切分，一是从票据形态上看，分为纸质票据、电子票据以及未来基于区块链的数字票据；二是从票据功能来看，产品链侧重于从票据的多功能服务角度出发，通过不同的排列组合形成完整的解决方案；三是从服务产业出发，可以通过做大商票的方式形成完整服务某一产业上下游的专项虚拟票据产品，如军工票、化工票、钢铁票等；四是从产品定位来看，分为传统的交易型票据产品、资管型票据产品、理财类票据产品等。

8. 票据创新体系。票据创新体系要有既定的创新目标和关键的配套机制，目标主要设定为创新的目的、意义和着力点，配套机制包括票据交易管理机制（含准入、惩罚、退出等机制）、价格机制、做市商机制、平准基金机制等，机制是保证创新实施的关键。

9. 票据信息体系。票据信息体系是票据市场对社会经济活动的直观反映，分为结构化数据信息和非结构化数据信息。现阶段更侧重于结构化数据，数据的存储、挖掘与分析对建立票据市场相关指数及收益率曲线，动态分析票据市场运行状况起到重要的作用。

10. 票据科学研究体系。票据科学研究体系是指针对票据理论与实践、票据市场深度挖掘与风险防控、票据产品创新与合规监管等领域的研究，理论研究体系的完备程度对于指导票据市场规范、有序发展，推进票据产品创新，加快票据与实体经济的融合有着重要的导向作用。

11. 票据 IT 体系。票据 IT 体系是指在票据市场发展中所有借助 IT 技术实现的信息系统，从业务角度分为事前判断、事中业务和事后分析系统；从应用管理方角度分为票交所系统、各商业银行系统、企业系统、ECDS 系统；从技术架构角度分为桌面系统、Web 系统、手机终端系统等；从系统功能角度分为信息类系统、业务类系统、管理类系统等。

12. 票据价格体系。票据价格体系是指在票据市场不同体系中反映流通和价值的总体评判，比如承兑有承兑费率，贴现有贴现价格，转贴现有转贴现价格等。

13. 票据监管体系。票据监管体系一方面由银监会统一管控，建立由上而下的监管模式，另一方面所有的票据市场参与方也有自身内部的监管职责和组织架构，形成内外呼应的有序结构。

14. 票据发展研究体系。研究体系既包含了应用性的分析、论证和探讨，引导具体业务、产品、模式等创新发展，也包括前瞻性的研究、思考和推导，以及战略性规划、政策法规研究等。

二、建立中国票据市场框架体系的意义与作用

（一）有利于票据市场的深化发展

1. 有助于票据市场的顶层设计。构建中国票据市场框架体系，为票据市场顶层设计以及未来发展规划提供坚实基础，从全局出发明确票据市场各子体系的功能定位，发挥各子体系的比较优势，突破地域性、行业性以及各子市场的限制，从而建立全国统一、协同的票据市场体系。

2. 有助于票据市场的有序规范发展。建立中国票据市场框架体系将有助于探索形成票据行业业务执行标准，进一步规范市场经营行为，改变目前票据业务参与者因为各自机构设置和业务管理要求的不同而产生的业务处理中标准不一的现象，提升业务办理的标准化水平，促使票据市场健康有序规范发展。

3. 有助于票据市场的效率提高。建立全国票据市场框架体系，形成市场统一标准，促使各个参与者信息对称，整个市场透明度得到明显提升，交易成本和限制将大幅减少，市场运行机制和监管机制更为有效，服务体系也将更为全面和细化，信息收集和处理也会更为电子化、人性化、自动化，市场效率显著提高。

4. 有助于票据市场的创新发展。建立全国票据市场框架体系，可以激发市场整体创新活力，市场参与主体更趋多元化，跨界、跨市场、跨区域的发展趋势将愈发显著，非银行金融机构对票据创新业务和产品的参与力度和深度不断加大，企业、银行、信托、基金、证券公司、财务公司以及个人也将参与到票据市场的创新发展中。

5. 有利于推动商业银行的改革创新。完整的票据市场框架体系是银行从事票据业务的基础，也是银行谋求转型发展和拓宽利润空间的基础，一是为银行主动增加存款提供更多抓手。二是提高银行盈利水平特别是中间业务收入水平。

（二）有利于票据市场作用的发挥

1. 强化票据对实体经济的支持作用。当前票据市场是离散型、自发式市场，交易壁垒及信息的不对称等在一定程度上降低了整个票据市场的资源利用效率，提高了实体经济尤其是中小企业的融资成本。建立完整的中国票据市场框架体系将大大提高票据市场运行效率，降低企业的融资成本，对解决企业融资难、融资贵问题，对促进我国实体经济发展将发挥至关重要的推动作用。

2. 推动金融市场的融合发展。票据业务兼具信贷和货币双重属性，近年来随着金融改革的不断深化，金融市场逐渐呈现出了部分资本货币化和部分货币资本化的特征，票据市场也成为信贷市场、货币市场以及资本市场资金跨市场流动的重要渠道，建立中国票据市场框架体系，可以进一步完善货币市场的基础功能，加快利率市场化进程，促进金融资市场的相互融合，提升金融市场资源配置功能。

3. 完善货币政策的传导机制。一方面票据市场直接作用于实体经济，提供贸易结算、投融资功能，另一方面央行可以直接通过票据再贴现手段实施货币政策。建立完善的中国票据市场框架体系，央行可以通过控制再贴现总量、价格、行业、种类以及对象等要素定向、定量投放货币、引导市场，大大提升了货币政策的有效性和灵活性。

4. 促进社会信用程度的提高。建立中国票据市场框架体系，将推进企业信用评价制度发展，成立统一、规范、权威的信用评级机构，建立健全适合票据业务的评级评估指标体系，进一步推动社会信用的发展。同时，随着票据市场框架体系的完善，市场机制更为有效，信息更为透明，商业承兑汇票将迎来更多的发展契机，推动我国商业信用的发展。

（三）有利于国家宏观政策的落地

1. 从制定金融规则的角度看，健全票据市场体系可以推出统一票据市场的业务规范。目前国际银行间的业务规则多由西方国家制定，如国际信用证等。我国银行业经过几十年的积累发展出“有中国特色”的商业汇票等较为成熟的金融产品，但一直未获得国际认可，仅限国内贸易及国内商业银行使用。如能通过“一带一路”将票据业务推向相关沿线国家，采用我国制定的行业标准，将极大提升我国金融行业在全球的话语权，有利于推进银行业国际化水平，提升“一带一路”沿线国家金融服务水平。

2. 从人民币国际化的角度看，票据是最主要的人民币结算工具，每年的开票量数倍于信用证开证量。目前，以人民币计价的跨境票据业务产品各商业银行已在研发中。完善票据市场体系有利于创新产品的研发与推广，可为跨境票据提供统一的、标准化的交易平台，并进一步推进人民币国际化战略的快速落地。

3. 从支持“一带一路”倡议的角度看，完整的票据市场体系可以为企业提供票据鉴别、保管、背书、融资、创新等连续性服务，进一步便利了企业的日常贸易结算与融资，降低了业务风险。对于“走出去”的中资企业，可继续考虑在“一带一路”沿线国家为其提供熟悉的票据结算与融资服务，实现国际间金融服务的无缝链接。

4. 有利于推进利率走廊建设。票据作为率先步入利率市场化的产品，经过长期的演化有助于进一步丰富和完善了商业银行票据价格生成机制，为形成各交易品种的全国统一有效价格体系、设立中国票据业务指数等奠定了基础，并为我国“利率走廊”建设提供了参考依据和实践经验。

第十八章　新常态下票据业务发展及展望

第一节　新常态下票据业务发展

一、新常态下票据市场面临的新变化

自上世纪80年代初期恢复办理商业汇票业务以来，票据市场不断发展成货币市场乃至金融市场的重要组成部分，尤其是新世纪以来，票据市场迅猛发展，规模不断扩大，2015年我国票据承兑余额和承兑发生量分别为10.4万亿元和22.4万亿元，分别比2001年增长了20.4倍和17.5倍；票据贴现余额和交易量分别达到4.6万亿元和102.1万亿元，分别比2001年增长了13.5倍和55.8倍，相当于当年货币市场总体交易规模（同业拆借+债券回购+票据贴现）的19%。但随着国内外经济金融环境变化、宏观政策调整、监管日趋严厉、票据产品寻求突破等原因，票据市场也显现出了新的变化。

（一）票据市场理性回归，交易活跃度首次下降

伴随中央"去杠杆、抑制泡沫、防范系统性风险"要求，票据市场开始理性回归。2016年企业累计签发商业汇票18.1万亿元，同比下降19.2%；商业汇票未到期金额9.5万亿元，同比减少13.5%，新世纪以来承兑环节首次出现大幅下降，说明实体经济有效资金需求不足，经济增速仍处于寻底阶段。同期，金融机构累计贴现84.5万亿元，同比下降17.2%，票据交易量首次出现负增长，说明金融机构交易意愿显著下降。2016年末贴现余额5.5万亿元，同比增长19.6%，占各项贷款比重5.15%，同比上升0.2个百分点，而2015

年贴现余额增长率高达58.6%，占各项贷款比重上升1.3个百分点，说明2016年贴现余额增速显著放缓。央行发布的《2017年货币政策执行报告》显示，2017年企业累计签发商业汇票17万亿元，同比下降6.1%，期末商业汇票到期余额8.2万亿元，同比下降9.5%，金融机构累计贴现40.3万亿元，同比下降52.4%，期末贴现余额为3.9万亿元，同比下降28.9%，票据融资余额占各项贷款比重为3.2%，同比下降1.9个百分点。同时，市场又出现一些新的情况，一方面受营改增政策影响，税收在直贴环节一次性上缴，影响了银行直贴积极性；另一方面企业为节约财务成本，通过市场收票进行支付结算和投资，票据“脱媒”逐渐兴起；受此影响，以前许多参与票据直贴和转贴撮合的中介开始转行，参与企业间票据转让的有所增加。

（二）票据风险事件频发，经营环境有所恶化

2015年以来，票据市场面临的风险形势更为严峻，经济增速下行导致企业违约向银行传染，票据中介挪用资金向银行转嫁，票据从业人员投资失败诱发道德风险，票据经营机构迫于利润压力不审慎经营等，全年票据业务面临的风险呈现频发和突发特点，同时风险的关联性、传染性和转化特性较为明显。一是案件频发、金额巨大。从2016年初某某银行发布信息称“票据买入返售业务发生重大风险事件，涉及风险金额为39.15亿元”，相续各家银行也爆出票据业务发生风险事件，涉及风险金额少则几亿元，多则几十亿元，根据上述机构已经披露的数据，涉及风险的票据资金已经高达115亿元。二是信用风险、违约风险有所抬头。经济仍处于去产能、去库存、去杠杆的过程，企业资金链断裂、债务违约、逃债等事件时有发生，票据逾期率、承兑垫款率显著提高，商业承兑汇票到期不付、连环追索的新闻不绝于耳，整体信用环境形势严峻。三是操作风险、道德风险、合规风险较为突出。假票、克隆票、假章等票据诈骗案件居高不下，票据掮客无孔不入，与银行业务人员内外勾结，联手诈骗银行资金，诈骗行为已渗透票据办理过程中的各个操作环节。一些票据掮客借用银行账户、假冒银行工作人员、克隆背书章等形式参与到票据交易链条中，一票多卖、资金挪用等现象频发，一旦出现资金损失就会“跑路”，欺诈风险显著提升。各家行纷纷开展自查，监管部门加大监管力度，合规风险更加凸显。

（三）票据市场资金化特征显著，利率随资金面先低迷后高企

2016年票据市场资金化特征显著，票据利率走势整体呈现稳中趋降走势，

但在年初年尾波动较大。货币政策总体保持稳健偏宽松，一改前期多次降准降息“大水漫灌”的刺激方式，但仍通过“MLF + 逆回购”公开市场操作模式向市场累计注入约 2 万亿元流动性，维持市场资金面相对宽松。票据利率自年初春节高点一路走低，往年在季末、月末等信贷重要时点会明显起伏的现象也已然不明显，票据资金化趋势越来越显著，票据利率波动较大的两个时间段分别为春节前备付金等导致市场资金稀缺以及年末债券市场“钱荒 2.0”，二者也均为资金因素。2017 年春节前，央行通过逆回购、MLF 等工具大幅投放资金 2.27 万亿元，节前资金面总体稳中偏宽松，票据利率迅速回落，随后央行两次上调 MLF、SLF 和逆回购中标利率，且通过公开市场保持资金面紧平衡状态，票据利率维持较高位置且有上升趋势。随着银行业去杠杆、压缩资产规模以及 MPA 考核等政策的推进，票据利率在季末上涨冲动较大。2017 年票据价格水平有所上升，年内波动有所扩大（见图 18 – 1）。

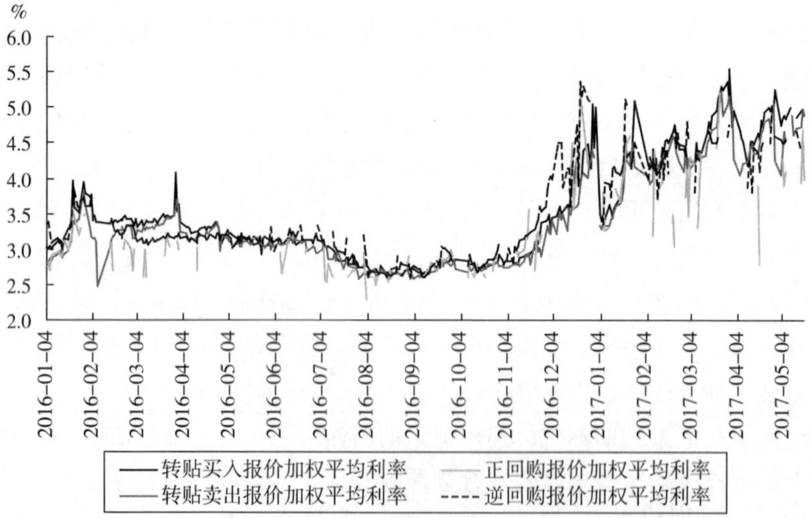

图 18 – 1　2016—2017 年中国票据网报价利率走势图

（四）票据电子化趋势明显，票交所正式挂牌上线

2016 年，随着风险事件频繁爆出，票据风险意识不断增强，票据电子化步伐显著加快。一方面，2016 年电子商业汇票系统业务增长较快，电票累计承兑 8.58 万亿元，同比增加 48.3%，累计贴现（含转贴现）54.9 万亿元，同比大幅增加了 1.1 倍，电子票据在票据整体承兑和贴现业务中的比重已达到 65%。根据央行发布的《中国人民银行关于规范和促进电子商业汇票业务发展

的通知》（银发〔2016〕224号）要求，自2017年1月1日起，单张出票金额在300万以上的商业汇票必须全部通过电票系统办理；自2018年1月1日起，原则上单张出票金额在100万元以上的商业汇票必须全部通过电票办理。电子票据将成为票据市场交易的主力。另一方面，2016年12月8日由中国人民银行筹建的具有全国性质的上海票据交易所正式成立，这是中国票据发展史上最大也是最为重要的具有里程碑意义的事件，标志着票据业务迈入全面电子化、参与主体多元化、交易集中化的新时代，必将对中国票据市场、货币市场乃至整个金融市场发展都会产生深远的影响。2017年3月27日，央行发布《中国人民银行关于实施电子商业汇票系统移交切换工作的通知》（银发〔2017〕73号），明确提出票交所将于2017年10月接收电子商业汇票系统，也意味着向全国纸票与电票融合的目标走出了关键一步。同时，京津冀协同票据交易中心、武汉票据交易中心、前海票交平台等区域性、地方性交易平台纷纷成立，为纸票电子化、票据标准化添砖加瓦。

（五）票据创新更具活力，创新产品不断涌现。

面对传统票据业务模式经营利差不断收窄、风险事件频发以及监管趋严的现实情况，各类经营机构积极探索票据业务创新并取得了阶段性成果。一是票据业务与“互联网+”逐步融合。从最初2013年以余额宝为代表的“宝宝类”互联网理财产品的横空出世，互联网票据理财产品成为互联网金融领域的新宠；到2017年2月人民银行推动的基于区块链的数字票据交易平台测试成功，意味着互联网票据进入新纪元。2017年3月15日，区块链票链全国监控运营管理中心揭牌暨全国首单区块链票链业务上线仪式在赣州银行举行，标志着区块链票据进入实际应用阶段，加速市场效率提高。二是票据产品体系愈加丰富。近年来，票据市场步入快速发展阶段，较大地丰富票据产品体系，在承兑、贴现、转贴现等传统业务的基础上，票据池、票据资产管理、票据托管、票据资产综合服务、票据同业投资等产品在票据市场上相继出现。2016年3月29日，全国首单基于票据收益权发行的资产证券化产品——华泰资管—江苏银行“融元1号专项资产支持计划”成功发行，标志着中国票据业务“证券化”（ABS）之门正式开启。另外，票据资产管理等产品不断趋于成熟并创新发展，未来票据衍生品也有望推出。三是票据市场参与主体更趋多元化。近年来，不仅农信社、外资银行等票据市场的新兴力量发展迅速，市场份额得到明显提升，一些信托公司、资产管理公司、证券公司、基金公司等非银行金融机构也在积极寻求进入票据市场的方式。央行224号文指出，除银行业金融机构和财务公司以外的、作为银行间债券市场交易主体的其他金融机构可以通过银行业金融机构代理加入电票系统，开展电票转贴现（含买断式和回购式）、提示付款等规定业务。2016年11月2日，《中国人民银行办公厅关于做好票据交易平台接入准备工作的通知》（银办发〔2016〕224号）发布，明确了票交所参与主体，票据交易平台对票据市场参与者实行会员管理制度，金融机构法人可申请为会员，会员下设系统参与者，银行业金融机构总行及其分支机构、非银行金融机构、非法人投资产品可作为系统参与者加入票交所系统，不同类型市场参与者在将自身经营资源、创新理念等新鲜血液注入票据市场，各类跨市场产品的交叉组合也日益增多，票据创新愈发深化和多元。

（六）监管政策频出，票据业务回归本源

2015年12月31日，《中国银监会办公厅关于票据业务风险提示的通知》（银监办发〔2015〕203号）出台，主要列举了七大违规问题，还指出了两项禁止事项，包括不得办理无真实贸易背景的票据业务以及机构和员工不得参与各类票据中介和资金掮客活动，严禁携带凭证、印章等到异地办理票据业务。2016年4月27日，中国人民银行和银监会共同发布了《关于加强票据业务监管促进票据市场健康发展的通知》（简称126号文），要求严格贸易背景真实性审查，严格规范同业账户管理，有效防范和控制票据业务风险，促进票据市场健康有序发展。2016年9月7日，中国人民银行下发《中国人民银行关于规范和促进电子商业汇票业务发展的通知》（银发〔2016〕224号），要求推广电子商业汇票，扩大交易主体。2016年11月2日，中国人民银行办公厅发布了《中国人民银行办公厅关于做好票据交易平台接入准备工作的通知》（银办发〔2016〕224号），明确了票交所的分期内容及测试安排。2016年12月8日，《票据交易管理办法》（中国人民银行公告〔2016〕第29号）对外发布，对票据交易规则予以明确，促进票据市场健康发展。2017年3月27日，央行发布73号文《中国人民银行关于实施电子商业汇票系统移交切换工作的通知》，确定票交所将于2017年10月正式接受ECDS系统，同日票交所发布16、17、18号文，明确票交所交易、支票操作、登记托管清算三种业务规则。2017年4月7日以后，银监会连续下发七个文件，分别为银监发4号文（服务实体）、5号文（整治十大乱象）、6号文（防十大风险）、7号文（完善各项制度）以及银监办发45号（三违反）、46号（三套利）、47号（四不当），文件之多、要点之细可谓历史罕见，主旨内容可以概括为去杠杆、防风险、回归服务实体经济的本源。

第二节　新常态下票据业务展望

一、票据市场发展新趋势

（一）票据供应总量总体向好，平稳过渡后趋缓

一是从供给端看，票据供应量与 GDP 发展的正相关性较高，在度过了 2016 年的经济二次探底和理性发展后，2017 年度的经济环境相比有所好转，第一季度 GDP 同比增长 6.9%，环比增长 1.3%，其中工业增速明显加快，服务业景气度持续提升，尤其在票据承兑占比较高的制造业和批发零售业等都出现了较高的景气区间，加上连续的房地产和房贷政策调控，为货币更多的流向实体经济创造了条件，也为票据承兑业务的平稳过渡提供了良好的基础环境，预计在第二季度总体票据承兑量将企稳或同比少增，下半年有较大概率出现回升，至年末总体承兑量与 2016 年基本持平或微降。二是从需求端看，商业银行在年初多有“冲贷款”的习惯，2017 年第一季度末的社会融资规模存量已达 162.82 万亿元，同比增长 12.5%，信贷投放的进度和数量都比较良好，尤其在利率上行周期，企业大多会提前释放信贷需求以锁定成本。但随着贷款进度的趋缓和商业银行对自身不良贷款的消化，通过风险较低的票据余额来支撑贷款规模的现象会日趋突出，反推票据承兑和贴现量的进一步提升。

（二）票据利率振幅降低，波段周期将拉长

票据利率主要受市场资金、业务操作和信贷规模两方面因素影响较大。一是货币政策已完成量化宽松周期，全面进入稳健货币政策阶段，2017 年第一季度广义货币增长 10.6%，同比已出现下滑，综合考虑“人民币汇率在合理均衡水平上的基本稳定”的目标，短期内降息降准的可能性均不大，后续资金面料将稳中甚至偏紧。二是央行通过公开市场操作投放流动性将有所变化，货币投放模式由长期资金转为短期资金，市场不稳定性有所提升。银行资金来源减少以及理财价格竞争，导致银行负债成本不断上升。同时，考虑未来再贴现有可能纳入票交所统一管理，资金投放的准确性和把握度大大提升，公开市场将呈现出有的放矢的局面，大范围投放的概率将微乎其微。三是从信贷属性

来看，随着同业监管的日益加剧，除了资管和代持方式已没有其他出表途径，票据资产不得不面对持有成本及与信贷资产抢占空间的问题，初步来看，市场的利率在拉升至一定高度后将在小范围内震荡，出现波段性操作机会的时间成本变大。在季末等关键时点叠加企业缴税、购汇分红、MPA 和 LCR 等监管考核的冲击，上行趋势将得到进一步体现，考虑到后续杠杆率及错配比的总体维稳，下半年市场的波动预期将比往年更加平稳，市场价格将呈现小幅波动、稳步上升的局面。

（三）票据风险点转化明显，风险管理难度加大

一是信用风险有延伸趋势，虽然 2017 年度的经济形势有所好转，企业信用风险在一定程度得到释放，但是经济结构的调整仍举步维艰，短期内产业结构得到大幅改善的可能性不大，导致社会整体的企业信用环境未得到大幅改观。从金融机构的角度来看，金融去杠杆要求导致越来越多中小金融机构面临流动性危机，加上商业银行在缩表进程中已落后央行进度，很可能面临央行主动缩表倒逼商业银行被动缩表的不利局面，使得同业业务逐步成为最大的“牺牲品”，尤其是中小银行和城商行在同业委外占比较大，面临更大的风险和挑战。二是市场风险管理难度增加。受到利率市场化推进、资本市场挤压、货币投放路径改变等因素的影响，票据业务资金成本不断抬高。此外，除了受信贷规模调整、资金供给因素以外，经济资本约束、流动性管理、跨市场波动传导影响增强，票据利率波动频率和幅度料将增强，市场风险影响因素叠加，银行机构错配和杠杆力度短期难降，利率风险应高度重视。三是操作风险转移不容忽视，随着电票逐步占据市场的主导地位，加上票交所纸票电子化的深入推进，操作风险将实现总体可控，但 IT 系统漏洞、信息安全等将成为未来关注的重点，尤其是对以利用系统缺陷进行主观欺诈的道德风险将提高警惕。另外，票据市场准入限制的放松、金融市场监管强化和互联网金融监管的推进将使得交易对手的准入判断越来越复杂，风险防范意识也将进一步加强。四是合规风险有所缓释。2016 年风险事件频发，监管政策频出，票据市场经历了内外部集中、反复地深入检查风潮，随着监管政策的陆续出台和落地，票据业务逐渐回归本源，合规风险矛盾料将有所缓和。

（四）票据市场参与主体扩充，格局出现分化

一是票交所对直贴行的职责认定和信用管控，将使市场上主流的直贴行由小微金融机构尤其是中介带行为主向国有银行、股份制商业银行和大型城市商

业银行转变，原有的小微机构直贴过渡到股份制银行再从资金行错配套取资金的业务模式将大幅萎缩，国有银行和股份制商业银行的分支行主营一级市场模式将得到普遍认可和推广。二是票据市场过桥行的定位将发生转变，传统的以消规模、占授信等为主的过桥方式将出现改变，主流的银行之间的卖断 + 回购类搭桥将逐步转化为资管类搭桥、信息类搭桥等模式，银行非银机构的合作将越来越密切。三是票交所对票据市场参与者实行会员管理制度，金融机构法人可申请成为会员。会员下设系统参与者，银行业金融机构总行及其授权分支机构、非银行金融机构总部和非法人投资产品可作为系统参与者加入票据交易平台交易系统，券券、基金、保险和信托等金融机构也将逐步加强与银行在票据资产管理业务方面的合作，并成为票据市场投资主体，使得票据市场的整体参与层次发生较大变化，传统印象中的出资方将愈发复杂，国有银行面临非银机构自有资金的较多挑战。

（五）各类票交所迎来发展契机，金融科技应用初现

一是票据交易所发展空间无限，虽然票据交易所已上线，但由于时间短、任务重，市场的反应虽强烈但接入会员和交易量始终徘徊不前，随着 2017 年逐步实现纸电融合、电票交易、会员系统与票交所系统直连等功能，票交所将为票据市场的发展带来无限空间，将在进一步丰富经营主体的基础上，实现跨业和跨界融合创新的力度，逐步成为中国票据市场发展的核心交易场所，为繁荣货币市场乃至金融市场发展提供重要的基础设施。二是随着国家新一轮城市群和区域一体化发展战略的推出，区域性的票交所或将迎来新一轮转型契机，比如京津冀协同票据交易中心将伴随雄安新区的战略新规划面临新的转机和服务面，其他在推进诸如珠港澳一体化、长三角一体化、成渝城市群、哈长城市群等建设中，票据作为可以直接服务实体经济发展的重要金融产品，将伴随国家级战略的发展迎来新生命，面对新挑战，发现新机遇，相应的区域性票据交易所可作为金融基础设施配套不断优化和完善。三是以区块链技术为代表的新型金融科技将在票据领域得到更广泛应用，比如央行公开的数字票据将在 2017 年内实现小范围的测试和应用，基于区块链构建的票据 P2P 平台、以单张票据为定向锚定物发行 Coin 等模式将在技术领域有所突破，原有的以票链为代表的新型科技金融产品将在市场扩张中得到进一步验证，并在服务小微企业、协助金融机构寻找票源等方面发挥独特作用。AI、VR、物联网等技术在票据单个业务场景或业务流程中的应用有望实现质的突破。

（六）票据市场体系进一步完善，票据流程一体化明显

一是票据市场体系可以分为票据承兑市场、票据贴现市场、票据转贴现市场、票据再贴现市场、票据创新市场、票据经纪市场、票据评级市场、票据交易市场八个子市场，既互相联系又相对独立，票据评级和承兑市场是基础市场，票据中介和票据创新市场是新型市场，票据贴现、转贴现（回购）及再贴现市场是流通市场，票据交易市场是基础设施，随着票据基础设施的不断完善，票据市场体系建设步伐将进一步加快，甚至出现阶段性的跨越式发展。二是逐步推出票据评级机制，建立起统一的信用评级、资信评估、增信保险制度，推行信用评价制度，成立统一、规范、权威的信用评估机构，健全适合票据业务的评级评估指标体系，实行信用定期考评制度，推行票据担保支付机制和保险制度，逐步推进社会信用生态环境建设。三是票据经纪业务迎来发展机遇，将逐步规范我国票据经纪行为，建立起票据经纪机构准入退出机制，明确票据经纪从业人员准入退出标准，规范票据经纪的会计、税收制度，并配套相应的票据经纪监管制度等。四是逐步实现票据全流程的一体化，助力企业降低综合融资成本，比如通过银行授信额度内商票贴现或保贴、买方付息贴现、协议付息贴现等方式转移、分摊贴现融资成本，银行还可以通过承兑、贴现、转贴现、投资等一体化运作，赚取承兑手续费、贴现利息收入、转贴现卖断价差、票据同业投资收益、吸收承兑保证金存款等，提高票据业务综合回报水平。

二、票据市场前景新思考

（一）进一步明确票据业务发展的定位和目标

习近平总书记在第五次全国金融工作会议上指出，“金融要把为实体经济服务作为出发点和落脚点”。在党的十九大报告中又指出，“要深化金融体制改革，增强金融服务实体经济能力，提高直接融资比重，促进多层次资本市场健康发展”。票据是金融的一部分，也是企业支付、结算、信用、融资的重要工具，因此票据需要回归本源，更好服务实体经济发展。票据业务发展目标是通过发展和创新，健全票据市场框架体系，完善票据市场、丰富参与主体、打造票据产品体系，促进融资便利化、降低实体经济成本、提高资源配置效率、保障风险可控。

（二）进一步发挥票据业务服务实体经济的功能

1. 发挥票据承兑、直贴、再贴现服务实体经济作用。一是发展承兑业务为实体经济支付结算提供便利。票据本身作为一种支付结算工具，特别是经银行承兑后的票据具有信用增级、延期支付和背书转让等优势，成功满足了供销企业间的短期资金支付需求。对于卖方而言，接受票据支付货款，既可以增加销售额，提高市场竞争力，也能获得购销金额一定比例的商业折扣等优惠条件，同时持有的票据也可以转让支付或者贴现获得融资。对于买方，通过使用票据支付货款，减少对营运资金的占用，相对于贷款融资可以降低财务费用。因此，票据承兑业务既可以加快市场上的资金周转和商品流通，又可有效促进企业之间的贸易往来。二是发展贴现业务为实体经济提供便捷融资渠道和低成本资金。相对于普通贷款，银行承兑汇票贴现具有低风险业务特征，银行办理业务流程短、环节少、时间快、所需业务资料少、审批通过率高等便捷性，可以帮助企业通过票据贴现来快速实现短期融资需要。由于票据贴现利率一般低于同期贷款费率，也在一定程度上降低了企业融资成本。三是发展再贴现业务有效促进中央银行对实体经济进行“滴灌”。再贴现是中央银行三大传统货币政策工具之一，对传导货币政策、支持实体经济发展、市场利率形成机制具有重要作用。相对于其他货币政策工具，再贴现可以选择国家鼓励发展的行业、类型等标识进行精准投放，也可以选择投量、结构、比例和利率，增强货币政策工具的灵活性、针对性、有效性和主动性，增强货币政策实施效果、促进信贷机构调整、引导和扩大中小企业融资范围等方面发挥重要的作用。要提高再贴现在贴现中的比重，力争达到30%左右。

2. 促进中小企业、“一带一路”“三农”、普惠、绿色金融等发展。一是票据业务是解决中小企业融资难问题的重要渠道。中小企业融资的特点是：融资金额小、频率高、时间急、周期短；中小企业往往资信普遍不高，信息透明度低，财务信息审查难度大，银行对中小企业贷款的管理成本相对较高。银行承兑汇票所具有的银行信用、放款速度快等特点，对解决我国中小企业融资难问题具有得天独厚的优势和作用。货币政策报告显示，由中小型企业签发的银行承兑汇票约占三分之二，票据已然成为中小企业获取银行资金和信用支持的重要渠道。应该加快推进中小企业流动资金贷款票据化和应收账款票据化，可有效盘活中小企业存量资产，提高中小企业融资效率，降低中小企业融资成本。二是服务“一带一路”贸易往来。“一带一路”倡议促使沿线国家和我国经济贸易往来更加密切，在大量的经贸往来中将产生大量的物流、资金流，需要便捷的支付结算和融资工具予以支撑。随着人民币国际化的深入推进，以人民币记价的票据也将逐步走向国际化，无论在生产、销售、贸易还是在流通、融资等环节都将发挥其积极作用，为“一带一路”国家的基础设施建设、企业生产经营、物流贸易带来极大便利。三是落实和促进“三农”金融、普惠金融、绿色金融等发展。票据市场是一个“下接地气，上可通天”的跨市场业务，一端直接作用于实体经济，一端连接中央银行。中央银行可以通过再贴现业务引导金融机构将更多信贷资源配置到“三农”、普惠、绿色等国民经济重点领域和薄弱环节。

3. 积极推动电子商业承兑汇票业务发展。一是政府推进，搭建企业信息信用平台。通过政府搭建公开、透明、可信度高的企业信息信用平台，并建立有效的奖惩机制，推动商票业务的全面、健康、稳步发展。二是推行标准化，建立增信制度。推行商票担保支付机制，建立商票保险制度，为商票在全国范围内的流通创造条件，三是因地制宜，明确商票发展重点。可以先在京津冀、长三角、珠三角等经济发达地区进行试点和推广，这些地区商业信用基础好，票据使用较多，可以“一带一路”、雄安经济建设为契机，充分发挥商票的融资结算功能；发挥央企、财务公司、国企等大型企业核心作用，带动集团内部以及供应链上下企业积极使用电子商票，既可以节约资金成本，提高周转效率，也能促进商业信誉的培养和知名度的提升。四是提高商业银行积极性，加大银行商业承兑汇票贴现规模及人民银行商票再贴现力度，引导金融资源积极介入，为扩大商票流通创造良好的条件和宽松的金融环境。五是建立商票企业准入制度和商票贴现准入制度，建立商业承兑汇票签发使用风险监测和分析制度以及风险处置化解机制，建立商业承兑汇票担保基金制度，通过风险防范措施保障商业承兑汇票业务健康发展。

（三）深化改革，推进发展

加快推进票据相关法律的修订工作，完善无因性、电票合法性、风险计提等法规。随着国家经济、金融的改革发展以及科学技术手段的进步，《票据法》部分条款如今已限制了票据市场的发展空间，应加快推进对《票据法》相关条款的再次修订。一是对我国《票据法》中关于票据基础关系的规定予以修改，充分发挥票据的流通功能。要遵循票据无因性原则，修改对真实贸易背景的有关规定，增加票据关系的效力不以基础交易关系的真实有效为条件，票据债务人不得以交易关系和债权债务关系真实有效与否为由对抗善意第三人的规定。二是对《票据法》中有关票据行为的书面形式作出修改，把电子票据签发、承兑、背书转让等票据行为的电子流程纳入票据基础法律规范。当前票据电子化已大势所趋，上海票交所的成立加快了这一进程，同时也对传统纸票背书追索的要求进行了改进，这些都需要《票据法》予以明确。另外，要修订《商业银行资本管理办法》票据风险资产计提的相关规定，当前票据承兑行需要计提100%，卖断行需计提20%或25%，由于现在票据流转较快，风险资产重复计提严重，限制了票据交易的合理发展，也在一定程度上阻碍了票据资产的流转性。

（四）加大基础建设的投入力度

1. 做好票据交易衔接工作。一是各参与会员需要依据票交所相关业务规则，尽快修订完善内部票据业务制度规定及组织架构改造，做好组织与制度的对接；研究票交所时代风险管控要点及方式，完成风险管控的对接；改造内部票据业务系统，完善票据保管、票据交易等相关功能，融入票交所平台，实现业务系统的对接。尤其是非银机构，与商业银行相比其对于票据市场较为陌生，需尽快熟悉票据市场基本法律、法规及业务规则，加大与票交所的衔接力度。二是票交所需主动做好各项业务规则、制度的落地工作，尽快推动电票项下相关业务产品入市交易，加快推进各类会员入市的工作，以及后续优化跟进等工作。

2. 做好票据承兑推进工作。一是各商业银行需要加大对企业进行票据承兑业务的宣传，尤其是流通性强、不易伪造的电子商业汇票承兑业务，引导实体企业使用商业汇票进行日常的融资与结算，加强票据市场服务实体经济的效果，并从源头上进一步做大票据市场，为票据交易市场的持续繁荣与发展创造条件。二是各商业银行应大力推广供应链、产业链、票据池等综合性金融业务产品，并将票据业务嵌入对供应链、产业链、票据池的研究之中，进一步创新对企业融资服务的模式及融资渠道，通过综合化的金融服务方案全面推进票据承兑业务开展。

3. 做好票据贴现业务推进工作。票交所成立后，票据交易规则进一步规范化、透明化，票据二级市场交易将呈现集中化经营趋势。一是商业银行需调整原有的票据经营组织架构及职能，二级市场交易职能应由总行或票据融资规模较大的分行承担，大部分分支机构应着力于票据贴现市场的拓展。二是商业银行需要持续调整票据业务经营策略，加强对于企业经营行为的研究，加大对票据贴现领域的资源投入，进一步突出客户至上的理念，从降低企业融资成本，服务实体经济发展来做大、做强票据交易市场。

4. 做好中小企业电票推进工作。一是考虑到中小企业是我国创造社会财富的主体之一，是解决百姓就业问题的主力军，目前中小企业在全国企业总数的占比超过99%，中小企业的发展壮大直接关系到我国经济的创新能力和可持续发展能力，应加快推进中小企业使用电票的占比。二是商业银行需要加强对宏观经济、行业及市场的分析与研究，创新票据业务担保方式，通过采用电子商业汇票或其他票据类金融方案（如供应链、票据池等）为中小企业提供结算及融资安排，降低中小企业用票风险，提高票据融资效率，以进一步缓解中小企业的“融资难、融资贵”等问题。

5. 做好票交所平台交易工作。一是鉴于票交所改变了传统票据交易方式，纸质票据的二级市场交易不再进行实物传递，凸显了票据承兑人、贴现人、保证增信人的票据责任，与商业银行原有票据经营思路有较大的改变，需要逐步适应票交所的交易环境；对于非银机构而言，票交所创造性地引入非法人产品，为非银机构融入票据市场提供了良好的契机。二是随着票交所会员数量的不断增加，票据交易规模将逐步放大，尚未上线的传统型及创新型票据业务产品也将逐步引入，商业银行及非银机构当前应尽快熟悉并适应票据交易的新平台与新环境，创造条件加大在票交所的交易频度，积累交易经验，摸索票据交易新思路，为商业汇票全面线上交易创造抢占市场先机的条件。

（五）进一步认定票据发展模式

1. 研究票据市场发展模式与目标。票交所成立后，交易模式由场外交易转变为场内交易，投资交易型业务将逐步取代之前的监管套利型业务，票据市场将进入集约化、规范化、电子化、无纸化交易的新阶段。各类市场参与主体票据业务经营模式将不可避免发生变化，银行类金融机构有必要梳理总分行票据业务职责，在总行设立票据交易专营部门，票据二级市场交易集中于总行及部分票据规模较大的分行，其余的分行应转型面向票据承兑与贴现市场；非银类金融机构应尽快熟悉并融入票据市场，研究票据市场运行规律，进一步完善票据市场参与者格局。

2. 研究票据经纪发展意见。票据经纪市场是票据市场体系的重要组成部分，建议进一步研究并明确票据经纪的监管部门，确定其准入与退出机制、经营范围，以及相关的责任与义务，实现票据经纪市场的优胜劣汰。建议尝试发展票据鉴证、咨询、撮合、报价等经纪服务，鼓励和培育部分票据经纪量大、业务发展规范、风险防控机制健全和市场认同度高的票据经纪机构进一步发展壮大，以推动票据市场规范化、专业化发展。

3. 研究票据评级市场的发展。票交所的成立为票据市场的信用评级、信用增级、经纪代理、投资顾问等业务模式提供了广阔的发展空间。商业汇票信用评级、信用增级市场的发展，需要建立全国性票据市场评级机构，对票据承兑主体、贴现主体等信用主体进行多层次、系统性、动态化的信用评价与分析，可选择或组建专门为票据市场服务的专项评级机构，提升票据市场各参与主体的参评意识，为票据市场投资提供权威、科学的投资依据。

4. 研究票据市场的价值评估。票交所为形成全国统一的票据市场奠定了基础，也为研究票据的估值提供了可能。一是票交所成立后，交易环节大幅度减少，各类因素被价格充分体现，有利于形成公允合理的票据利率基准，并可依据基准利率生成相应的市场价格指数及收益率曲线。二是进一步加大对票据基准利率、票据市场指数及收益率曲线的研究，推动商业银行改变原有的票据资产核算方式，合理计量所持有票据的公允价值，将进一步推动票据市场规范化发展，扩大实体企业融资渠道，有效促进信贷资金的优化配置。

5. 研究创新与监管关系。票据市场的持续繁荣与发展需要依靠创新驱动，长期以来票据市场的创新产品主要集中在规避监管规定、逃避占用信贷规模等方面，实质性的创新较少。一是构建票据市场监管协调机制，票交所应及时了解票据市场状况与创新需求，充当货币政策部门、监管部门和市场参与者在业务创新方面沟通的桥梁，推进相关票据市场监管规则的修订完善，促进票据市场创新活动有序开展。二是制定票据市场创新框架，提供票据市场与货币市场其他子市场对接的思路，为市场参与主体提供更多主动适应监管要求变化的机会，可以借鉴发达国家金融监管的“沙盒机制”，对新型的创新技术和产品进行试验，一旦证明有效，监管可随之进行调整，避免监管要求和业务发展节奏不一致的情形。

参考文献

[1] 张国辉．晚晴钱庄和票号研究［M］．北京：中华书局，1989：60.

[2] 李耀华．上海近代庄票的性质、数量与功能［J］．财经研究，2005（2）：98－108.

[3] 傅为群．上海钱庄的兴衰史［J］．中国金融，2013（6）：87－88.

[4] 戴建兵．上海钱庄庄票略说［J］．档案与史学，2002（4）：26－29.

[5] 陈立新．票据在中国的起源和形成［J］．金融与经济，1989（7）：37.

[6] 肖小和等．中国票据市场发展研究［M］．上海：上海财经大学出版社，2016.

[7] 肖小和等．中国票据市场框架体系研究［M］．上海：上海财经大学出版社，2017.

[8] 金碚．中国经济发展新常态研究［J］．中国工业经济，2015（1）：5－18.

[9] 李伟，李海霞．新常态下加强商业银行票据风险管理的思考［J］．宏观经济研究，2016（12）：145－150.

[10] 王红霞，曾一村，徐扬．经济新常态下中国票据市场发展呈现新特征［J］．中国银行业，2015（4）：82－85.

[11] 上海财经大学上海国际金融中心研究院票据课题组．中国及各省票据市场发展指数探析［J］．上海金融，2017（1）：55－59.

[12] 钟俊等．中国票据市场：制度与逻辑［M］．北京：中国金融出版社，2016.

[13] 徐连金．商业银行支付结算业务［M］．上海：上海财经大学出版

社，2010.

［14］徐连金．票据业务基础［M］．上海：上海财经大学出版社，2011.

［15］黄孟丽．一口气搞懂支付结算业务：票据工作明细手册［M］．北京：经济科学出版社，2012.

［16］吴芳．图解票据业务［M］．北京：中华工商联合出版社，2014.

［17］李跃利．票据法总论——票据的基法律问题［M］．吉林：吉林大学出版社，2005.

［18］梁英武．中华人民共和国票据法释论［M］．上海：立信会计出版社，1995.

［19］董惠江．票据法教程［M］．北京：对外经济贸易大学出版社，2009.

［20］候东德．票据法学［M］．武汉：武汉大学出版社，2010.

［21］戴海容．营销人员职业修养读本［M］．北京：中国人民大学出版社，2013.

［22］胡友斌．票据质押背书法律问题研究［D］．烟台：烟台大学，2009.

［23］钱鑫．票据背书连续制度研究［D］．重庆：西南政法大学，2013.

［24］李明建．论票据背书制度对票据权利拓展的意义［J］．市场论坛，2009.

［25］王茂盛．浅谈应收票据背书转让的会计处理［J］．中国管理信息化，2009，12（6）．

［26］刘琳琳．论票据空白背书［J］．社科纵横，2008（3）．

［27］颜然然．从文体特征看英文商务合同的汉译［D］．上海：上海海事大学，2007.

［28］王良艳．票据遭拒付的法律纠纷——以银行承兑汇票为例［J］．法制与社会，2013（9）．

［29］徐进等．最新国际结算与案例分析［M］．北京：对外经贸大学出版社，2014：15－16.

［30］徐虹．加强票据风险管理［N］．金融时报，2017－08－21（11）．

［31］张蕾，王亮．金融新法规对票据经营机构风险管控的启示［N］．杭州金融研修学院学报，2017（02）：23－26.

［32］章毅．对新常态下银行票据风险防控的现实思考［J］．现代金融，

2017（2）：27－29.

［33］李伟，李海霞．新常态下加强商业银行票据风险管理的思考［J］．宏观经济研究，2016（12）：145－150.

［34］时显天．经济新常态背景下Z银行江西分行票据业务风险管理研究［D］．江西师范大学，2016.

［35］史俊．浦发银行票据业务风险防范策略研究［D］．长春工业大学，2016.

［36］钱星澄．A银行票据业务风险防范研究［D］．苏州大学，2016.

［37］王红霞，曾一村，汪武超．票据市场：国际发展经验对我国的启示［J］．农村金融研究，2015（7）：7－11.

［38］王红霞，曾一村，蔡胜琴．票据业务风险的变化趋势研究［J］．上海金融，2014（6）：93－96.

［39］潘梅，喻诚，耿天舒．新常态下票据业务创新与风险防范［J］．农村金融研究，2015（7）：21－25.

［40］金旗、高歌：问计新常态下的商业银行票据风险管理［J］．中国银行业，2015（4）：86－88.

［41］本刊编辑部．票据市场的风险与挑战［J］．中国总会计师，2017（7）：25－27.

［42］江西财经大学九银票据研究院课题组．当前票据市场面临哪些风险与挑战［N］．上海证券报，2017－07－01（5）．

［43］肖小和．2017年票据风险管理难度加大［N］．上海金融报，2017－01－10（B10）．

［44］季光辉．新常态下商业银行票据业务风险和发展研究［J］．公共财政研究，2016（6）：56－63.

［45］徐连金．票据业务操作与风险管理［M］．上海：上海财经大学出版社，2015.

［46］张美林，谢芳森，肖小和等．现代银行商业汇票经营管理［M］．南昌：江西人民出版社，1997.

［47］法律出版社法规中心．中华人民共和国票据法［M］．第2版．北京：法律出版社，2012.

［48］中国人民银行．票据管理实施办法，1997年8月21日，中国政府网．

［49］中国人民银行．支付结算办法，1997年9月19日，MBA智库百科．

［50］郑玉波．票据法［M］．台湾：三民书局，1997.

［51］陈芳．票据法［M］．厦门：厦门大学出版社，2012.

［52］董安生．票据法［M］．第 2 版．北京：中国人民大学出版社，2006.

［53］杨忠孝．票据法论［M］．第 2 版．上海：立信会计出版社，2009.

［54］范一飞，沈明．商业银行票据与结算［M］．北京：中国财政经济出版社，1998.

［55］叶永禄．票据法教程［M］．上海：上海交通大学出版社，2012.

［56］谢怀拭．票据法概论［M］．北京：法律出版社，2006.

［57］王开定．票据法新论与案例［M］．北京：法律出版社，2005.

［58］陈芳．票据法［M］．厦门：厦门大学出版社，2012.

［59］董安生．票据法［M］．修订 2 版．北京：中国人民大学出版社，2006.

［60］郭锋．票据法学［M］．北京：北京师范大学出版社，2014.

［61］金锦花．票据法［M］．北京：中国政法大学出版社，2015.

［62］刘心稳．票据法［M］．修订 3 版．北京：中国政法大学出版社，2015.

［63］于永芹．票据法案例教程［M］．修订 2 版．北京：北京大学出版社，2010.

［64］郭茂佳．美国拓展商业票据市场的经验［J］．上海金融，1992（5）：26－27.

［65］侯秋杰，王海燕．国外商业票据市场与我国商业票据市场的比较分析［J］．林业财务与会计，2005（4）：31－32.

［66］胡松．国际商业票据市场监管方式最新变化及启示［J］．证券市场导报，2007（11）：55－60.

［67］江西财经大学九银票据研究院课题组．票据市场 2016 年回顾及 2017 年展望［J］．杭州金融研修学院学报，2017（2）：12－18.

［68］吴黎．国际商业票据发展及对我国短期融资券市场的启示［J］．中国商界（下半月），2008（5）：25，27.

［69］肖小和等．规范票据经纪行为促进票据市场发展［N］．上海证券报，2016－11－25.

［70］张建华．美国商业票据市场：八十年代的急剧膨胀及其原因［J］．

世界经济，1991（9）：50－55.

［71］赵许明．海峡两岸票据制度比较研究［J］．法学评论，1997（2）：85－89.

［72］周荣芳．美国票据市场发展对中国的借鉴作用［N］．上海证券报，2005－04－21.

［73］邹江，汪办兴．2015年以来票据市场运行情况分析及展望［J］．中国城市金融，2015（9）：54－56.

［74］中国人民银行支付结算司．2016年支付体系运行总体情况．中国人民银行官网，2017－03－15.

［75］Fabozzi, Frank, Franco Modigliani and Frank J. Jones, 2014, Foundations of Financial Markets and Institutions, Pearson Press.

［76］Post, Mitchell, 1992, "The Evolution of the U. S. Commercial Paper Market Since 1980," Federal Reserve Bulletin.

［77］《中华人民共和国票据法》。

［78］《国务院关于印发社会信用体系建设规划纲要（2014—2020年）的通知》（国发〔2014〕21号）。

［79］《财政部国家税务总局关于建筑服务等营改增试点政策的通知》（财税〔2017〕58号）。

［80］《中国人民银行关于规范和促进电子商业汇票业务发展的通知》（银发〔2016〕224号）。

［81］中国人民银行各季度《中国货币政策执行报告》，http：//www. pbc. gov. cn/zhengcehuobisi/125207/125227/125957/index. html。

［82］美国投资公司协会（ICI）投资公司各年度行业报告（Fact Book），https：//www. ici. org/pubs/fact_ books。

［83］美联储网，https：//www. federalreserve. gov/releases/cp/about. htm。